JN319946

すぐれた英語授業実践

よりよい授業づくりのために

編著

樋口 忠彦
Higuchi Tadahiko

緑川 日出子
Midorikawa Hideko

髙橋 一幸
Takahashi Kazuyuki

大修館書店

はしがき

　グローバル化が進展するこれからの社会では，異文化理解や異文化を持つ人々とのコミュニケーションが一段と重要な役割を果たすことを見据えて，世界の国々は，外国語や異文化理解教育の改革・改善を推進している。他方，我が国では，中教審外国語専門部会が，小学校5，6年生で，週1回程度，共通の教育内容を設定して英語教育を実施すること，すなわち，小学校での英語の必修化についての検討を提言した。また漠然としたものではあるが，小・中・高の教育目標や教育内容の試案を示し，小・中・高各段階の位置づけ，役割を示そうとしている。今後，例えば，各段階における4技能の到達目標を数値的に設定するなどし，これらをより具体的，より明確なものとする必要があるが，我が国でも，遅ればせながら英語教育の改革・改善の気運が芽生えてきたように思われる。

　このような時期に刊行される本書は，グローバル化時代の英語教育において今後も教育目標の柱となる「コミュニケーションを積極的に図る態度と実践的コミュニケーション能力の育成」を目指す，すぐれた授業実践を取り上げ，よりよい授業づくりについて考える。これらの授業実践例は，毎日の実践を大切にし，理論と実践の両面から「生徒と教師のための英語授業学」の構築を目指す「英語授業研究学会」（平成元年設立）の大会や例会で公開され，参観者の多くが「このような授業をしてみたい」という気持ちにさせられた授業ばかりである。本書は，このような授業の基盤にある考え方や具体的な方法を明らかにするために，まず授業者が授業の設計，授業展開から授業後の内省に至るまでできるだけ客観的に詳しく記述し，次に分析者が何度もビデオを視聴し，授業から学ぶべきことがらや参考とすべきことがらを理論的，具体的に示すとともに，授業改善のための提言を行った。それゆえ，本書で取り上げたすべての授業から，読者の皆

さんがよりよい授業を展開するための授業改善の視点や具体的なヒントを得ていただけるはずである。

　本書は，授業改善に意欲を燃やす中学・高校の先生方，これから英語教員として教壇に立つことを希望する学生諸君，および中・高の英語教育に関心をお持ちの小学校で英語を指導する先生方に，是非，お読みいただきたい。本書は，校種や学年，授業のねらいなどを参考に，どの項目からお読みいただいてもよい構成になっているので，必要な箇所からお読みください。

　なお，本書の内容構成は3人の編者，樋口忠彦，緑川日出子および髙橋一幸が行い，執筆にあたっては，授業者と分析者が綿密に相談して執筆した。また，樋口と髙橋で全体の用語の統一や内容の確認作業を行った。

　最後に，本書の刊行にあたりお世話になった方々にお礼を申し上げたい。まず，種々の事情で原稿執筆から刊行までにずいぶん時間が経ち，何人もの執筆者は執筆当初と現在の所属などが変わってしまった。また原稿も，必要に応じて，当初執筆していただいた原稿に，改めて若干の加筆・調整をお願いし，up-to-date なものにしていただいた。感謝申し述べたい。

　また大修館書店第2編集部の須藤彰也氏には月刊誌『英語教育』の編集作業でご多忙にもかかわらず，気長に原稿をお待ちいただくとともに数多くの貴重な助言を賜った。心からお礼を申し上げておきたい。

2007年4月

　　　　　　　　　　　　　　　　　　　　編著者代表　樋口忠彦

目　次

はしがき　iii

【プロローグ】　よりよい授業実践を求めて　　　……髙橋一幸　3

第 1 章　英語で授業を進めるために　9

1.1　だれにでもできる英語で進める授業（中 1・2 学期）
　　　　　　　　　　　　　　　　　　　　　……和田憲明　10
　　〈授業分析〉英語で授業を進め，生徒の実践的能力
　　　　　　　を伸ばすための留意点　　　……緑川日出子　18
1.2　英語での内容のあるやりとりが豊富な授業（中 3・2 学期）
　　　　　　　　　　　　　　　　　　　　　……中嶋洋一　23
　　〈授業分析〉What to communicate を育てる
　　　　　　　「教育」としての英語授業　　……緑川日出子　35
1.3　インプットとアウトプットの豊かな授業（高 1・1 学期）
　　　　　　　　　　　　　　　　　　　　　……向後秀明　39
　　〈授業分析〉綿密な準備の下に作り込まれた英語で
　　　　　　　進める授業：その秘密に迫る　……緑川日出子　46

第 2 章　面白い，わかる，使える文型・文法事項の指導　51

2.1　身近な話題を利用する文型・文法事項の指導（中 3・1 学期）
　　　　　　　　　　　　　　　　　　　　　……稲岡章代　52

〈授業分析〉暖かな人間関係に基づく，生徒が英語
　　　　　　　を使ってみたくなる授業　　　……樋口忠彦　61
2.2　視聴覚教具を活用する文型・文法事項の指導（中1・2学期）
　　　　　　　　　　　　　　　　　　……本多敏幸　65
　　　〈授業分析〉生徒にとって楽しく，達成感の持てる
　　　　　　　授業をめざして　　　……髙橋一幸　76
2.3　計画的な刷り込みによる文型・文法事項の指導（中1・2学期）
　　　　　　　　　　　　　　　　　　……田尻悟郎　81
　　　〈授業分析〉コミュニケーション能力を伸ばす
　　　　　　　「伏線指導」のすすめ　　　……髙橋一幸　89

第3章　コミュニケーション，自己表現活動とその橋渡し活動　93

3.1　楽しい，意味をともなった操作練習：自己表現
　　　活動への橋渡し（中2・2学期）　　　……蒔田　守　94
　　　〈授業分析〉実践的表現力育成につながる意味
　　　　　　　重視の指導　　　……髙橋一幸　103
3.2　既習事項を駆使するコミュニケーション活動・
　　　自己表現活動（中3・3学期）　　　……田尻悟郎　107
　　　〈授業分析〉中学生もこれだけ話す！：生徒の心を揺さぶり，
　　　　　　　話したいことを湧き起こさせる指導
　　　　　　　　　　　　　　　　　　……髙橋一幸　116
3.3　口頭練習の徹底から創造的活動へ（高1・「英語Ⅰ」）
　　　　　　　　　　　　　　　　　　……久保野雅史　120
　　　〈授業分析〉コミュニケーション能力育成につな
　　　　　　　がる音読・暗唱の指導　　　……髙橋一幸　129
3.4　教科書の題材を利用したディスカッション（高3・「英語理解（リーディング）」）
　　　　　　　　　　　　　　　　　　……鶴岡重雄　133
　　　〈授業分析〉高校英語授業の構造改革への示唆　……髙橋一幸　142

第4章　効果的なリスニング指導　147

- 4.1 リスニング能力の育成を図る指導（中2・1学期）
　　　　　　　　　　　　　　　　　　　　……稲岡章代　148
　　〈授業分析〉生徒のリスニング能力を育てる地道な指導：「テスト
　　　　　　　あれども指導なし」から脱却するために
　　　　　　　　　　　　　　　　　　　　……並松善秋　160
- 4.2 教科書を使ったリスニング指導：表現のための
　　　一歩深いリスニング活動（中2・1学期）　……太田　洋　164
　　〈授業分析〉一歩深いリスニング指導：発信へと
　　　　　　　つなぐ，目的を持ったリスニング　……並松善秋　171
- 4.3 入試につながるリスニング指導（高3・前期）……平尾一成　175
　　〈授業分析〉生徒と共に英語授業を充実させる：「直線型」
　　　　　　　よりも「スパイラル型」指導で　……並松善秋　183

第5章　効果的なリーディング/ライティング指導　187

- 5.1 訳読をしないリーディング指導（高3・1学期）……渡邉信治　188
　　〈授業分析〉和訳を介さない双方向のリーディン
　　　　　　　グ授業への挑戦　　　　　　　……高橋正夫　199
- 5.2 スピーキング，ライティングと有機的につなげ
　　　るリーディング指導（中3・2学期）　……平田健治　203
　　〈授業分析〉総合的活動へとつなげるリーディ
　　　　　　　ング指導の留意点　　　　　　……高橋正夫　211
- 5.3 クリエイティブ・ライティングの指導：生徒が
　　　発言するライティングの授業（高3・2学期）……平原麻子　215
　　〈授業分析〉教師に敬遠されがちな真のライティ
　　　　　　　ング指導　　　　　　　　　　……緑川日出子　226

第6章　さまざまな指導のコツ　231

6.1 ALTの役割をフルに活用する授業：ティーム・
ティーチングによる異文化理解（高1・2学期）……泉恵美子　232
〈授業分析〉ティーム・ティーチングに最大限
　　　　　生かしたいALTの役割　　　……大喜多喜夫　240

6.2 少人数・習熟度別クラスのメリットをフルに活
用する授業（中1・2学期）　　　　　……二宮正男　244
〈授業分析〉少人数・習熟度別クラスを生かし
　　　　　た4技能の育成　　　　　　……大喜多喜夫　251

6.3 コンピュータを活用する授業（高3・1学期）……阿野幸一　256
〈授業分析〉コンピュータを有効活用した学習
　　　　　者中心の授業　　　　　　　……大喜多喜夫　266

【エピローグ】授業改善のための指針と方向　……髙橋一幸　271

執筆者・所属一覧　280

すぐれた英語授業実践
よりよい授業づくりのために

【プロローグ】　よりよい授業実践を求めて
―授業設計と指導の基礎・基本―

１．理想と現実と諦め

　生徒たちが目を輝かせ，大きな声で英語を発声し，生き生きと伝達表現活動や自己表現活動に参加する。そのような授業を実現したい。教師であればだれもが願うことである。しかし，その意に反して指導がカラ回りして教師のひとり芝居となって，シラけた沈黙が広がり，まったく無関係な雑談や喧騒のうちに授業終了のチャイムを聞く，といったこともある。そして，心ある教師は自信を失ったり，自己嫌悪に陥ったりするのだが，これは教師として正常な証拠。こういうときに，「こんなできの悪い生徒を教えられるか！」と，授業が成立しない責任のすべてを生徒に転嫁したり，日々くり返される現実への諦めから，問題意識すら麻痺し何の改善意欲も生じなくなれば，教師生命は終わりである。

　授業は生徒と教師の双方の努力によって創りあげるもの。生徒が担うべき責任も多いことは事実だが，一人ひとりの生徒が自ら学ぼうとする意欲や態度を育てることが教師本来の仕事であることを考えるなら，プロとしてより大きな責を負うべきことは当然である。「生徒には教師を選ぶ権利はない」のだから。自分の授業を内省（reflect）し，日々その改善を図ることが教師に求められる所以である。「"英語が使える日本人"育成のための戦略構想・行動計画」のもとに５か年計画で実施された全英語教員対象の「悉皆研修」，また，進行中の「教育改革」の中では不適格教員に対する再研修や現場からの配置換え，教員免許の10年毎の更新制などが現在検討されているが，児童・生徒のためにより良い授業を求めて自分の授業を工夫・改善することは，専門職として教師自らが何を措いてでも率先して，まず取り組むべき課題である。

2. 授業設計と指導の基礎・基本

(1) 授業とは，生徒の中に「質的変容」を引き起こすこと

　教師の指導と生徒の学習や活動を通して，生徒の中に「質的変容」を引き起こしえたか否か。これが筆者の考える授業成立の要件である。質的変容には，これまで言えなかったことが的確に表現できるようになったなどの「技能」(skill) の変容や，言語や題材内容などについて知らなかったことを知ったという「知識」(knowledge) の変容がある。さらに，技能や知識の変容を通して生じる究極の変容は，生徒たちの日常のものの考え方や感じ方，人との接し方，行動様式などに変化を及ぼす「態度」(attitude) の変容である。ここまでくれば，それはまさに英語「教育」と呼ぶに値しよう。

　長期的・短期的視点から，授業を通してどのような変容を生徒に引き起こしたいのか？　看板倒れではなく目標を実現するためには，抽象的な目標を教師・生徒の双方にとって評価可能な具体的活動として設定すること。これが，授業を設計する基盤となる。

(2) 指導の鉄則は，「レディネス」を作ること

　実際の指導では，単位授業にせよ，単元や年間指導計画にせよ，個々の指導過程や活動，1回1回の授業を相互に関連付け，具体的目標 (goal) に向かってスモール・ステップを踏んで，無理なく，すべての生徒たちを導く道筋 (route) を考えなくてはならない。例えば，1，2，3，4の順序は2，4，1，3ではダメで，1，2，3，4であって初めて効果が上がるのである。指導過程 (procedure) や指導計画 (syllabus) に，このような説明可能で必然性ある順序が構築されているかどうかを十分に吟味することが授業を設計する上で不可欠なこと，「点として存在する活動や授業を線で結ぶ」ことが肝要である。

　以上の(1)，(2)が筆者の考える授業設計と指導の基礎・基本である。さてここで，最近（そして，今なお）よく目にする典型的な授業事例をこの観点から見てみよう。

3. 中・高英語授業セルフ・チェック

　あなたの授業にこのような傾向は見られないだろうか？　自己点検から

始めよう。自分の授業にいくらかでも次の授業のような傾向が見られる場合，また，幸いに自分の授業にはまったく当てはまらない場合でも，以下の授業は何が問題なのか，まずは読者ご自身で考えてみていただきたい。（筆者の分析は，本「プロローグ」稿末（p. 7）に掲載しておくので，後ほどご確認いただきたい。）

[最近よく観る中学校の授業]………………………………………
　教師の与えるゲーム的な言語活動に生徒たちは楽しそうに元気に参加しており，教室は一見活気に満ちている。しかし，生徒に近づき，その発話に耳を傾けてみると，英語のリズムや発音になっていない。英語自体にも誤りが多く，通じない文も多々見られる。

[昔ながらの高等学校の授業]………………………………………
　教科書の内容理解（表面的な訳読）と教師の文法説明主体の旧態依然とした授業である。ごく少数の指名された生徒は立ってテキストを音読するが，発音も平板なカタカナ読みで，意味の区切りも意識できていないようである。
………………………………………………………………………

　いかがであろうか？　ここで少し立ち止まって，考えてみよう。
英語教師として，
　・「私の理想とする英語授業とは？」
　・「私の考える英語学力とは？」
　・「生徒たちに育成したい態度とは？」

4．本書を読み進めるにあたって

　さて，本書では19の中学校・高等学校の英語授業実践を取り上げて，(1)「授業者自身による授業実践報告」　(2)「他者による授業分析」の順に掲載する。
　まず，読者諸氏におかれては，授業者による実践報告を熟読しながら教室で展開されている授業——教師の働きかけとそれを受けた生徒の思考や動き——をできるだけvividに頭の中で映像化していただきたい。（指導案から授業を具体的に映像としてイメージすることは，教師にとって授業

力を磨く効果的な自己研修法のひとつである。）そして，その授業のどこが「すぐれて」いるのか，ご自身でまず判断していただきたい。ここで大切な視点は，この実践を「私自身の授業で生徒たちに適用する」とするならば，「どこをどうアレンジすればいいだろうか？」，「到達目標は同じレベルでよいか，変えるとすればどこに置けばいいだろうか？」など，絶えず教師たる自分自身と自分の目の前にいる生徒たちを念頭に思い浮かべながら検討することである。どんなにすぐれた授業，意欲的な実践といえども，完全ということはありえない。「さらなる改善の余地はないだろうか？」，「自分ならどうするだろうか？」も併せて検討していただきたいと思う。自ら思考し，判断すること。これは生徒のみならず我々教員にとっても重要なことである。

　読者ご自身が各実践にこのような主体的な検討を加えた上で，授業報告に続く「授業分析」をお読みいただき，自分自身の分析と対比していただきたい。「やはりそうだよね」と確認し同意される点もあれば，「なるほどそうなのか！」と新たな視点を得ていただけることもあろう。もし，自分でもぜひ追試行してみたいと思う実践を見つけたときに大切なことは，その授業者の「教育理念や英語学力観・指導観」（Teacher's beliefs / principles）を見抜くことである。これができれば自分という教師，自分の預かる生徒たちに合わせた応用が効く。それを学び，確認し，（英語）授業実践への理解を深めていただくために「授業分析」を併せて熟読いただきたい。

　成功した他者の実践の表層的ものまねは失敗の元。教師が異なり，生徒も異なるのに，他で成功した実践をそのまま真似てうまく行くほど，教育は，授業は，甘くはない。表面的ものまねによる失敗は，「やはり，あの先生だからできた。私には無理だ！」と教師としての自信喪失につながる。さらに，「やはり，生徒が違う。うちの生徒には無理だ！」という生徒否定と生徒への責任転嫁に帰結したときには，もはや最悪の結末と言えよう。「うちの生徒には無理」と教師が思ったその瞬間に，生徒たちの持つ可能性の芽は枯れてしまうのだ。タラの芽と同じで，一度摘まれた芽は二度と出てこない。

　それでは，実践を提供していただいた授業者諸氏に感謝するとともに，それらの実践が読者の皆さんのよりよい授業づくりと指導への糧とならん

ことを願いつつ，第1章からの「授業参観と授業研究」の部を始めることにしよう。各実践報告からは，生徒の目線に立つことの意味，生徒たちへの優しさと厳しさある指導，楽しさの影に隠された周到な準備や緻密な計算，言語材料や題材へ斬り込む新たな視点や柔軟な発想などを，また，ソフトタッチの授業分析から辛口の叱咤激励まで，さまざまな学識，研究，経験を持つ分析者の指摘から，授業を科学する視点と授業改善への学びが得られることと思う。

〈中・高英語授業セルフ・チェック（p. 5）——筆者の分析〉

[最近よく観る中学校の授業]……………………………………………
　活動に参加したことの reward がなく，生徒に何ら変容が見られない。時間数不足もあろうが，生徒たちの興味を引く派手立つ活動に教師が目を奪われ，表現能力の基礎を作るドリルや音読・暗唱などの地道な練習活動（言語活動へのレディネス作り）が指導過程に欠落している。授業は遊びではない。楽しいだけでは授業にあらず。また，内容的にもやりがいがあり，力がついているということを実感できる活動でないと，表面的楽しさだけでは生徒の興味・関心も長くは維持できないだろう。

[昔ながらの高等学校の授業]……………………………………………
　授業に具体的到達目標が見えない。生徒は怪しげな日本語訳はしているが本当に内容を理解しているかも極めて疑わしい。教師の延々たる説明に興味を示して耳を傾け理解できている生徒は少なそうだが，仮に理解できたとしても実践的な表現力や運用力には結びつくはずもない。生徒の表現能力や運用能力は，「表現する場，運用する場自体がまったく与えられていない」ので不明だが，授業でまったく育っていないことは断言できる。生徒は教わっていないこと，訓練していないことはできないものだから。生徒の学力は授業を映す鏡である。
…………………………………………………………………………

〈参考文献〉
髙橋一幸（1999）「自分の授業をどう評価するのか―Top-down 方式による授業設計と改善の視点」『英語教育』第48巻第2号，東京：大修館書店

―――― (2006)「授業設計と指導の基礎・基本―英語授業改善への視点」『英語教育』第55巻第1号，東京：大修館書店

(神奈川大学　髙橋一幸)

第1章

●

英語で授業を進めるために

1.1 だれにでもできる英語で進める授業

●

1.2 英語での内容のあるやりとりが豊富な授業

●

1.3 インプットとアウトプットの豊かな授業

1.1 だれにでもできる英語で進める授業（中1・2学期）

1．本時の目標，および学年指導目標における位置づけ

　六甲山麓の豊かな自然に囲まれた神戸大学発達科学部附属住吉中学校（現神戸大学附属中等教育学校）は，研究・実践校である。「自主・協力・奉仕」を校訓としており，生徒は自由でのびのびとした学校生活を送っている。また学習や学級活動，行事などにおいて，生徒が主体的に活動する場面が多く見られる。英語の授業もできるだけ英語で進め，生徒の主体的な活動を引き出すようにしている。

　54回生1年3組は男子19名女子12名からなる非常に活発なクラスである。多くの生徒が大きな声で英語を発音したり，よく挙手するなど積極的に授業に取り組んでいる。ほとんどの生徒が附属小学校4年生より週2時間「国際」の授業において英語を通した異文化理解の学習を経験している。またオーストラリアの姉妹校アイアンサイド校との交流も経験しており，中学校でさらに英語を通してコミュニケーションの力をつけたいと考えている生徒が多い。

　本単元「外国の人と英語で対話する」は，第1学年において4つ目の単元に当たる。前単元「英語で人を紹介する」に続いて，「聞く」「話す」ことに指導の重点を置いた単元である。単元の主な目標は以下の通りである。

(1) 海外旅行や海外生活の場面において対話することができる。
(2) 自分の日課について英語で表現することができる。
(3) 疑問詞 What や Who を使って対話することができる。
(4) 主語が3人称単数の疑問文や否定文を正しく作ることができる。

　本単元は，4次26時間より構成されている。本時は第2次の7時間目に当たる。（単元は4次（つぎ）で構成，各次は数時間で構成。）

　第2次の展開は次の通りである。

時	主　題	ね　ら　い
1	ジムの部屋	疑問詞 What を使って対話することができる
2	居間	主語が3人称単数の文を作ることができる
3	台所	Does で始まる疑問文を言うことができる
4	まとめ	学習した表現をまとめることができる
5	ゲーム	英語のゲームを楽しむことができる
6	私の1日	日課を英語で言うことができる
7〜8	英作文と発表（本時）	自分の日課を紹介することができる

　本時のねらいは，自分の日課を友だちに紹介することができる，である。本単元で学習した3人称単数が主語の文や get up, eat breakfast といった生徒の1日の生活に関する表現を使って自己表現させることを授業の中心に置いた。なお，本単元で扱った教科書の主な題材は平成9年度版 *One World English Course* 1.（教育出版）Lesson 7「ジムの家庭」と Let's Try「わたしの1日」である。

2．授業準備のプロシージャー

　本時の授業の主な準備としては，(1) 復習に用いる教師の似顔絵，(2) 3人称単数の表現を使った Who is this? のクイズ，(3) アメリカの中学生活を紹介するレポート，(4) 日課を紹介する英作文　が挙げられる。
　(1)の学年の教師の似顔絵については，教師自身で作成した。イラストの得意な生徒がいれば描かせてもよいであろう。(2)のクイズは，教師がいくつか例を与えて，それらを参考にさせて全員の生徒に事前に作らせておく。(3)のレポートは帰国生徒の自由研究作品を使用した。レポートの中の写真はデジタルカメラに取り込んで提示できるようにした。(4)の紹介文については，教師が作成，配布したプリントをヒントに，1日の様子を紹介する9コマの絵とそれを説明する英文を書かせた。

3．本時の授業展開
(1) リーダー学習（5分）
　本校では全ての授業において「リーダー学習」を行っている。授業は教科係が中心に運営する5分間の学習で始まる。問題は全て教科係が作成し，他の生徒はそれに答える。教師はあらかじめ教科係と打ち合わせを行い，問題の内容を確認する。本時では，前時の授業で使用した日課を表すピクチャーカードを見て，生徒は英文をノートに書く活動を行った。その後，数名の生徒が板書をし，教科係が解答の確認をした。
（解答例）
1．I leave home at six twenty.
2．I study from eight to nine thirty.
3．I go to bed at about eleven.

(2) あいさつと英語の歌（5分）
T：Why don't we begin the lesson with a song? I have two songs today. One is 'Bingo' and the other is 'The Muffin Man.' Which song do you want to sing?

　英語でのあいさつの後に，毎時間英語の歌を歌うことにしている。warm-upと歌を通して英語のリズムや既習の表現に慣れさせることが目的である。本時では最近歌った'Bingo'と'The Muffin Man'の2曲から1曲を選曲させた。生徒は'Bingo'を選び，元気よく歌った。

(3) 人物に関する対話（5分）
T：Let's play 'Who Is This?' Who is this man?　　S：He is Mr. Hosoi.
T：That's right. Does he live in Kobe?　　S：No, he doesn't.
T：Does he live in Nishinomiya?　　S：Yes, he does.
T：Does he have a wife?　　S：Yes, he does.
T：Yes, he has a beautiful wife. What's her name?　　S：Her name is Yasue.
T：Does he have any children?　　S：No, he doesn't.

　生徒になじみの深い担任や学年の教師の絵を見せながら，3人称単数の表現を用いて上のような対話を生徒と行った。生徒は私の描いた絵を見て大いに喜んで，質問に答えていた。

資料1　学習指導過程

時間	学習の流れ	生徒の活動	主な発問・助言など	指導上の留意点・評価
0	〈始〉			
	前時の復習（L）	○教科リーダーの指示に従い、前時の学習内容に関する問題に答える。○本時の主題とねらいを確認する。		○本単元で学習した表現を使って教科リーダーに問題を作らせる。
5	あいさつと歌	○英語であいさつをする。○教師の質問に英語で答える。○全員で今月の歌を大切にしながら元気よく歌う。・英語の音を大切にしながら元気よく歌う。		○毎時英語であいさつや日常会話を行うことによって、自然に英語を話す姿勢を身につけさせる。○英語の歌を歌わせることによって、英語のリズムに慣れさせる。
10	人物に関する対話	○人物に関する教師の質問に英語で答える。○人物について知りたいことを英語で質問する。		○絵や写真を使うことによって、生徒の興味・関心を高める。
15	人物当てクイズ	○教師の話す英文を聞いて、人物を当てる。○自分たちで考えたクイズを発表しあう。○問題に関して質問があれば、英語で質問する。		○既習の文型を使って、わかりやすく説明する。○主語が3人称単数の文を盛り込むことによって、文法項目の定着を図る。
20	日課についての対話	○日課についての教師の質問に答える。○ある人物の日課を紹介する教師の説明を聞く。○内容に関して質問があれば、英語で質問する。		○時刻や日課に関する表現を使うことによって、前時の復習を行う。○資料や写真を使うことによって、英語の理解を促す。
30	日課発表	○自分たちの日課を紹介する英文を発表する練習をする。○日課を紹介する英文を全員の前で発表する。○友だちの発表について質問があれば、英語で質問する。	○実際に友だちに発表するつもりで練習しなさい。	○練習中は机間指導を行い、適宜アドバイスを与える。○写真や資料を使いながら、意欲的に発表できているか。○英語の表現は正しく、明瞭に話せているか。○発表の内容は聞き手の興味を引くものであるか。
45	本時のまとめ	○友だちの発表を紹介する英文を振り返って、自己評価を行う。○教師による学習のまとめを聞く。	○友だちの発表の良かった点や改善すべき点を具体的に発表しなさい。	○発表に取り組む態度などについて評価表に自己評価を記入させる。○英語の発表は聞き手の発表の良かった点を指摘する。○教師は生徒の発表の良かった点を確認する。○次時までの課題を指示する。
50	〈終〉			

(4) 人物当てクイズ（5分）

T：Last week you made quizzes. Please show me your quizzes. I will choose some of your quizzes.

本単元で学習した3人称単数現在の表現を使って，好きな人物やキャラクターを当てるクイズを本時までに作成させ，数名の生徒に発表させた。生徒の描いた絵をデジタルカメラを使ってテレビ画面に映し出すことによって，生徒は友だちの話す英語を興味をもって聞いていた。

（生徒によるクイズ例）

1．He is yellow. He is my favorite character. He likes honey. His good friend is Piglet. He wears red clothes. Who is he?

(Ans. Winnie the Pooh)

2．He is a popular character. He lives in the woods. He is very fat. He likes acorns. His friend is Satsuki. Who is he?　　(Ans. Totoro)

(5) 日課に関するQ&A（10分）

T：I have a report about American life. This is a girl's report. She is in the ninth grade in our school. Her name is Yumi. She lived in Ohio for several years.

本校帰国子女学級の生徒のアメリカでの生活を紹介する自由研究レポートを使って，教師がアメリカの中学生活を紹介し，アメリカの中学生活に関して次のような質問を行った。ここでもデジタルカメラを使って，帰国生徒のアメリカでの生活を紹介する写真や資料を提示することによって，教師の話す英語を生徒が理解しやすいようにした。

Q1．Does Yumi go to school by train?
A．<u>No, she doesn't.</u> She goes to school by school bus.
Q2．How many classes does she have in the morning?
A．<u>She has five classes in the morning.</u> One of them is 'Study Center.' American students study by themselves in 'Study Center.'

Q3. Does she eat lunch in her classroom?
A． <u>No, she doesn't.</u> She eats lunch in the cafeteria.
　また質問に関する答はノートに書かせ，板書で下線部の答について確認した。
　聞く活動が中心であったが，学校でお菓子を食べたり，時間割に自主学習の時間があるといった日本とは異なるアメリカの学校生活に興味をもったようである。

(6) **日課の紹介**（15分）
T：Now it's your turn to introduce your daily lives. Please show your pictures and tell your daily lives to your group members.
　前時に生徒に書かせた1人ひとりの日課やある日の様子を紹介する英文を発表させた。4人からなる学習グループ内で1人ずつ紹介を行わせた。生徒は自分の1日の様子を表した絵を見せながら，友だちと楽しそうに生き生きと英語を話していた。

資料2　日課作文用紙

(7) **本時のまとめ**（5分）
　英文作りや自分の発表を振り返って，自己評価を行う時間とした。最後

に本時の発表について教師の評価を述べた後に，次時の予告を行った。

4．生徒の到達度評価，および授業の内省
　前時までに学習した3人称単数が主語の文や1日の生活に関する表現を使って，自己表現をさせることが本時の大きなねらいであった。生徒の身近な人物や話題を扱うことによって，生徒は予想以上に学習に興味をもって楽しそうに取り組んでいた。また学習した言語材料を用いて自分の好きな人物やキャラクター，自分自身の日課について表現することによって，既習の表現だけでなく，それ以外にもさまざまな表現や単語を学習することができたようである。

　本単元の評価は，4次の診断テスト，自己表現の作品，授業における行動観察を通して，観点別評価を行った。日課の紹介文の発表については，評価用紙を使って発表態度，英語力，発表内容の3つの項目に基づいて生徒に相互評価させ，それを評価の参考にした。

　今後の課題としては，ライティングからスピーキングへと発展させる上での指導方法の改善が挙げられよう。中学1年生で発表に慣れていないこともあり，クイズや日課を発表する場面で，自分が書いた英文に頼りすぎてノートから目を離せていない生徒が多く見られた。音読においてRead and Look-upを取り入れたり，Show & Tellなどの活動を多く経験させることによって，書いたものに頼らないで英語を話す力を養っていきたい。

5．私の理想の授業
　公立中学校で7年間，附属中学校で13年間英語を教える間に，私自身の英語教育に対する考え方や授業スタイルも大きく変わってきたように思う。教職に就いて最初の頃は，教科書の内容や文法事項を教師が教え込むことに主眼を置いていたように思う。ところが諸先輩方の授業を見たり，学会等での発表を聞いたりすることによって，英語で授業を進めたり，もっと生徒の主体的な活動を授業に取り入れるように心掛けるようになった。特に，附属中学校での研究や実践によって得た成果は大きく，今の私の授業づくりに大きく役立っている。

　英語学習において大切にしたいことは次の点である。

```
評価用紙（小集団用）
☆友だちと自分のスピーチを、次の項目についてそれぞれ5段階で評価しなさい。
  1. 態度：内容を伝えようと意欲的に発表できているか。
  2. 英語：表現は正しく、正しい発音でしっかり話せているか。
  3. 内容：内容は聞き手の興味を引くものであるか。
```

Name	態度	英語	内容	合計	感想・アドバイス
A	4	5	5	14	すらすら読めて、すごいと思った。絵を見ながら指をさしていうとなおよくなったと思う
B	5	3	4	12	もうちょっとすらすらと英語が読めたらよかったのに。態度はよかった
C	5	4	4	13	と中、英語が分からなくなっていたのが残念。でも態度（指をさして言う）がよかった。
（自分）	4	3	3	10	（自己評価）英文を覚えていなかったので見ながらいった。絵をさして言えたのはよかったと思う。

Class 3 No. 41 Name _____

資料3　評価用紙

① 教師による教え込みと生徒の主体的な活動のバランスを考える

　英語の授業においては，言語の学習であるかぎり，教師が言語材料を教え込む部分が必要となる。一方，学習した言語材料を使って生徒が主体的に活動することによって，言語材料の習得を目指すことが求められる。そのバランスは学習者の英語の習得状況によっても大きく変わってくるが，どちらか一方にばかり比重が置かれても，英語学習は効果的に行われないのではないだろうか。教師による教え込みと生徒の主体的な活動のバランスがとれた英語授業を目指したい。

② 生徒の興味・関心を引き出す
　英語は言葉である。ただ単に文の仕組みだけを学習するだけでは，生徒にとって興味深い学習にはならないであろう。授業で扱う英文が生徒たちと関連が深く意味のある内容であったり，メロディを伴った歌や感情のこもった映画のセリフであったりすると，生徒は英語に対して大いに興味を示すものである。私の授業においては，生徒の身近な話題や英語の歌や映画をできるだけ多く扱いたいと考えている。それらを通して，生徒の英語や外国の文化に対する興味・関心を高めていきたい。

　　　　　　　（近大姫路大学/元神戸大学発達科学部附属住吉中学校　和田憲明）

〈授業分析〉
英語で授業を進め，生徒の実践的能力を伸ばすための留意点

１．授業の良い点を調べる
　和田先生の授業の理想は，① 教え込みと生徒の主体的活動のバランスの良さ，② 生徒の興味・関心の引き出し，ということである。紹介して下さった授業は，8時間中の7時間目，従って復習授業なので生徒の主体的活動が中心になっているが，それらは学習指導過程が示す通り，綿密な授業活動計画によって見事に仕組まれている。こういう授業を「だれでもできる」ようにするために，先生の授業から学ぶべき点をチェックリストにしてみた。

(1) **教室英語は使えているか**
　和田先生は，授業時間のすべてを通して教室英語を使っている。授業では新出の言語材料がないため，教師の教室英語は，指示とフィードバックが中心である。かなり速く自然な英語だが，生徒の理解を確認しながら，わからなければ別の語や表現を用いたり，繰り返したりする工夫をしている。1年のスタート時点から教室英語を用いてきたという。生徒を英語で行う授業に慣らせていけば，英語による授業が可能になるよい例である。

(2) **英語による理解が進むように配慮しているか**
　英語のインプットが理解可能になる様々な工夫の中で，特に2つの点が

見事である。そのひとつは，英語のインプットを与えながら，理解を助けるためのイラスト，写真，地図等を利用していることである。先生は，デジタルカメラの映像をモニターに写す等の工夫を凝らしている。また，生徒に発表させるときにも，生徒に事前に絵を描かせておき，絵について語らせるようにして，聞き手の意味理解を助ける方法を取らせている。

　もう一つの工夫は，先生の英語の用い方である。例えば，How many classes does she have in the morning?と質問するとき，You have four classes in the morning, right?として，質問について自分のことと関連づけさせる。生徒が既に知っていることと関連させて新しいことを理解させようとしているのである。特に入門期の場合は，理解の助けに身近なことを用いる工夫が大切である。

(3) 言語材料は意味を伝えるために使われているか

　3つの言語材料の復習は，テキストを離れて生徒に身近な話題や人物を用い，新しいコンテクストの中で聞いたり，発表できるよう工夫されている。生徒が作成した人やキャラクター当てクイズ，生徒自身の日課紹介は，事前に生徒が書いてきたものを用意しての発表ではあるが，学習した言語材料を用いて創造的に英語を用いるという点で発表力を養っている。教科書のセンテンスを利用せずに，ルールだけを使って自分について書いて発表するのだから，話し手にも聞き手にも楽しい活動である。このような活動は学習の動機を高める役割も果たしている筈である。

(4) 教室の活動は有機的に関連しあって学習が進むよう計画されているか

　1時間の授業の中で6つの活動が行われている。(3)，(4)と(5)，(6)の活動に注目しよう。(3)と(5)は教師中心の活動，その活動を土台に(4)と(6)の生徒中心の活動が行われる。2組の活動が有機的につながっている。授業で教師がモデルを示し，次に生徒が活動をすると，単なるドリルになってしまうことが多いが，和田先生の場合は同じことが繰り返されず，しかもそれらがばらばらではない点に注目すべきである。

(5) 生徒は積極的に参加しているか

　生徒が参加できるような活動上の工夫がある。ウォームアップの歌もチョイスができる。教師の人当てクイズから，友達の作ったクイズを当ててみたいという気が起こり，先輩のアメリカでの日課について聞いて，次には自分のことを（用意してきてはいるが）語りたいと思うのではないか。

生徒を積極的に参加させるための仕掛けができている。
(6) 自主的に学ぶ生徒を育てているか
　教室授業の時間は限られている。そこで教師が行うべきことは，授業を通して英語を教えることだけではなく，教室の外で生徒が自ら学びたい，英語を使いたいという気持ちを育てることもまた大切である。和田先生の授業からそれを学ぶことができる。それは，授業の最初の「リーダー学習」である。これは，リーダーが前時の復習をテストの形で提示し，答え合わせまで責任を持って行うというものである。リーダーは教師と事前に打ち合わせをして前時のまとめと問題を作成し，教室では教師の役割を演じる。'生徒役'の生徒もそれに応えて答えを板書するといった具合である。リーダー学習とまではいかないまでも，生徒にイニシャティブを取らせるには準備と忍耐が必要であろうが，手順を踏んでいけば可能なことである。

2．授業の改善点
　上でまとめたように，和田先生の授業は，授業を進めるためには何が必要であるかを示してくれる本当に立派な授業であるが，さらに質の高い授業にするために以下の提案をしたい。
●生徒に発話（アウトプット）の機会を与えよう
　あんなに生徒が発表しているのに，それでも不足かと思われるかもしれないが，この場合のアウトプットとは，生徒に即興で（spontaneously）発話させるという意味である。準備なしのアウトプットは英語学習にとって不可欠な活動であるといってもよい。いわゆる information gap や問題解決などは，生徒が質問したり答えたり，聞き返したりという活動を通して一つの作業を成し遂げ，その過程で英語力を養っていくと考えられるものである。そのためにスクリプトを書かせたりはしない。そうすると生徒のアウトプットは不完全で多くの誤りが生じる。そのときこそ，教師が介入していく絶好のチャンスである。和田先生のスモールトークの中でそれが見られた。
Are you a good boy today?
（生徒反応せず）
Are you a good boy today?

（はっきりと繰り返し）
Yes.
（生徒の答え）
You are a good boy. Good!
という具合である。この段階では，既にbe動詞の使い方に慣れているので，文を作る練習をさせる必要は無いかもしれないが，この後で教師が手で完全な文でもう一度言い直すように合図をすると，生徒は 'I'm a good boy.' と言うだろう。Yes. No.のような場合はそんなことは不必要かもしれないが，部分的にしか答えられない場合に，教師がインタラクションの中で自然に訂正し，それを生徒に自分のこととして言わせてみるというのは誤り訂正のよい例である。合わせた手のひらをぱっと拡げるだけで英文を拡大させるという合図にすることなどは1年生の最初に教えておけば，言葉以上に便利な道具になる。

　和田先生の授業の中で，生徒の発話を増やす機会を入れたかったところは，人物当てクイズの応用編で，教師がその人物について生徒に質問させる，アメリカの学校生活について教師が話したことについて生徒に質問させる，9つの絵を使いながら自分の日課を語る活動で，例えば9枚の絵の中で3つについては質疑をさせる等である。即興で発話させるには時間を要するが，それは覚悟の上である。時間とのかね合いで，グループで相談させる，競争させるなどの方法をとることも必要であろう。また，これらの活動では，特に大きな誤りがなければ誤りは見逃すことが必要だ。

3．まとめ

　教室の授業は，インプット，アウトプット，インタラクションの活動が有機的に組み合わされるのが望ましい。英語で授業を進めれば，必然的に教師のアウトプット量が増える。これは，言語学習上の大きなメリットである。しかし，インプットだけでは英語は学ばれない。ところが，生徒にアウトプットを出させると，時間がかかる，誤りが多い，意味不明等，不安材料が多い。そこで，まずテキストの英文を正確に覚えさせようということになりがちだ。教科書の英文を丸暗記すれば日常的なことはすべて述べられると言うが，それは，その程度のルールが内在化されれば，内在化されたルールを自由に駆使できるという意味である。そのためには，授業

の中で生徒が即興で発話できる機会，しかも学ばせようとする英語を使って即興で発話できるような授業活動を増やす必要がある。ただし，この種の活動には時間がかかるので，他の活動は，和田先生の例でおわかりいただけたと思うが事前に周到な準備をしておくことが大切だ。

（元昭和女子大学　緑川日出子）

1.2 英語での内容のあるやりとりが豊富な授業
（中3・2学期）

1．本時の目標，および学年指導目標における位置づけ

　教科書で言語材料を順に教えていくのではなく，assertive なコミュニケーションができるように，相手への関心や相手の意見を尊重する態度を育て，英語の技能を高めていくことをゴールにしたい。そのための中・長期的なビジョンを明確にもった時，授業が大きく変わる。

　本稿は，この本の中にあってはやや異質に見えるかもしれない。目標に準拠した評価が導入される3年も前に行った授業であり，その点から見るといささか物足りない。だが，今回，それをあえて取り上げたのは，評価のための授業ではなく，ゴールをどうすればいいのか，そしてその「教材研究のあり方」や「授業作りの手順」はどうあればいいかなどについてご一緒に考えてみたいからである。

　本題材は，アジア保健研修所（AHI）の所長である川原啓美医師が，1976年の秋，短期医療協力医として3か月間ネパールを訪問したことが発端となっている。川原氏は，ネパールの人々の暮らしが極端に貧しく，GNP比では日本の100分の1という事実を知る。病院に来る患者たちも，険しい山道を半日も歩いてやってくる者，往復に3日かかる者がいるということを知り，愕然とする。そして，彼は問題は医療知識の不足なのではなく，不完全な教育制度による極めて低い識字率によって，母子保健や家族計画の推進，衛生環境の改善が妨げられていることにあると痛感する。

　川原所長の「分かち合いの世界——アジアの人々から学んだこと」の中に，次のような記述がある。私がショックを受け，その後の授業デザインの大きなヒントになった部分なので，長くなるが引用しておきたい。

> 　ある日，右の膝の下に腫瘍のできた若い主婦が来院した。聞くと2年前にその部分にとげを刺したことがきっかけとなり，その傷が化膿したり治ったりを繰り返しているうちに次第に大きくなり，最近ではくずれた状態になっ

て出血が続くようになった。体も弱まってしまったので何とかしてこの腫瘍を取ってほしい，ということであった。彼女の病気は非常に進行した皮膚ガンであり，骨まで達していることがわかった。このように手遅れの皮膚ガンをみることは，日本では全くない。この場合，患部だけをただ切除しても意味がなく，筆者は彼女に対して「あなたの足は大腿部で切断しなければならない」と告げた。しかし，彼女は「いや，脚を切っては困る。私の子どもたちはまだ小さくて，私の代わりに谷へ水を汲みに行くことも，畑で夫を助けて働くこともできない。私にはどうしても二本の脚が必要です」と答えた。「もし，あなたの脚を切断しなければ，この患部の病気は必ず再発するし，あなたの他の部分にも同じようなものができ，あなたの命はなくなる」。それに対して彼女の答えは意外であった。「私が死ぬことは悲しいことです。しかし，やむを得ません。もし私が死ねば私の貧しい夫は次の奥さんをもらうことができます。そして，その人は私のかわいい子どもを育て，私の夫を助けることができるでしょう。しかし，もし私が脚を切られ，何もすることができずに寝ていたらどうなるでしょう。貧しい我が家は全滅するかもしれません」この経験は，筆者にとって二重のショックであった。一つは，彼女の命を救うために何もできなかったということである。そしてもう一つは，彼女の人間性のすばらしさに圧倒されたということである。その時まで自分は豊かな日本から優れた医術を身につけて，気の毒なネパールの人を助けに来たという思いで働いていた。しかし，今出会ったこの女性は何とすばらしい人であろうか，愛する人のために我が身を犠牲にして省みない，という心は，自分よりも数段上ではないか。

　教科書の本文どおりに，川原医師の足跡を追っていき，サクセス・ストーリーで終わらせてしまっては，この題材は生きない。むしろ，社会的背景やアジアの地域的あるいは地球的な人間の課題に迫る格好の教材なのである。そこで，筆者は川原医師の驚きや苦悩を身近に感じ取って，問題の本質に気づけるようにしたいと考えた。

　生徒が，ネパールという国をあまり知らない時，2通りの迫り方が考えられる。1つは，資料を準備して教師が説明していく授業であり，もう1つは生徒が知らないことをそのまま生かして，驚きと関心を生み出す授業である。筆者が目指すのは，後者の授業づくりである。だから，この授業

の大きなねらいは，単元全体を通して世界のアンバランスさに気づき，自分の考えをしっかりと持てるようになるということに置いた。特に，最初の導入の時間（本時）は，1998年にカナダで学んだグローバル教育の手法との融合を図ってみた。インタラクションの量や場面は，通常の授業と比べて少なくなるが，大きなねらいは意図的にギャップを作って考え，気づかせるということである。

(1) 単元の目標
・自分の得た情報を編集して，相手に適切に情報を伝えようとする。
　　　　　　　　　　　　（コミュニケーションへの関心・意欲・態度）
・It ～ for... to，疑問詞＋不定詞，関係代名詞の入った文を理解することができる。（理解）
・It ～ for... to，疑問詞＋不定詞，関係代名詞を使って言いたいことが伝えられる。（表現）
・川原医師の願いやAHIの趣旨を理解し，地球上の問題点について自分なりの考えを持つことができる。（言語，文化の知識・理解）

(2) 本単元の指導計画
　●の言語材料は，日常の話題で説明するのではなく，あくまでも学習内容と結びつけて理解することができるようにする。
第0次 前単元の評価目標並びに4技能の習熟度の診断的評価をする。
第1次 pre-reading と pre-listening （本時1/8）
　・ネパールについて得た情報をもとに話し合おう。
第2次 ビデオ視聴（『ネパールの子どもたち』テレビ番組を録画）
第3次 while reading「川原医師の驚きと悩み」● It ～ for...＋to...
　・川原医師が驚いた情報とはどんなことだろう。
　・地図帳を見ながら，地形についても話し合おう。
第4次 while reading「川原医師の決断」● how (what, where)＋to...
　・川原医師が人々を治療する以外にとった方法とは何だろう。
第5次 while reading「川原医師の仕事」●関係代名詞（2時間扱い）
　・"Good health is a basic right for everyone. It should not be a blessing only for people that have time and money."とはどういうことだろう。
　・"Sharing for self-help"とは具体的にどうすることだろう。

第6次 post-reading「AHI 資料から川原医師のことば」
  ・全国の中学生が川原医師に書いた手紙を読んで考えよう。
第7次 post-reading「資料：Ms. Severn Suzuki（セヴァン・スズキさん）のスピーチ」
  ・セヴァン・スズキさんの Speech を読んで，どう思いましたか。
  ・この題材で考えたことを，英語でレポートしよう。

　これらを通して，教師が一貫して行ったのは，What do you think? If you were Mr. Kawahara, what would you do?といった referential question を与え，自分の意見を考えさせることである。

(3) **本時の目標**

・ネパールについてわかったことをもとに，グループ内で意見交換をし，それを報告することができる。（コミュニケーションへの関心・意欲・態度）
・相手のレポートを聞いて，それに対する自分の考えを伝えることができる。（表現）
・相手のレポートを聞き，その概要を理解することができる。（理解）

2．授業準備のプロシージャー

　フォスター・プラン協会の友人からネパールの方（札幌在住）を紹介していただき，メールのやりとりをして，生徒が驚くような情報を集めた。また，テープに生徒へのメッセージを入れていただいた。送っていただいた情報を参考にして2種類の異なったプリントを作成し，それをペアで読んでお互いにレポートをするという方法をとった。また，グローバル教育のコップを使ったアクティビティや Photo Language の手法と連動したユニセフの資料を用意し，できるだけ自分たちで気付けるように仕組んだ。授業の最後にスライドで振り返る場面では，ネパールの民族音楽をBGM として使用した。最初から最後までストーリーとしてつながるように意図したつもりである。

3．本時の授業展開
(1) 本時の学習指導案

時配	生徒の活動 ● 学習活動　■ 言語活動	評価 (評価方法)	教師の指導と援助
10	① Greeting ② Singing an English Song ■ opening song "Take Me Home, Country Roads"を歌う ③ Small Talk ■ペアでA，B 2つのトピックの中から，1つ選び1分間ずつスモール・トークをする。方法はア，イの2つの中から選ぶ。 A: My Favorite Season B: My Favorite Food 　ア．質問をつなげる方法　 　箱と豆を使って，聞き手は一つ質問できたら豆を一つ移動する。話し手は一文付け足して情報を与える。 　イ．話題を発展させる方法　 　一枚の紙を用意し，マッピングをしながら話題を膨らませる。 ■何人かがレポーターとしてペアで話し合ったことをクラスに伝える。 ● JTLとALTはスモール・トークで，天候（立山の初冠雪）を話題にし，その後ヒマラヤに言及し，地図で確認する。 ●本時のトピックを確認する。	※適切に質問をしているか，また話題が展開されているか。（ノートや豆の数の記録）	○明るく授業を始められるように配慮する。個人的にHow are you?で尋ねる。 ○スモール・トークの内容を的確にクラスの仲間に紹介できるようにシャドーイングやマッピングで情報を的確に集めるように言う。 ○ペアで決めた到達目標に達しているかどうかを確認し，生徒に自己評価，相互評価をするように言う。 ○聞き手が理解しやすいようにALTとJTLで補助質問をする。 ○生徒が，ネパールについて知りたいという気持ちになるように，一つだけ驚くような情報を伝え，自然に授業に入っていけるように配慮する。
	Why did Dr. Kawahara help people in Nepal? What country is Nepal like?		

④ Information Gap & Being a Reporter
■教師が与えるネパールについての2種類の異なった情報の文をペアで互いに選び，3分間読む。相手に伝えたい部分を蛍光ペンで塗りながら読んでいく。
■レポーターとして相手に報告できるように個人練習をする。

●自分の指で時間（1本が1分）を示し，延長時間を申請する。
●延長時間内にスキャニングをして，キーワードをおさえる。
■ペアで，レポーターとして相手に伝えたいことを要旨を落とさないように報告する。

※積極的に相手に伝えようとしているか。
（全体の様子を観察）

○3分間では，時間が足りなくなる。そこで延長請求権を与え，もっと読みたいという意欲を刺激する。必要とする時間を与える。その時間内に，キーワードを見つけて確認させる。
○個人の学習がしやすいように壁に向かって練習をするように言う。すぐにレポートをするのではなく，個人でわかったことをつぶやくように示唆し，言えない部分を明らかにする。
○日本語の質問を裏に印刷しておき，レポーターが言いやすくする。
○相手にわかりやすく伝えるように，ジェスチャーや顔の表情など工夫するように言う。また，聞き手は驚いたことがあれば，スピーチ・バブルズ（Oh, really? No way! etc.）を使って応対するように言う。

| What are they doing? |

⑤ Global Activity (1)
■女性たちが集まって勉強をしている写真を見て，何をしているところか考え，ペアで考えた意見をホワイトボードの写真の周りに英語で書く。
■ALTがボードに書かれた意見を読んでいくのを聞きながら，「そう思う」「そう思わない」という意思表示をする。

○場面を大きく変えて，揺さぶりにかかる。

○教師は，写真について説明せずに次の活動に入る。

⑥ Global Activity (2)
■ネパール語で書かれた「①水 ②薬 ③毒」の3枚のカードを貼ったコップを見ながらALT（喉が渇いている）とJTLのやり取りを聞く。
■JTLから提示されたユニセフの資料（教育事情）を読む。ネパールの男性の識字率（40％），女性の識字率（14％）をもとにコップのラベルと大人の女性がネパール語を学んでいる写真が何を意味していたかを振り返る。

○ネパールのほとんどの女性が文字が読めないという実態に自ら気づけるように配慮する。
↓
○クラスでそれぞれの割合が何人に当たるかを気づけるように，実際に立たせる。
○ALTとJTLで話しながら，情報として大切なポイントをおさえる。
○BGMにはネパールの音楽を使う。

⑦ Slides of Nepal ■ネパールのスライドを見ながらALTとJTLのやりとり（説明）を聞く。 ⑧ Reflection and consolidation  ■1時間の学習を通して、グループでわかったこと、考えたことを日本語で話し合う。グループの中の一人がレポーターとして英語でクラスに紹介する。 ●教師のコメントを聞く。	※プログラム⑥の根底にある問題（教育への関心の低さ）に気づけるか。 （授業後の感想）	○教師は、適宜、内容について問いかけ、ペアで確認するように言う。 ○レポーターには、自分たちのグループの意見を論拠を述べながら伝えるように言う。 ○出た意見を関連づけ、気づきが生まれるように配慮する。 

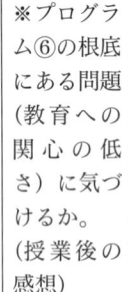

(2) **授業展開**（特に、インタラクションで配慮したこと）

① small talk について

　普段から、my 〜、my favorite 〜といったトピックを2〜3個与えて、その中から自分で選択できるようにしている。その理由は「こだわりがもてる」ことと、「紹介（コミュニケーションの基本と考える）に慣れる」ためである。small talk の時間はそれぞれ1分30秒。その間、相手はマッピングで情報を整理する。後で、ジャンケンに勝った方が相手の内容をレポートするという約束なので、どの生徒も真剣である。

②インフォメーション・ギャップについて

　すでに（　）が指定されたインフォメーション・ギャップと異なり、自分が相手の知らない情報を持っていること、しかも自分が驚いた部分をなんとか相手に伝えたいという「自己選択」の部分があるので、伝える必然性が生まれる。自分の言葉でメッセージをもたせることは、実践的コミュニケーション能力の育成には欠かせない。

[Aの生徒用カード（一部抜粋）]
●授業の開始が遅いと聞きましたが？
　School begins at 10:00 and ends at 5:00. People get up early in Nepal. They usually get up at five or six and take breakfast. And at nine they take lunch. They usually eat curry. Then they go to school or to the office.
●昼食から夕食まで何も食べないのですか？
　Some people eat something again at noon or after school. But most people don't eat anything till dinner.
[Bの生徒用カード（一部抜粋）]
●宿題はたくさんありますか？　定期試験などはありますか？
　No. We don't have homework or examinations. But there are national examinations. If students don't pass these examinations, they can't enter senior high school or university. They can't even be promoted to the second grade of junior high school.
　プリントの裏にも●の日本語の質問を載せておいた。何について書かれているのか予想し，かつ読み終わったら，その質問に答えるようにする。こうすると内容の確認ができるし，レポーターの練習にもなるからである。
③ Photo Language について
　10人ぐらいの女性が集まっている写真を拡大して，ホワイトボードに貼りだし，ペアで考える。写真を全員に配るのではなく，実際に前に出てきて話し合わせる。こうすると，格段に集中力が違ってくる。
　What are they doing?の問いに対して，ペアで英語で書かせる。④⑤につなげていくため，端的に書かせる。ホワイトボードに書かれた英文をALTが読み上げ，個々にI think so. I don't think so.と意思表示をさせる。コミュニケーションへの関心を高めるには，Yes, Noを言わせて参加型にすることが大事である。
④3つのコップの活動について
　ALT: Oh, I'm hot. I'm thirsty. I want something cold to drink.
　JTL: Oh, do you? Then, just a minute. I'll bring you something.
　（JTL shows three glasses with Nepalese letters. JTL tells ALT to

choose.)
　　ALT: No way! I can't. I can't read them at all. It's dangerous. I'll die.
　　JTL: No. You're learning karate. You are strong.
　　　　　(To students) What do you feel when you can't read letters?
　オープンエンドのまま，ユニセフの資料を配付する。ここでは，特にインタラクションの場面は作らない。なぜなら，一気に⑤につなげないと間延びしてしまうからだ。あくまでも，ねらいは⑤でハッと気づかせることであり，字が読めないことがどういう意味をもつのかをおさえるだけにとどめる。

⑤ユニセフの資料を読んで
　日本とネパールの識字率を比較したユニセフのグラフを配って，ペアで考えるように言う。今までのコップの活動や大判の写真が何を意味していたのかが「つながる瞬間」である。大事な落としどころでは，教師はくどくどと説明しない。エッと驚く声，息を飲む音が聞こえ，静寂を楽しみながら，全体の雰囲気が落ち着くのを待って，気付いたことを言わせ，つなげていく。

⑥スライド（まとめ）について
　ネパールの民族音楽を BGM にして，働いている女の子たちの様子をスライドで紹介していく。学校の様子，教室の様子が，先に読んだ２種類の情報と相まって現実味を帯びる。「なぜ？」という気持ちが生まれて来た頃を見計らって，次の話し合いにつなげていく。語り部のように伝えることで深く考えさせ，⑦にスムーズにつなげるため input 中心とした。

⑦日本語での話し合いについて
　気づいたことを日本語で話し合うことで，意見が深まる。output を英語で行う約束にしておけば，なんとか思いを伝えたいという気持ちになりやすい。と同時に，発表者がどのように発表するのか関心も生まれてくる。意見に対して自然発生的に拍手が起きたのは，内容がよかったという意味だけでなく，聞いている者に伝わった（わかった）という確認の意味もある。
　さて，出てきた意見（時間の都合で２人）は次の通りである。

A(boy):　We're sad, because many Nepalese children can't go to schools.

	Please teach more about all over the world.
JTL:	You mean you want to know what's happening in the world now?

Students of A's group: (Unanimously) YES!

B(boy):	Nepalese schools don't have desks. They don't have P.E. I'm sad because I like P.E. Nepalese people can't read letters. They work hard everyday. Now I want to ask them, "Do you want to study?"
ALT:	Do you think they want to study or work? Raise your hands. Study? Work?

4．生徒の到達度評価，および授業の内省

　小説家は最終章から書くという。漫画家も最後のコマから先に考えるそうである。なぜか。最後のシーンが明確になっていないと，登場人物などで布石が打てず，いいものにならないからである。授業も同じ。単元を順に教えていき，しばらくしてテストで定着度を確かめるというのでは「さまよえる授業」である。例えば，どんな生徒に育ってほしいかという明確な像を描いているだろうか。それがあれば，今，何のために何をしているかが見えるようになる。例えば，期末テストの構想が学期の当初にできているだろうか。これができていると，何が基礎・基本で，どのような評価方法で評価をするかといった視点が明らかになる。つまり，全ての絵がストーリーのようにつながるのである。ちなみに，本校では5教科で学期の最初に期末テスト（設問毎に「評価の観点」を明記）を作成してしまう。こうしてから，今までの指導が大きく変化している。1時間で指導することが焦点化され，授業の最後には次時の予告がきちんとできるようになった。教室の背面黒板に書かれる次時の内容も，評価規準を意識した言葉となっている。

　では，この単元のゴールは何にあったのか。大きく分けて2つある。一つは，世界で起きていることに目を向けられるようになることである。もう一つはセヴァン・スズキさんのスピーチにつなげることである。彼女のスピーチにショックを受けてきた卒業生は多い。心が深く動けば，言いたくなる。スピーチの感想（英語）がびっしりと書かれ，意見を交わすよう

になる。このように，異文化や文法という窓を通して，感受性を育て，生き方を考えられるようになってほしいというのが私の願いであり，授業で求めるゴールでもある。

5．私の理想の授業

　ゲーテが次のように言っている。「青年は教えられるよりも刺激されることを欲する」。生徒も，教師によって教えられるのではなく，自分で気づきたいのである。自分で気づいたことは忘れないからである。

　気づきには，明確な「授業デザイン」，遊び心の入った「布石（種まき）」，確かな「振り返り」が必要になる。それらが「カチッ」と合わさった時，生徒たちの感受性と論理性が磨かれていくのである。

　次の2枚の絵をご覧いただきたい。

　尾形光琳の「カキツバタ屛風絵」である。Aは画集に載っているものである。これは，筆のタッチや色彩を紹介するのが目的であり，「指導要領の目的や内容」，「教科書に載っている言語材料」に当たる。「教科の論理」で描かれた絵である。一方，Bの方は実際の屛風絵である。カキツバタが生き生きしている。尾形光琳は，絵を屛風のようにして描き進めたのだろう。実際の生活でどのように使われるのかを想定して描いたということである。この絵には「生活の論理」が生きている。

　現場では，つい「教科の論理」で迫りがちになるが，本当に大事なのは「生活の論理」を生かして，生徒に自分の言葉で語らせることではないだろうか。今，多くの授業を見ていて，つくづくそう思う。

（関西外国語大学/元富山県砺波市立出町中学校　中嶋洋一）

〈授業分析〉
What to communicate を育てる「教育」としての英語授業

1．内容のあるやりとりを可能にする授業の条件
(1) 深く内容に迫る手だて

　教科書の題材が問題性に富んでいる場合には，内容を深めさせながら英語学習を行わせることが可能になる。テーマに関するイラストや写真の利用は，どこでも見られる授業風景だが，中嶋先生は自分からはそれらについては語らない。④ Information Gap & Being a Reporter で生徒に What country is Nepal like? と質問を突きつけ，身近な知識を利用させながら徐々に問題に迫っていく。次にはネパール語のラベルがついた毒入り，薬入り，真水のコップの水を知らないで飲んだらどういうことになるか考えさせてから，⑤ Global Activity (1) で What are they doing? という質問を突きつける。ネパールの成人女性が識字教育を受けている写真である。その直後に，⑥ Global Activity (2) でネパールの教育事情を読ませ，⑦ Slides of Nepal でネパールのスライドショで授業をまとめ，最後に，⑧ Reflection and Consolidation で生徒に本時のまとめをさせる。また，総まとめは，先生が抱えることができないほど大きな地球儀を見せて，生徒に世界の問題へ目を開かせるという一連の組み立てである。ひとつひとつの活動は独立しているのに，内容は徐々に深まり，問題の本質により迫っていく。生徒は，活動の中で思考したり想像力を駆使しながら英語を使う。内容と英語学習を組み合わせた指導過程を反芻(はんすう)して授業づくりの手本としたい。

(2) やりとりを可能にする手だて

　上記の内容について中嶋先生が用いた活動（やりとり）を言語使用の面から整理してみよう。

　テーマへの導入は JTL (JTE) -ALT のインタラクションを聞かせるインプット活動，What are they doing? はペアによる1行英文ライティング，コップを用いた skit，スライドショーは共に JTL-ALT のインタラクションを生徒に聞かせるインプット活動，生徒がユニセフの資料を読む活動は，英文を前半，後半に分けて information gap を用いたアウトプット活動，その後に数字に関する内容理解の確認を行う reading comprehension は，インプット中心の活動である。授業のまとめは学んだことを英語でリポートのアウトプット活動，教師の締めくくりは再びインプット活動である。ここから，中嶋先生の授業は比較的短時間に4技能を組み合わせたインプット豊かな授業であったことがわかる。

2．外国語学習の観点から見る授業の方法論
(1) 生徒に authentic な状況で英語を使わせるための工夫

　中嶋先生は生徒が気づき，答えを発見するように状況設定して可能な限り authentic な言語活動を行うことを授業の理想とすると述べておられる。言語を学ばせるには自分で作り出して使ってみる作業が不可欠だ。そのためには，聞き手と話し手の間で交わされる情報が新しく，双方の情報にギャップがあり，質問などによってそれを埋めるという状況を作る工夫が必要だ。③ペアによるミニスピーチ作成と報告，JTL と ALT による補助質問，④ information gap を用いた情報交換などがよい例である。③は，内容とは直接関わりのない small talk だが，インタラクティブである。③では My Favorite Season, My Favorite Food というトピックスを選び，聞き手は話し手に質問し，相手の情報を集めてそれらを論理的に整理して1分間で発表させるものだが，ある生徒の He talked about his favorite season. His favorite season is winter because ええと he like ski very much but ええと he can't play（先生が can't ski, can't ski とフィードバック）he can't ski well, so he hope ええと he can ski very well. をみれば，中嶋先生が生徒にアウトプットさせるとき注意して指導されている点が明らかである。④では，読み取った内容を相手に伝え合う過程で，インタラクションが生じているのがわかる。また，ここでは，自分の英語で相手に伝える前に，生徒は壁に向かって自主練習の時間を与えられていることに注目しよう。言語学習にとってインプット（理解）よりアウトプット（産出）のほうが遙かに困難である。中嶋先生は，そのために必要な手だてをしっかり与えているから生徒は安心して発表し成功感を味わい，さらにやる気を起こすであろう。中嶋先生はこういうことをすべて計算して授業の中に組み入れている。

(2) 豊富な comprehensible input の源：英語による授業と ALT の活用
　中嶋先生は授業の中でほとんど日本語を用いない。どちらかと言えば早

口の英語であるが簡単明瞭である。教師が生徒のレベルに合わせてわかるような英語を話すには，英語能力だけでなく話し方の技術も必要だ。また，恐らく中学の入門期から英語による授業を継続的に行っているに違いない。先生の授業には，生徒が理解できるインプットが豊富だが，これにはALTとの適切なコミュニケーションも役立っている。「適切な」という意味は，両教師が授業の目的を明確に理解し，インプットが生徒に理解されるよう仕組んであるからである。TTによる対話はアドリブであっても学ばせようとする的を外すことはない。先生の授業から，ALTとのTTでは，授業の中で行う言語活動の目的をALTに理解させ，活動の方法を事前に打ち合わせておくことが大切だということを学ぶことができる。

(3) 母語の活用

中嶋先生の授業から母語の使い方について学ぶことができる。内容のあることがらを生徒に話させるには，話すまでの準備が必要だ。先生は授業の中で，生徒が考えるときには日本語，発表は英語という形をとっている。⑤写真を見て考える，⑥ユニセフの資料を読む，⑧授業を通してグループでわかったことを話し合う，がその例である。これらの活動では，考えや感想を英語で述べることを求めているので，語るべき内容について母語を有効に用いさせるということは納得である。先生の授業では無駄な日本語が使われていないという点でも，教室での母語使用について学ぶことが多い。

3．改善のポイント

50分の中で行なわれている活動量からすれば無理な要求かもしれないが，外国語学習を進めるという観点から特に次の2点を提案したい。

(1) インタラクションの必要性

インプットに対してアウトプットさせなければインタラクションは行われない。この授業ではアウトプット活動が限られているのでインタラクションが行われにくい。また③，④と⑥のようにインタラクションが可能であったが，その部分は丁寧さに欠けた。また，⑤や⑦では，取り上げた写真について英語で教師に質問させれば，インタラクションが起こり，その過程で生徒が誤りを起こせば修正もできる。また，インタラクションは全

体で行うより両教師がグループをまわって指導するのもよい。⑤のペア活動では，写真をみて日本語で考えた末，たった1文（例；They are studying.）の英文を書くだけだった。母語で内容を深めたとしても言語学習という点では工夫の余地はなかったろうか。生徒のその場で話させる活動には時間と忍耐と手助けが必要だ。しかし，その過程での応答や聞き返し（インタラクション）を通して英語が理解され，そのルールが徐々に内在化されると言われている。④のような "Really?" "Wow" などもインタラクションには違いないが，もの足りなさを感じる。言語活動は真のコミュニケーションに近ければ近いほど，聞き手にも話し手にも有意味になり言語学習が進む可能性が大きい。また，生徒の発話には誤りが多いものだが，コンテクストの中で訂正することで，言語学習の機会を増やすことができる。このような点から，授業の中にインタラクションの機会を組み入れたい。

(2) 確認の徹底の必要性

④生徒がキーワードを用いて情報を伝えるとき，キーワードをわかっているだろうか。⑧授業のまとめを英語で行わせようとしたとき，本当に英語でまとめているだろうか。テンポ良く進む授業だが，理解の確認という点で不安を感じることがある。教師の指導は生徒にとっては学習である。生徒が頭の中で作り出した英語が完全，不完全等の認識ができて僅かずつ学習が進むのではないか。そのために教師は，生徒が理解または産出した言語が正しかったかどうかをできるだけ速やかに確認させたい。正しい答えを繰り返してやるだけでもよい。また⑧のような場合には書いて提出させてフィードバックを与えてもよい。気づかせることで学びの機会を増やすには教師による確認が大いに役立つはずである。

（元昭和女子大学　緑川日出子）

1.3 インプットとアウトプットの豊かな授業
（高1・1学期）

1．本時の目標，および学年指導目標における位置づけ

　前勤務校に異動して授業を開始した4月に，ちょっとした違和感を覚えた。ほぼ英語だけで授業を進めていくことに戸惑いを示す生徒が多く見受けられたのである。以下は，本稿に記す授業を実施した第1学年普通科生徒40名に対して，6月に実施した調査結果の一部である。
［質問］中学校3年間の英語の授業において，先生はどのくらい英語を使用していましたか。

- どの時間もほとんど英語で進めていた。　―　5名（12.5％）
- 各授業の半分程度は英語を使っていた。　―　6名（15.0％）
- ほとんど日本語を使って進めていた。　―　29名（72.5％）

　このような状況の中，"聞く授業"（「静」の授業）から"参加する授業"（「動」の授業）への意識転換が急務であると考えた。そのために，すべての英語の授業で教師の発話や使用教材を通して多量のインプットを与えるとともに，生徒が英語を頻繁に用いる授業展開にすることで，徐々に抵抗感をなくしていくように努めた。特にアウトプットの段階では，これまでに得た言語知識を総動員し，コミュニケーション活動に応用できるような指導を行った。本時は入学してから5か月後の9月に「英語Ⅰ」で実施したものであるが，1学期の学習事項をベースにして，次の点を目標として定めた。

a．身近な話題について，今現在自分がもっている語彙・文法力を駆使しながら相手が理解できるように伝える。
b．shadowing や simultaneous interpretation といった活動を通してテキストの内容を吸収し，さらに oral summary によってテキストを自分の英語レベルで言い換えながら要約して相手に伝えることができる。
c．自分の考えなどを語句レベルでメモにまとめ，それに基づいて発表することができる。（フル・センテンスを書いて準備しておかなくても話すことができるようになる。）

以上の3点は,「英語Ⅰ」の年間指導計画におけるオーラル・コミュニケーション能力の最終目標と重なるものでもある。ただし,これらを年間指導計画の中に分散して配置するのではなく,各学期に同じ目標を据え,同様の活動形態を繰り返す過程で徐々にレベルを引き上げていくようにした。

2. 授業準備のプロシージャー

　扱った教材は映画監督スティーブン・スピルバーグへのインタビュー形式になっており,彼の生い立ちに関して4つの質問がなされている。本時の授業は,この教材の理解を一通り終えた後の6時間目に設定したものである。授業を行うにあたって,次のような事前準備をした。

(1) 授業の大枠の決定
① Getting Ready to Speak: Talk about Yourself / Story Making
　身近な話題について,自分の中で思い描いた事柄を英語で話す練習。
② Review of the Whole Lesson
　教科書各セクションの内容と英語表現を intake するための活動。
③ Interview Activity
　教材と同様の質問を使って自分自身のことについて話すインタビュー活動で,作成したメモに基づいてスピーチをする練習。

(2) ワークシートの作成
　(1)の大枠①〜③に従い,詳細を検討しながら作成する。オーラル・ワークに強い抵抗感を示す生徒に配慮し,一部指示文も含めた丁寧な作りにする。

(3) モデル提示の練習
　(2)で作成したワークシート上の各活動について,教師によるモデル提示の必要があるかどうかを検討し,ある場合には活動のゴールを明確に示すことができるような内容を考え,実際に口頭練習をしておく。

(4) 予想される事態に対する対応策の検討
〈日本語の使用や不自然なポーズについて〉
　適切な英語表現が思い浮かばずに日本語を使ったり,話が途中で止まってしまう場合に,語彙や文構造をやや遠回りに転換しながら言い換える手法(circumlocution)を用いて問題を解決するように指導する。

〈不適切な英語使用について〉
　話した英語に含まれる表現・文法・発音の重大な誤りのために相手に意図が伝わらない場合，発話内容を教師が要約する形で繰り返し，他の生徒が理解できるようにするとともに，話者へもフィードバックを与える。
〈note-taking での語句の書き過ぎについて〉
　授業後にワークシートを回収し，テクストのエッセンスだけを取り出した効果的なメモの取り方の例をクラス全体に紹介する。

3．本時の授業展開
(指導案)

項　目	生徒の活動	指導上の留意点
① Talk About Yourself (5 min.)	●隣同士でペアを作り，次のいずれかについて話す。 ・What I did after school yesterday ・My plans for this weekend ●前後でペアを作り，新たなパートナーに最初のパートナーから聞いた内容を伝える。 ●対角線でペアを作り，"You..., right?"の要領で，伝え聞いた内容が正しいかどうかを確認する。 ●指名された生徒がクラス全体に，自分の最後のパートナーについて報告をする。	●教師が同じ話題について話すことでサンプルを提示する。 ●発言が日本語になってしまった場合に，既習の知識でどのように対応できるかを全体で考える。 (→語彙や文構造の変換または易化)
② Story Making (10 min.)	●4人のグループになり，以下の英文からスタートしてオリジナルのストーリーを展開する。 "I didn't feel like going to school that morning." ●クラス全体から4人を選び，上記と同じ活動を行う。	●即興性を重視し，各自が話し始めるまでの時間を15秒とする。 ●活動中は辞書の使用を認めない。 ●生徒の発言をわかりやすく rephrasing して，全員がストーリーの流れを理解できるようにする。

③ Review of the Text [Section 1] Simultaneous Interpretation	[Section 1] ● CDを聞き，学習した内容を思い出す。 ● CDを聞きながらペアで交互に1文ずつ，同時通訳のように日本語に置き換えていく。	● CDをセンテンスごとに止め，若干のポーズをおく。 ● 聞こえた順に，sense gruop単位で必要最少限の日本語で言い表すように指導する（直聴直解）。
[Section 2] Reading Practice Shadowing	[Section 2] ● 教科書を見ながら，CDの後を追いかけるように音読する。 ● 教科書を閉じ，シャドーイングを行う。	● 日本語の母音を入れていないかチェックする。 ● 強く聞こえた語のシャドーイングから始める。
[Section 3 & 4] Oral Summary (20 min.)	[Section 3 & 4] ● 各セクションを読み直し，口頭で要約するための準備として，キーとなる表現をメモ書きする。 ● ペアで担当するセクションを決める。教科書を閉じ，作成したメモに基づいて口頭要約をする。 ● 使用禁止と指定された語をどのように言い換えたか発表する。	● まだactive vocabularyの域に達していない語を使用不可として提示する。 ● 使用不可の表現の言い換え方法について例を示す。
④ Interview 〜What kind of life have you led? 〜 (15 min.)	● ペアでインタビューを行う。 Q1) Will you please tell me something about your life at home when you were a little child?（教材中のスピルバーグへの質問と同じ） Q2) Q1で聞いた内容について，さらに質問を加える。 Q3) ・How did you get interested in Chiba Girls' High School?（教材中のスピルバーグへの質問はmaking moviesに対する興味） ・Are you satisfied with your life at school? ● Q1からQ3について，数名の生徒が発表する。	● メモをずっと見ていた場合と，相手に視線を送りながらの発表とでは，聞き手の理解度にどのような差がでるかを経験させる。 ● 聞き手側も話し手とeye contactをとる必要があることを認識させる。 ● どのような質問をすれば相手とのコミュニケーションを持続させやすいか考えさせる。

（ワークシート）イタリックスの部分は生徒の記入例

| GETTING READY TO SPEAK | （指導案の①と②）

〈Talk about yourself!〉(Pair up in three patterns.)
　A: Tell your partner what you did after school yesterday.
　B: Tell your partner what you're going to do this weekend.
　→ Work in new pairs and tell your partner what your first partner has said to you.

〈Story Making〉(Form a group of 4 students each.)
　Make an original story in each group by adding a few sentences in turn. The first sentence given to you is: "I didn't feel like going to school that morning."

| REVIEW | （指導案の③）

[Section 1] Simultaneous Interpretation
[Section 2] Repeating & Shadowing
[Section 3 & 4] Oral Summary

　・The fewer words, the better.　・No sentence should be written.

Section 3	Section 4
＊ The words you are NOT allowed to use in summary: endure / hand (v.) / put my eye right onto ～ / stage (v.)	＊ The words you are NOT allowed to use in summary: interest in ～ / in use / discourage / squatter
Key Expressions □ *father—movie camera* → × *his photography* → *Spielberg --- family photographer* □ *model trains* → *crash* → *movie of a train wreck*	Key Expressions □ *studio tour—head editor* → *pass* → *liked his movies* *(but) no more passes* □ *not disappointed* → *suit & briefcase* → *passed* → *used an office*

INTERVIEW　　　（指導案の④）

Q1　Will you please tell me something about your life at home when you were a little girl?

Preparation for Question 1	What did your partner say?
＊Key words only! *parents—worked* ⇒ *stayed at grandparents'* 　*home --- new experiences* ・*origami, wooden toys etc.* ・*visited temples and shrines*	＊Take notes after listening to your partner. *elementary school* *--- talked little* → *hard to make friends*

Q2　(Ask a few questions about what your partner has said.)
・*Why were you scolded by your father?*
・*Do you like your father now?*

Q3　① How did you get interested in Chiba Girls' High School?
　　② Are you satisfied with your life at school?

Preparation for Question 3	What did your partner say?
＊Key words only! ① *(1ˢᵗ-year-student at J.H.S.)* 　・*like music*　・*quiet* *information from my homeroom* *teacher* → *visited the school* → *like the orchestra club* ② Yes, very much. / *Yes, to some extent. / Not really. / Not at all.* *Club --- hard but enjoyable* 　*--- work with others* 　　*(cooperation)*	＊Take notes after listening to your partner. ① ・*open school* → *friendly students and* 　*teachers* ・*school festival* ② *Yes, very much. /* Yes, to some extent. */ Not really. / Not at all.* ・*each class - very hard* ・*friends, club* ・*too busy*

＊J.H.S.＝Junior High School

（ワークシート使用上の留意点）
□ REVIEW における Oral Summary（Section 3, Section 4）について
・Key Expressions の欄には，教科書を見ながら，各セクションの重要情報だけを名詞や動詞を中心にしてメモする。
・メモを取れば取るほど，Oral Summary の際にそれを読むだけの結果になりがちなので，より簡潔に作成することを心がける。
⇧
教科書の英文を再生するのではなく，同じ情報を"自分の"英語で表現することが目的であることを理解させておく。
□ INTERVIEW について
・メモの取り方は Oral Summary と同様。ペアでのインタビューの際は，"You can speak only when you look up."（Read and Look Up）を徹底する。

4．生徒の到達度評価，および授業の内省
(1) **本時の目標 a について**
　話そうとする事柄をまず日本語で考え，それを英語に直接対応させようとして行き詰まるという悪循環からは徐々に脱しつつある。相手に話す際に和英辞典の利用を禁止したが，自分がもっている英語力の範囲内で話し続けていこうとする姿勢が見られた。ただし，現段階では語彙力不足が顕著であり，今後教科書等によって学習した receptive vocabulary を，実際の発話レベルで使うことができる active vocabulary に引き上げていくことが課題となる。

(2) **本時の目標 b について**
　シャドーイングは回を重ねるごとに，そのスキルが向上している。しかし，シャドーイングでは CD の音声に近い英語を再生できるのに対し，意見発表などになると発音・アクセント・イントネーションが和製英語に逆戻りしてしまう。このギャップを埋める橋渡しを考える必要がある。

(3) **本時の目標 c について**
　メモ式スピーチにはかなり慣れてきたと言える。それに伴って，聞き手と eye contact をとり，相手の理解度をチェックしながら話すようになっている。しかし，主語の欠落や取り違えなど，基本的な文法についてもま

だかなり母語干渉を受けているので，現在次のような対策を講じている。
- コミュニケーション上大きな支障をきたす場合は，適宜正しい英文で置き換えることによって，その場で直接的なフィードバックを与える。
- 身近な話題について話したり，意見を述べる際に頻繁に見受けられる文法上の common errors を，授業中または授業後にメモしておく。1週間おき程度にそれらをまとめて，誤文とそれを訂正したものを生徒に提示する。誤文のみを示し，どのように修正すべきかをクラス全体で考える時間も設けている。

5．私の理想の授業

- 多量の英語を読んだり聞いたりして，そこに出てくる表現や話題に関する考え方をインテイクし，それをスピーキングやライティングで"借用"しながら，いつしか自分のものとして使うことができるようになる。
- 読んだり聞いたりした内容に反応して生徒が常に自分自身のメッセージを持ち，それを相手に伝えたいという気持ちになる。
- 教師（話し手）対全生徒（聞き手）という構図を排除し，生徒同士の言語活動が中心となる展開の中で，教師は適宜ペアやグループでの活動に軌道修正を施していくアドバイザー的な役割を果たす。

（元千葉県立千葉女子高等学校　向後秀明）

〈授業分析〉
綿密な準備の下に作り込まれた英語で進める授業―その秘密に迫る

1．インプットとアウトプットの質と言語学習

　教室の中に教えようとする言語のインプットとアウトプットが多ければ多いほど言語学習が進むであろうことは想像できるが，実際には量だけではなく質もまた大切である。学習者にとって役に立つインプットは comprehensible（理解可能な）でなければならない。このインプットが（i＋

1) とされているのは，学習者が今知っている，または理解できている言語レベルより少し難しいレベルの言語材料を含むインプットという意味である。一方アウトプットも特に大切なのは Pushed Output である。これは，学習者が既に習得した言語材料を使い，コミュニケーションの場面でとっさに必要なことを言うことだ。だれにも四苦八苦して何か言ったとき通じたと感じる瞬間があるだろう。これは，Pushed Output の成功例である。

　向後先生は，生徒のコミュニケーション能力を高めることを狙いとして，インプットとアウトプットの豊かな授業を行っている。そのため，先生ご自身も授業のほとんどすべてを英語で行い，生徒にもふんだんに英語で話す機会を与えている。授業をできるだけ英語で行おうという今日的要求を実現可能にするためには，言語学習に役に立つインプットとアウトプットを豊富に生み出す授業を行うことが大切だ。向後先生の授業からその手法を学びたい。

２．教師のインプット

　向後先生のこの授業は３．「本時の授業展開」からも明らかなように１課のまとめである。そこで，これを読まれる方は復習や応用の段階に入っているので，テキストの内容理解を扱う授業より英語が使い易いのかなと直感するかもしれない。しかし，先生は訳読を用いず日常的に英語で授業を行っておられるという。すると，豊かなインプットの創造者はまず，先生ご自身だということになる。先生のインプットは，活動の指示や活動内容の説明，生徒への質問とフィードバック，スモール・トークの際の定型表現等，様々に英語を用いておられる。先生の英語の特徴は，ひとつのことを生徒がわかるまで易しい表現で言い換えることである。英語のスピードは落とさないが，表現は言い換えられ平易になっている。先生は現在，進学校に勤務されているが，転勤して最初に行った学習歴調査では，生徒の72.5％が中学時代に日本語中心の授業を受けてきたという実態であった。そのような状況の中で，5か月後には英語だけで授業を行い，しかも生徒を授業に盛んに参加させることに成功している。先生自らが適切に英語を用いることが，成功の大きな要因になっているのだろう。

　先生の英語で授業を行うための準備は周到である。ワークシートには，

先生が口頭で説明する活動の指示や内容の例がしっかりと文字で示されている。最も大切なところは，耳だけでなく目からもインプットを与えて，生徒の理解を確実にしている。このように，授業を英語で行うには生徒の力をよく知り，どの程度の助けが必要であるかを見極めて授業を進めることが大切である。先生は生徒の活動のためにまず口頭で説明するが，ワークシートを見れば例をヒントに用いて指示通りに活動できるようになっているので，混乱が生じない。向後先生の英語による言い換えの技術と口頭説明を補うワークシートの利用が，適切なインプットの与え方のヒントである。

3．生徒のアウトプット

　向後先生は3つの活動を柱として，生徒にアウトプットを作り出す機会を与えている。3．「本時の授業展開」の，①自分について語らせること，③学習したテキストの内容を予め作成したメモを見ながら要約させること，④作成したメモを見ながら自分の考えを発表させることがその例である。①では，自分を語るためのスピーチ・トピックがプリントで与えられている。生徒はスピーチを作り，次々に複数の生徒がそれを伝え合い，最後の生徒が発表する。この間に，生徒は日本語に頼らずコミュニケーション・ストラテジーを使って，とにかく通じるように工夫し，問題が生じれば先生に援助を求める。③では，内容理解を終えたテキストの音読練習をした後で，キーワードを用いて要約するが（ワークシートのReview参照），ここではテキストの言葉をそのまま使うことはできず，別の語で言い換えることでコミュニケーション・ストラテジーを学んでいる。④は，テキストの活動の応用である。ある映画監督へのインタビューを扱ったテキストのインタビューの質問を利用して，今度は生徒自身についてインタビューして発表しあう活動である。

　さて，これらの活動を普通のクラスにどう応用すればよいだろうか。①の活動ならどんなクラスでも可能だ。③は難しいが，学んだことを手掛かりにさせるのだから，ゼロから何かを生み出させるのとは違う。Speaking が無理ならば writing を用いてもよい。④は，発展活動として生徒ができることを選べばよい。ただし，生徒にとってはインプット活動よりアウトプット活動が遙かに難しいということに注意が必要だ。このような活

動を可能にするためには，まず教師が忍耐して，授業の中で①のようなアウトプット活動を継続的に行わせることが大切だ。また，テキストを扱うときには，例えば読みながらキーワードに注目させたり，英語で言い換えさせたり，予めメモを作らせておく等の工夫や，生徒が作り出すアウトプットを褒めたり，詰まれば助け船をだしたり，またあるときは誤り修正を行うなどのきめ細かいサポートの必要性を，向後先生の授業から学ぶことができる。

4．内容理解と日本語訳に関する考察

　向後先生の授業で，わたくしが最も興味を持ったのは指導案③の，日本語を用いたテキストの内容理解の活動である。これは，生徒はペアでCDの英語を頼りに（といっても教科書も見ているが）1文ずつ交代でチャンクごとに英文を読み，交互に日本語で訳すというものである。向後先生は，この活動をテキストの内容理解を英語で行った後に行っているので，わたくしはその狙いを，生徒の内容を正しく知りたいという欲求を満たさせること，また，それ以上に，英語から日本語への直聴直解というかなり高度な技術を養わせることにあるのだろうと考えた。なぜなら，もし内容理解が主目的であるとすれば，日本語で1語1句正しく訳すという行為は不必要であろうし，大意が把握できた段階でより深く読む活動が続くのが通常のプロシージャーだからである。このプロシージャーから外れた③は，向後先生の生徒にはチャレンジングだとしても，生徒には大きな学習負荷がかかる活動であり，すべての生徒に有効とは限らないという点に注意が必要だ。そこで，生徒の学習負担を軽減したり，さらに「深く読む」活動を加える時間が取れるように，ここで，わたしは，若干の変更案を提案したい。これは，学習事項や語彙の指導を終えた時点で，言い換えや英問英答をふんだんに用いて内容理解を済ませてから，日本語訳を配布してチャンクごとに意味を確認させる方法，すなわち「訳後渡し」である。この作業は，あくまでも生徒の不安解消と理解の確認が目的であるから，原則的には家庭学習に回して，生徒の必要の度合いに応じて自由に利用できるようにさせるというものである。こうすれば，③の直聴直解活動を省いて浮いた時間に，新たな活動を加えることができるであろう。授業の中では，機械的な活動と創造的な活動のバランスの取り方が難しいが，機械的

な活動は，方法さえ覚えさせれば，教室外活動として個人的に行わせることができるので，その分だけ教室で創造的な活動を取り入れる余地ができることになる。

5．まとめ：向後先生の授業手法に学ぶ

　向後先生の日本語訳の活動については少し異なる考えを示したが，教室のインプットとアウトプットという視点で見ると，向後先生の授業はよくできていて大きな問題点が見つからない。向後先生は，これまでどんな高等学校でも一貫して英語で授業を続けてきた先生である。オーラル・コミュニケーション授業では英語を用いるが，その他の授業は別物という考えをよく聞く。しかし「英語が使える日本人」の育成を目的とした今日的英語教育の実践には，どの授業でも教室の英語使用は不可欠である。向後先生の「オーラル・コミュニケーションの授業と英語Ⅰの授業の狙いは同じ」という考えに立つ英語Ⅰの授業は，教室での英語使用を可能にするために教師が何をすればよいかを具体的に教えてくれている。

（元昭和女子大学　緑川日出子）

第2章

面白い，わかる，使える文型・文法事項の指導

2.1 身近な話題を利用する文型・文法事項の指導

2.2 視聴覚教具を活用する文型・文法事項の指導

2.3 計画的な刷り込みによる文型・文法事項の指導

2.1 身近な話題を利用する文型・文法事項の指導（中3・1学期）

1．本時の目標，および学年指導目標における位置づけ

本校は姫路市内の農村地帯に位置する。生徒はのんびりした環境の中で生活している。生活全般において生徒の自主性を高め，各生徒の持つエネルギーを最大限に引き出すため，授業においては基礎的・基本的事項の理解を徹底し，さらに一人一人の生徒の個性や創造性を発揮させながらコミュニケーション能力を伸ばす活動を取り入れる必要があると考えている。第3学年指導目標として，

(1) 身近な話題についての会話を1分間以上続けることができ，その内容を要点を捉えて報告することができる。
(2) 聞き手にわかりやすいように表現力豊かに音読や発表ができる。
(3) まとまった英文を聞いたり，読んだりして内容を理解し，感想や意見を言うことができる。
(4) 身近な話題について10文以上の英文で書くことができる。

を掲げている。本時は導入部分で，既習の一般動詞を使っての過去時制や現在進行形の文と新出文法事項である現在完了（完了）の文を対比しながら導入し，これらを使用する発話状況の違いを理解させた。そしてビデオを使って，現在完了を使用する具体的な場面を提示しながら口頭練習をさせた。さらにビデオの映像に合う発話を即興で言わせ，現在完了の使用場面のイメージ化を徹底させた。レッスン全体に6時間を充て，現在完了の表現を含んだ Skit Show "What Has Happened?" や Speech Show，さらに Creative Writing "Where Have You Been?" も組み入れ，年間指導目標の項目(2)，(4)にも取り組ませた。

本課の指導計画
1) 教科書：*New Crown English Series* 3, Lesson 3 "Korea"
2) 配当時間：6時間。本時は1時間目。
　　第1時 Dailogue Making：I have just finished my homework.
　　第2時 Reading I："Korea"

第3時　Skit Show："What Has Happened?"
　　　第4時　Speech Show："Where Have You Been?"
　　　第5時　Reading II："Korea"
　　　第6時　Review & Creative Writing："Where Have You Been?"
　教科書はリーディング教材として第2時と第5時で扱った。
本時の目標
(1) 動作の完了を表現する現在完了の文を理解し，使用場面の中で正しく使うことができる。
(2) 音声を消したビデオを見ながら，ペアで即興的に会話を創作できる。
(3) ペアで互いに助け合って言語活動を進めることができる。
(4) 韓国・朝鮮についての興味を広げる。

2．授業準備のプロシージャー

　現在完了の文の形は理解していても，その使用場面が摑めない場合が少なくない。そこで，身近で具体的な場面状況を与えながら学習を進めることを念頭におき，授業の準備を行った。
準備物：
〈新教材導入時〉
カメラ（電池を抜いて動かない状態にしたもの），ポラロイドカメラ（新品らしく箱に入ったもの），写真，広告，財布，OHC，テレビ
〈学習活動時〉
自作ビデオ2種（ビデオ1・2），キーワードカード
〈韓国・朝鮮の紹介時〉
自作ビデオ1種（ビデオ3），音楽テープ，カセットデッキ
　ビデオ1：筆者は以前，現在完了形を指導する授業で，時間の経過を表した数枚の絵や音声教材（効果音CD〈――電車の発車音/ガラスの壊れる音/劇場での開幕ブザー音/野球場でホームランを打った音等――〉・CNNニュース・テレビ番組のテーマ曲や音声等）を利用したことがある。今回は日常の学校生活の一コマを撮影し，生徒たちを主人公にしたビデオ教材づくりを試みた。生徒たちにとって，普段の自分たちの生活が取り上げられているので現在完了を使用する状況把握が容易であると考えたからである。生徒には何の説明もなしに突如撮影したが，普段からALTをはじ

め，3人の英語教師は廊下等で生徒と英語で話すことが多いので，話しかけられた生徒は緊張しながらも違和感なしにカメラに向かっていた。撮影風景は次の6シーンである。
① 登校風景（校門にて）
② 授業開始風景
③ 昼食時風景
④ 休憩時間（教室での宿題提出場面）
⑤ 授業終了風景
⑥ 清掃終了風景
　②，⑤については他教科の先生方の協力のもと，授業風景を撮らせていただいた。先生方のほほえましい授業シーンを見て，生徒たちもうれしそうに練習に励んだ。
ビデオ2：ALTと作成。当初，映画を教材として使用しようと考え，以下のポイントを考慮して適当な英語の一場面を捜した。
① 現在完了（完了）の使用場面として適しているもの
② 生徒にとって，登場人物の動きが明確であるもの
③ 登場人物のその時の気持ちを推測するのが容易であるもの
④ 数分という短い鑑賞時間で，ストーリーの中の一場面の状況をつかみ，楽しむことができるもの
　残念ながら，①～④全てのポイントを満たす映画教材を見つけるのは無理であった。そこで，ALTと自作のビデオを作成することにした。
　「宿題をやっとの思いで仕上げる」という，生徒にとって身近な場面を設定した。JTEである筆者がまず台本を書き，ALTと話し合いながらより良いアイデアを出し合い，台本を作り上げた。撮影に際し，明確な状況の提示に配慮し，ALTには生き生きとした動作と豊かな表情を心がけていただいた。丁度ALTは日本語のレッスンに通っており，その宿題に悪戦苦闘の日々だったので，ビデオ撮りの演技にも真実味が見られた。
ビデオ3：姫路獨協大学国際交流センターで録画
　筆者は市販のKorean Languageが録音されているテープを持っているが，カセットテープであるため，しゃべっている人の表情を生徒に見せることができない。そこで，姫路獨協大学国際交流センターに取材を依頼をし，ALTとビデオカメラを持って出かけた。快く留学生の金さんと趙さ

んがインタビューに応じてくださった。インタビューの主な内容は，自己紹介・日本に留学した理由・日本での生活に対する感想・Korea の文化・風習・言語・文字・音楽・スポーツ・食べ物・マナー等についてであった。

<u>音楽テープ</u>：音楽室にある CD を借りて Korean Music を紹介する音楽テープを作った。この音楽テープは授業の後半に生徒に聴かせるので，曲想が穏やかで，楽器の音色の美しい曲を選んだ。

3．本時の授業展開

(1) **Greetings and Warm-up**（2分）

挨拶後，リズミカルなチャンツに取り組ませた。第3時の Skit Show："What Has Happened?" で演じる時に，生徒が利用できそうな語彙を含んだチャンツを選んだ。

> Take your elbows off the table. Keep those big feet on the floor. Take your hat off when you come in. You're not outside, any more. Keep your mouth shut when you're eating. If you're hungry, ask for more. But take your elbows off the table, and keep those big feet on the floor.

(Carolyn Graham (1979) *JAZZ CHANT FOR CHILDREN*, Oxford Univ. Press.)

(2) **Review — Chat**（5分）

"What interests you about summer?" というトピックでパートナーと1分間のチャットに取り組ませた。どの生徒も手振り身振り，表情豊かに楽しんでいた。ペアでチャットのあと，数組に発表させた。発表例を記す。

A: What interests you about summer?
B: Watermelons. It is my favorite fruit in summer. Do you like watermelons?
A: Yes, I do. I sometimes eat it after dinner.
B: Me, too. Well, what interests you about summer?
A: Baseball games of high schools. I watch baseball on TV every day, so I can't do my homework.

B: I see. Will you go to Koshien to watch baseball?
A: Yes, I will go with my family, because my brother's friend will play baseball there.

(3) **Presentation of New Materials**（8分）

　過去時制・現在進行形と対比して現在完了（完了）の使い方と形態を理解させるために，2種類のカメラを使って場面を設定し，口頭導入した。

T:　（愛用のカメラで生徒を写そうとするがシャッターが下りない）Oh, no. This camera doesn't work. I bought this camera ten years ago. I have wanted a new camera.（ある電器店のバーゲンの広告を見せて）Look! This store has just started a big bargain sale! I'd like to go shopping. May I go now?

Ss:　（口々に）No, you may not. / Yes, please.

T:　Sorry. I will go and buy a new camera. See you later!（財布を持って教室の外に出る）

Ss:　!?!?

T:　（店の紙袋を下げてうれしそうに帰って来る）Hi, I have just come back!（紙袋から新しいポラロイドカメラを取り出し，見せびらかしながら）I have just bought a new camera!

Ss:　（シルバーのポラロイドカメラを見て）Oh, how cool!

T:　（早速生徒を写そうとする）Smile!

Ss:　（自分を写してもらおうと歓声をあげる）

T:　（シャッターを押すとすぐ，写真が飛び出す）Oh! A sheet has just come out.（まだ真っ黒の写真を見せながら）We can see nothing. Wait, wait, wait. The picture is coming out now.（写真をOHCでテレビ画面に映す。徐々に見え始めた写真を見て，生徒は楽しそう）

T:　（ぼんやり見え始めた写真を指さしながら）Who is this?

Ss:　Me? Kyohei? No, no. Macchan?

T:　（写真が完成したところで）Look! The picture has just finished! Who are they?

Ss:　Tsubasa and Kyohei.

T:　Yes. Tsubasa and Kyohei, you look nice. Everybody is smiling in this picture!

(4) Check-up and Explanation（8分）
まず口頭による英問英答で生徒の理解(度)を確かめた。
T:（シャッターが下りないカメラを見せて）When did I buy this camera?
Ss: You bought it ten years ago.
T: That's right. I bought it ten years ago.（次に買ったばかりのカメラを見せて）Did I buy this camera ten years ago, too?
Ss: No, you didn't.
T: You're right. I have just bought it. Repeat the sentence after me. I have just bought a new camera.
生徒に復唱させた後、次の文を板書する。

I <u>bought</u> my camera ten years ago.
I <u>have</u> just <u>bought</u> a new camera.

2つの文の意味、またそれぞれの文で使われている"bought"の役割・働きについてペアで考えさせ、2文の使い方や形に気づかせた。最後にしっかり2文をmim-memさせ、ノートにコピーさせた。

(5) Oral Drill（6分）
普段の生徒の様子（登校風景・授業開始と終了風景・昼食時風景・休憩時間・清掃終了風景の6場面）を撮影したビデオを見せ、各々の場面にふさわしい英文を作り、口頭で発表させた。

校門での登校風景	Wakana has just come to school.
授業開始風景	Ms. Otsuka's class has just started.
教室での昼食時風景	Yuya has just had lunch.
休憩時の宿題提出風景	Sayuri has just done her homework.
授業終了風景	Mr. Yonezawa's class has just finished.
清掃時間終了風景	Sonomi has just cleaned the blackboard.

自分たちの学校生活が取り扱われているので生徒たちにとって状況把握が容易であり，友だちや先生方が画面に登場するので，みんな大いに笑顔を見せてくれた。

(6) Communicative Activity（13分）

　現在完了（完了）の使用場面を提示する次のようなスキットのビデオをALTと作成した。

(At 3:00)
　　JTE:（部屋に入ってくる）Hi, Carol. What are you doing?
　　ALT:（必死でプリントをしている）Don't talk to me. Please go away. I'm busy now. I have a lot of Japanese homework to do.
　　JTE: I see. Good luck!（部屋を出ようとする）
　　ALT: Oh, wait! I have a question. Please help me!
　　JTE:（問題を見て，頭をひねりながら）It looks difficult.（時計を見て）I'm sorry. I don't have time. I have to go to the post office.（小包を見せて）I haven't sent this box yet.
　　ALT: Oh, wait!!
(At 5:00)
　　ALT:（うれしそうに）I have just done my homework. I'm happy!!!
　　JTE:（郵便局から帰ってくる）Hi, Carol. Oh, you have already finished your homework. Congratulations!
　　ALT: Thank you!

　まず1回目はビデオの音量をゼロにして見せ，状況を摑ませ，登場人物の表情や動きなどから会話の流れを考えさせた。次にペアで音声のない画面に合わせてお互いに登場人物になったつもりで会話をさせた。画面に合わせ即興でどんどんパートナーにしゃべっていくのがたまらなく面白かったと生徒たちは言っていた。次にボランティアを募り，みんなの前で発表させた。画面は止まることなく流れていくので，発表者の英語の誤りは教

師がメモをしておき，あとで本人に指導した。また必要に応じてクラス全体にフィードバックして正しい表現を指導した。
　ここで，生徒の発表例を記す。

(At 3:00)
A:（部屋に入ってくる）Hi, B. Oh, you are busy.
B:（必死でプリントをしている）Yes, I'm busy. I must study.
A: You must study. I see. See you later.
B: Excuse me! I have some questions. Help me!
A: OK.（問題を見て，頭をひねりながら）Sorry, I don't understand.（時計を見て）It's three thirty.（小包を見せて）I will go to the post office.
B: Oh, no!!
(At 5:00)
B:（うれしそうに）I have just done my homework. I'm happy!!!
A:（郵便局から帰ってくる）Hi, B. Oh, you have done your homework. You are happy!
B: Yes!

　最後に，ビデオの音量を普通に戻し，JTEとALTが実は何と言っていたのか聞かせた。「先生たちは一体何と言ってたの？」と知りたい状況ができていたので，生徒の集中度も高かった。なお，このビデオは第3時のSkit Show "What Has Happened?" への伏線にもなっており，生徒はこのビデオをモデルにして，自分たちのskit作成に取り組んだ。

(7) **Consolidation**（8分）
　現在完了を使って英語で問答しながら本時のまとめを行った。その後，次時への橋渡しとして，Korean Language・Korean "Janken"・Korean Musicを自作ビデオと音楽テープを使って紹介した。（2．のビデオ3並びに音楽テープの項目参照）生徒たちは親しみの持てる留学生のビデオを通して，Koreaを身近に感じ，第2時以降のKoreaに関する学習も意欲的に取り組んだ。またKorean Languageのリズムやイントネーションが英語や日本語のとは随分違っていることにも大きな興味を示した。

4. 生徒の到達度評価、および授業の内省

　授業の延長線上に実生活がある。生徒には実生活で英語を使える実践力を身につけさせたい。そのためにも生徒を中心においた授業、生徒の独創性や個性を生かせる授業を生徒と一緒に創りたいものである。今回の授業はそういう意味で、生徒が各活動においてどんな表現をするか、ワクワクしながら進められた授業であった。

5. 私の理想の授業

　筆者はいつも「夢」や「希望」を大切にしたいと考えている。心理学者のスナイダーは「希望」をwillpowerとwaypowerの総計と定義しているが、何をするにも「意志力」と「プラン」が必要である。どの生徒も英語を理解し、楽しむことを望んでいる。教師として生徒たちと生活を共にし、一人一人の生徒と向き合いながら、生徒の意志・意欲を尊重した援助をしていきたい。授業では、「わかる授業」「みんなで創る授業」を積み重ね、生徒の持ち味を引き出せる自己表現やコミュニケーション活動を通して、自分に対する自信を持たせ、また周りの人の素晴らしさに気づかせたい。さらに互いに思いやり、高め合う態勢を取りながら、「学び」に対する充実感を持たせたい。そうすることによって、生徒は、自分の夢に向かっての人生プランを確かなものにしていくことだろう。常に生徒とともに成長し続け、夢ある人生を歩む教師でありたいと思う。

　最後に、生徒の授業観を記す。

- I am here in this class. I am happy because my classmates are here with me.
- I can help my classmates. I am ready to work with them.
- I will support my classmates. They will support me.
  My teacher will support us, too.
- We are happy to belong to this class!

(兵庫県姫路市立豊富中学校/前兵庫県姫路市立神南中学校　稲岡章代)

〈授業分析〉
暖かな人間関係に基づく，生徒が英語を使ってみたくなる授業

　稲岡先生の授業は，先生と生徒，生徒同士の暖かな人間関係が根底にあり，生徒は英語学習を大いに楽しみ，英語を伸び伸びと使っているという印象を受ける。以下，このように，生徒の英語学習に対する意欲や自ら進んで発話しようとする意欲が育まれる理由を考えるとともに，授業の改善点を考える。

1．暖かな人間関係
　稲岡先生は，生徒の可能性を最大限に引き出すという視点から，個々の生徒の個性，持ち味などを理解するために人一倍努力されている。生徒は自分を暖かい目で見守り，自分を受け入れてくれる先生と肌で感じており，先生への信頼は厚い。この先生と生徒の人間関係が，生徒の授業観（53頁参照）に見られるように生徒同士の人間関係にも反映している。生徒はお互いに性格，持ち味などを認め合い，お互いに教え合い，学び合い，高め合っているようだ。このようなクラスの暖かい人間関係を築くことは，ことばの学習，特にコミュニケーション活動を重視する授業では成功への第一歩である。

2．具体的，明確な学年指導目標
　稲岡先生が設定している4技能に関する学年指導目標は，極めて具体的で明確である。また単元の指導目標，指導計画は学年指導目標に基づくものであり，本時の指導目標，授業展開は単元の指導目標，指導計画をしっかり反映している。この学年―単元―本時の指導目標の有機的なつながりは，中・長期的な指導目標である学年指導目標が具体的，明確に設定されているので，各単元，各時間の位置づけ，指導内容が必然的に明確になってくるからであろう。生徒に期待する能力や態度を育むよりよい授業を展開するためには，中・長期的な視点から，具体的，明確な指導目標の設定が不可欠である。

3．身近な話題，場面の活用
　生徒の興味，関心を喚起する話題，場面として，生徒の精神年齢に合った知的なもの，時事的なもの，身近なものなどいろいろ考えられる。この

授業では新出の言語材料・現在完了（完了）の言語機能の関係もあり，終始，生徒にとって身近な話題や場面が利用されている。すなわち，新教材の導入では教師の古いカメラの故障，新しいカメラの購入，生徒の撮影等，学習活動では登校，他教科の授業，昼食，清掃時の風景等，コミュニケーション活動では日本語の宿題に悪戦苦闘するALTとJTEの会話場面といった具合である。これらの教師や生徒を主人公にした日常生活や学校生活から抽出した話題や場面はどの生徒も日常的に体験することがらであるので，新教材の理解を容易にするばかりでなく，英語を身近なものに感じさせ，自然と英語を使ってみようという気持ちにさせる上で非常に効果的であったように思われる。

4．コミュニケーションに積極的に取り組ませる秘訣

ビデオでは，英語で話しかけられると少々照れくさそうな生徒，嬉しそうな生徒など表情はさまざまであったが，どの生徒も教師や友だちの話す英語に熱心に耳を傾け，なんとか英語で応答しようと試みていた。これは，稲岡先生をはじめ同校の英語の先生は，英語の授業はもちろん，校庭や廊下で出会った生徒，昼食や清掃中の生徒にできるだけ英語で話しかけるようにしておられるからであろう。このような英語でコミュニケーションを行う機会を少しでも増やそうとする努力が，生徒のコミュニケーションに対する意欲やコミュニケーション能力を育くむ要因のひとつになっていることは間違いない。

もうひとつ大切な点は，生徒が耳を傾けたくなる，話してみたくなる挑戦しがいのあるコミュニケーション活動を立案し，取り組ませていることである。本時のコミュニケーション活動ではALTとJTEの会話の内容，展開をビデオの画面から想像させた後，ペアで役割を決め，画面を見ながら会話をさせている。この活動は新しく学習した現在完了形だけでなく既習事項を駆使して，即興に近い形でのロールプレイであったが，生徒たちは喜々として取り組み，自分の役割をおおむね演じていた。これは，生徒たちにとって目新しい，挑戦しがいのある活動であったこと，またビデオの映像により登場人物の役割，伝達目的が明確に想像できたからであろう。またこの活動の仕上げとして音声の入ったビデオを視聴させたが，生徒は自分と友だちの会話と対比しながら熱心に耳を傾けていた。会話の進め方や表現について多くのことを学習したであろう。生徒は挑戦しがいの

あるタスクであれば熱中する。そして英語を積極的に使用し，コミュニケーション能力を高めていくものである。

5．小道具，ビデオ等の効果的な活用

　新教材の導入では2種類のカメラ，生徒を撮影した写真，広告のチラシ，財布といった小道具およびOHC，TVを利用して具体的な場面を設定することによって，生徒の興味を引きつけるとともに現在完了形の形や意味，使い方を容易に気づかさせ，理解させている。また学習活動では，事前に教師が撮影したビデオ，例えば生徒が弁当を食べている場面から食べおわる場面までビデオで見せ，現在完了の文を発話させている。このようなビデオの利用は現在完了形の理解を深めさせるのに非常に効果的である。さらに，4．で示したように，コミュニケーション活動でも教師の自主製作によるビデオを効果的に使い，生徒に挑戦しがいのあるタスクを提供している。また「まとめ」で使用したKorean musicを紹介する音楽テープは，次時のリーディングへの動機づけとして効果的である。

　以上のように，生徒の興味，関心を引きつけ，理解を促し，深めさせるために，また言語運用を促すために，小道具，OHC，ビデオが非常に効果的に使用されており，学ぶべき点が多い。

　稲岡先生は，英語がよくわかる，英語を使ってみたくなる，世界に目を広げたくなる授業づくりのために，3本のビデオを自主製作されていることからもわかるように，教材研究や教材作成に非常に多くの時間を費やしておられる。また本時ではチャットやコミュニケーション活動，この単元全体では第3時にSkit Show，第4時にSpeech Timeが計画されているが，既習事項と新出事項を総合的に運用させる機会を頻繁に設定し，コミュニケーション，自己表現活動に取り組ませ，その楽しさ，喜びを存分に味わわせていることを指摘しておきたい。

　学ぶべきことが多い，非常にすぐれた授業であるが，最後に少し気になる点を1～2あげておきたい。

1．内容が豊富すぎないか

　ビデオで授業を参観した限り，新出の言語材料について気づきを促す活動およびコミュニケーション活動の時間がやや不足気味であった。これは，本時の学習内容が豊富すぎたからであろう。例えば「まとめ」は，本

日のまとめと Korean music の音楽テープを流し次時への動機づけを図る程度にとどめ，韓国からの留学生へのインタビューのビデオ視聴は，次時のリーディング前に，テキストの内容に対して生徒のコンテントスキーマの活性化のために利用すれば一石二鳥であったように思われる。

2．文法事項のポイントについて気づかせたい

　過去時制と現在完了（完了）の文を板書し，生徒に板書した2つの文の意味，形態のちがいについて考えさせておられたが，少々疑問を感じる。単に日本語訳や形態のちがいだけでなく，過去時制は「特定の過去の時点，時期の出来事」，現在完了（完了）は「特定の過去の時点，時期から"今までに"という時間枠内の出来事で，今もその出来事の結果にともなう状態を持っている」ことを表すという，過去時制や現在完了（完了）の本質面について気づきを促すことが必要であったように思われる。

（元近畿大学　樋口忠彦）

2.2 視聴覚教具を活用する文型・文法事項の指導（中 1・2 学期）

1. 本時の目標，および学年指導目標における位置づけ

　本授業は「第 30 回 ELEC 英語教育研究大会」の実演授業として行ったもので，指導学年は前々任校の世田谷区立池尻中学校の 1 年生である。

　本校は各学年 2 学級の小規模校であるため，ほとんどの教科が専任 1 名で，全学級の授業を担当していた。入学時から卒業時までずっと持ち上がりで教えることができるので，私にとって恵まれた環境であった。学力は，男子が都内中学校の平均レベル，女子はやや高いと思われる。

　私は担当する学年ごとに到達目標を設定している。これは，指導方法を改善・開発するための自分自身に課した目標でもある。本学年の到達目標は，「身近な話題で数分間会話を継続できる」であった。One Minute Chat の継続的な指導と指導内容の研究開発を，この生徒たちが在学した 3 年間をかけて行った。

　単元・本時の指導計画，本時の目標は次のとおりである。

(1) **単元・本時の指導計画**
　　使用教材：*New Horizon English Course* Book 1（平成 4 年度版）
　　復習教材：Lesson 6「ハンバーガーショップで」Part 3 pp. 46-47
　　新教材　：Lesson 7「折り紙できるかな？」pp. 50-53
　　単元の指導計画（Lesson 7）：
　　　　第 1 時　（本時）Lesson 6, Part 3（where を使った疑問文）の復習，can（肯定文，否定文，疑問文）の導入
　　　　第 2 時　Lesson 6 の単元テスト，can の復習，Lesson 7, Part 1（本文）の導入
　　　　第 3 時　Part 1 の復習，Part 2（本文）の導入
　　　　第 4 時　Part 2 の復習
　　　　第 5 時　Lesson 7 の単元テスト，文法事項の復習（プリント使用）

(2) **本時の目標**
　　① 活動を通してコミュニケーションへの積極的態度を養う。

② where を使った疑問文を使えるようになる。
③ can を使って質問したり応答したりできる。

2．授業準備のプロシージャー

　復習においては，前時に導入した構文を用いた表現活動を考えた。復習の段階なので，ドリル的な活動ではなく，インフォメーション・ギャップがあり，新情報を友だちから得られる活動を最低条件とした。where を用い，さらに前時の教科書内容と関連させたので，本を買う場所をペアで尋ね合い，学区域の地図上で場所を指さす活動を考えてみた。

　導入においては，教材に応じてさまざまな手法を用いているが，いずれの場合も生徒とのインタラクションを大切にしている。本授業では，視聴覚教具を用いて，can の肯定文，否定文，疑問文をたくさん聞かせて理解させることに主眼を置いた。導入は生徒にとってわかりやすいことが第一の条件であるが，第二の条件は，生徒が興味を持つような工夫をすることである。そのためには，生徒の身近な題材を取り上げたり，教師自身のことを話したり，実物・絵・写真を用いたりすることが効果的である。ここでは，私の写真を見せながら can の肯定文，否定文を導入することと，ALT に協力してもらい，オリジナルのビデオを作成し，私と ALT の会話の中で can の疑問文とその応答文を導入することにした。スクリプトを作り，ALT に英文チェックをしてもらい，ビデオカメラで録画した。

3．本時の授業展開

(1) Warm-up and Activities
① Bingo Game
② One Minute Chat
　生徒同士ペアとなり，教師の提示した疑問文から1分間，即興で会話を継続する。ペアはあらかじめ黒板で指定している。3回を1つのユニットとし，いずれの回も同じ疑問文から始める。チャットの指導は1年の2学期後半から始めており，本授業ではユニット2の2回目のチャットとなる。提示した疑問文は，Do you like soccer?である。毎回のチャットで目標事項を生徒に示しており，本授業では，「相手の目を見続けること」，「相手が言葉に詰まったときには助けること」の2つを示した。

2.2 視聴覚教具を活用する文型・文法事項の指導　67

本授業で録音したペアの会話内容は次のとおりである。
(Teacher: Ready? Start.)
A: Do you like soccer?
B: Yes, I do. I like soccer. How about you?
A: Er... I like soccer very much. *I play soccer?
B: Yes, I do. I play soccer.
A: *I like baseball?
B: No, I don't.
A: Er...
B: Do you play baseball?
A: No, I don't. But I play tennis...every Wednesday. Do you play tennis?
B: No, I don't.
A: Er... *I like basketball?
B: Yes, I do. I play basketball. I (Teacher: Stop talking.)

　生徒Aは相手への質問を，I play soccer?のように主語を間違って質問していたが，文末を上げ調子で言っていたため，生徒Bが相手の言いたいことを推察し，正しく応答していた。

(2) Review
① Listening

前時の内容を想起させるために，教科書を閉本させたまま，本文を1回聞かせた。そのあと，picture card を見せて，Mike の母親がスーパーマーケットで手に持っているもの（見えないようにしておいた）を生徒に尋ねることにより，内容が理解できているか確認した。
② Reading Aloud and Speaking
a　Intensive Choral Reading
　　教師のあとについて1文ずつ一斉に反復させた。
b　Paced Reading
　　CD の音声と合わせて音読させることで，スピード，音調，強音，弱音，音変化，イントネーションなどを意識させた。We buy it at the supermarket. が不十分であったので，再度指導した。
c　Buzz Reading
　　全生徒を立たせて，2回，各自のスピードで音読練習させた。
d　Read and Look-up
　　テキストの1文を黙読し，教師の cue で顔を上げて文を言わせた。このあと行う Role Playing のための効果的な活動となる。
e　Response Recitation
　　ここで教科書を閉本させ，Response Recitation を行った。これは，CD のモデル音声を聞かせながら，英文の途中で CD プレーヤーの休止 (pause) ボタンを押し，休止させた後ろの部分を最後まで続けて言わせる speaking 活動である。
（例）CD: Do you like Japanese food, Kate? Well, I like (pause)
　　　Ss: *sushi* and *tempura*.
　　Read and Look-up で教科書の文字から目を離して speak out したあとなので，ほとんどの生徒は自然と言えるようになっている。
f　Role Playing
　　3人1組で Yumi, Kate, Mike の役を分担させ，演じさせた。それぞれの役を暗記させるのに約1分間，グループごとに練習するのに約1分間の練習時間を与えた。練習の際，相手の目を見ることと感情を込めるよう指示を出した。2組のグループを前に出させて演技をさせた。
③ Language-use Activity
　　ワークシート（次ページ）を配付し，まず「あなたはどこで本を買いま

2.2 視聴覚教具を活用する文型・文法事項の指導　69

```
        ENJOY ENGLISH  — Where ～ ? —
              CLASS(　) NO.(　) NAME(　　　　　　)
```

☞　次の日本語を英語に直しなさい。そのあと先生の指示が出たら、隣の人と下
　　の地図を使いながら次の会話をしなさい。

A：　あなたはどこで本を買いますか。
　　　_____
B：　I buy books at ----.　（←店の名前は日本語でいいよ）
A：　Where is it on this map?
B：　It's (around) here.

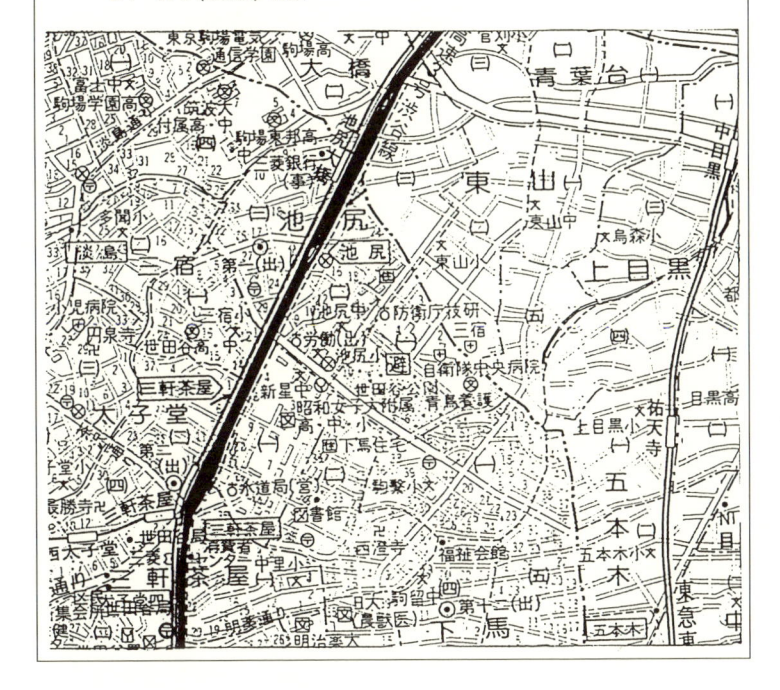

すか」を英文に直させ，正確に書けた生徒に答えを板書させた。次に，活
動の説明と口頭によるドリルを行い，隣同士で対話をさせた。机間巡視を
行いながら，しっかり英文が言えているかどうかモニターした。活動のあ
と，「本を買う場所が自分と同じだった人は手を挙げて」「違うところだっ
た人」と活動が確実に行われていたか確認するための質問を行った。

(3) Presentation of the new materials

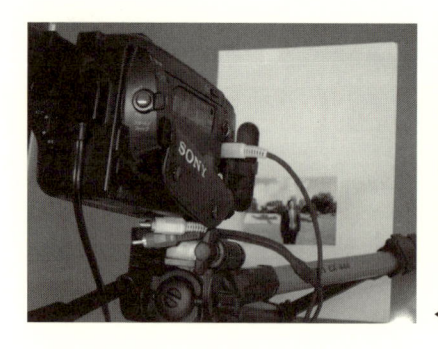

◀写真1   写真2▲

① Oral Introduction

通常，文法事項の oral introduction は，いくつかの例文を用いてその意味や構造（語順）を生徒につかませるようにしている。しかし，本授業では，私が自分自身のことについて can を用いた英文を述べることで，次のことを生徒につかませようとした。

- 「できる（できない）こと」を表現するには can（can't）を用いること
- 英文の中の can（can't）の位置

その際，写真やジェスチャーを用いてわかりやすく，かつ楽しくなるよう心がけた。写真の提示は，ビデオカメラを設置し，テレビに直接映した（写真１）。

Today I'll tell you what I can do（「できること」と書いたカードを黒板に貼る）and what I can't do.（「できないこと」と書いたカードを黒板に貼る）。I like music. I can play the guitar. Look at this picture. （以下，授業者の写っている写真（写真２）を見せながら導入する。）And I can play the drums. Look at this picture. This is the picture when I was a college student. I know Kozue can play the trumpet. And Haruna can play the trumpet, too. But I can't play the trumpet. I like sports, too. I can play volleyball. I can play volleyball very well because I was in the volleyball club in high school. I can ski. Look. I can ski very well. I can play golf, too. But I'm not a very good player. Is soccer very popular in Japan now?
(Ss: Yes.)

I can't play soccer. Because soccer was not popular when I was young. How about Mr. Kunch?（ワークシートを配付する。）
② Listening Activity

ALT の Mr. Kunch が「できること」には○を，「できないこと」には×をワークシートにつけさせた。can't の語末の〔t〕は，文の中では破裂が弱まったり，can't play や can't cook のようにしばしば脱落するので，can と can't は意外と聞き分けるのが難しいものである。そこで文脈を与えて文脈の中で判断できるようにした。しかし，この活動は can 及び can't を聞き取らせることが目的ではなく，③で行う VTR の答え合わせの中で，can を用いた疑問文を導入するための伏線として行った。

〈tape script〉
　I'm Mr. Kunch. I like music. I can play the guitar, but I can't play the piano. I like singing songs. I can sing rock'n roll, but I can't sing *Enka*.

Please teach me *Enka*.

I like sports. But I don't like winter sports. I can't ski, but I can skate.

Do you like American food? I can cook American food. I like Japanese food, too. But I can't cook Japanese food.

My wife, Hiromi-chan, can cook Japanese food. I love it. I can eat *sashimi*, I can eat *sushi*, but I can't eat *natto*. I don't like *natto*. (×2)

③ Watching VTR and checking the answers. (Including an introduction of the interrogative sentences of "can.")

答え合わせはオリジナルのビデオを用いて行った。ALTと私の対話の中でcanの疑問文の導入も同時に行っている。

K=Mr. Kunch，H=本多

K: Hi, guys. How are you?
　（画面を静止する）（何人かの生徒がI'm fine, thank you. And you?と応答していた。）

K: Me?（生徒が応答することを予想して作成した。）I'm great. I'll tell you the answers. Ready?
　（生徒がYes.と応答していた。）

　I like music. I can play the guitar.（ギターを弾く。その間に"can play the guitar"の文字がテロップで流れる。）
　（静止画像にして，Mr. Kunch/He can play the guitar. と復唱させる。）

K: Mr. Honda, can you play the guitar?
H: Yes, I can. Can you play the piano, Mr. Kunch?
K: No, I can't. I can't play the piano.（ピアノの前に立ち，ピアノを弾こうとするが弾けない。その間に"can't play the piano"の文字がテロッ

プで流れる。静止画像にして，He can't play the piano. と復唱させる。以下，同様にテロップが流れ，復唱させる。）
H: Mr. Kunch, do you like singing?
K: Yes. I like singing. I can sing rock'n roll.
H: How about this song?
K: What's this?
H: This is *Enka*.
（以下，ワークシートの内容が続く。復唱を通して生徒が文の構造を理解できたら，教師がモデル文を言ってからの復唱ではなく，モデル文なしで生徒に英文を直に言わせるようにした。）

④ Oral Drill

　教師が Can you ski? Can you cook Japanese food? などと質問し，生徒が Yes, I can. または No, I can't. と答える oral drill を行った。途中で，
T: Can you play the guitar, S1?
S 1: No, I can't.
T: Everyone.
Ss: S 1/He can't play the guitar.
のように応答文を利用して，クラス全員に英文を言わせることで can の文の語順の定着を図った。

(4) Oral Practice

　Dialog Game を使って，can の疑問文と応答文の練習を行った。Dialog Game はたびたび行っている活動で，教科書に出てくる大切な表現や新出文法事項を何度も言わせることが目的である。

(5) Consolidation

　ワークシートを配付し，can を使った文を実際に書かせることで，授業の整理・確認をさせた。赤ペンを持ちながら机間巡視を行い，英文をチェックし，生徒の理解度を確認した。ほぼ全員の生徒が正しい語順で英文を書くことができていた。

4．生徒の到達度評価，および授業の内省

(1) 生徒の到達度評価

　当時は絶対評価ではなかったが，本授業内で評価できる活動と評価項目

```
                    DIALOG GAME A-11
                                NAME(                    )
    TODAY'S DIALOG:

            ┌─────────────────────────────────────┐
            │ Qa: Can you play the guitar?        │
            │ Qb: Can you play the drums?         │
            │ A : Yes, I can. / No, I can't.      │
            └─────────────────────────────────────┘

    VOCABULARY:  can

    RESULT:  WIN : 1 2 3 4 5 6 7 8 9 10 11 12 13 14 15 16 17 18 19 20
             LOSS: 1 2 3 4 5 6 7 8 9 10 11 12 13 14 15 16 17 18 19 20
    ┄┄┄┄┄┄┄┄┄┄┄┄┄┄┄┄┄┄┄┄┄┄┄┄┄┄┄┄┄┄┄┄┄┄┄┄┄┄┄┄┄┄┄┄┄┄┄┄┄┄┄┄┄┄┄┄┄┄┄┄┄

    MY ANSWER:  I can play the (            ).
```

や評価規準等は次のとおりである。

ア　One Minute Chat

　One Minute Chat は一斉に行う活動なので，個々の生徒を正しく評価することは困難である。ここでは「話すこと」の「コミュニケーションへの関心・意欲・態度」のうち，「活動への取り組み」について観察評価できる。評価規準は「チャットにおいて，相手に自分の情報を伝えようとしている」で，話す姿勢が見られれば基準に達していると判断する。本授業では全生徒が話そうとする姿勢が見られたので，全員に○の評価を与えられる。また，ワークシートを後で回収するが，「相手の情報」の欄にはパートナーから得た情報を書くことになっている。したがって，「書くこと」の「コミュニケーションへの関心・意欲・態度」のうち，「言語活動への取り組み」について評価できる。評価規準は「相手から得た情報を積極的に書こうとしている」で，1回につき，相手の情報が平均2文以上書かれていていれば基準に達していると判断する。

イ　Listening Activity

　「聞くこと」の「コミュニケーションへの関心・意欲・態度」のうち，「言語活動への取り組み」を観察評価する。評価規準は「音声に集中して，情報を聞き取ろうとしている」で，テープの音声を聞いて，ワークシート

に記入する態度が見られれば基準に達していると判断する。

　授業で個人を評価できる場面は，Role Playing や Oral Drill があったが，Role Playing については，一部の生徒しか演技をしていないので評価材料とはしない。各演技が終わったあとに教師が良い点と改善点があれば述べる。Oral Drill については，練習段階なので評価しない。ここでは生徒の応答に集中して，誤りを直すことに専念する。

(2) 授業の内省

　生徒に行った授業後のアンケート調査では，can の意味や肯定文・疑問文の語順について理解できていた。

　復習の言語活動で，ワークシートを使って活動したあと，ターゲット文をしっかり話すことができたか確かめなかった。全員の生徒が言えたと私は判断したが，念のために1組を指名し，確認したほうがよかったであろう。

　Can を導入する際，can を必要以上に強調してしまっていた。次の授業で本文の音読を行った際，can を弱音で読む練習を行った。

5．私の理想の授業

　授業が終わったあとに，生徒に「今日の授業で○○が言えるようになった」，「○○が理解できた」などと思わせることができ，なおかつ，「楽しかった」と感じてくれれば申し分のない授業である。こうした授業を1つ1つ積み重ねていくことが私の理想である。生徒にこのような感想を持たせるためには，次のことが必要であると感じる。

・指導計画が適切に立てられていて，それに合った授業となっている。
・生徒が活動する場面が随所に盛り込まれている。
・授業中に盛り上がる場面が設定されている。（できれば前半，中盤，後半にそれぞれ1つずつほしい。）
・各活動が関連していて，易から難へ，また段階的に設定されている。
・生徒が充実感を持てるような活動を設定している。
・教師が笑顔で生徒と接している。

　　　　　（千代田区立九段中等教育学校/元世田谷区立池尻中学校　**本多敏幸**）

〈授業分析〉
生徒にとって楽しく，達成感の持てる授業をめざして

1．到達目標を明確にした指導

　平成 14 年度から実施された教育課程では絶対評価（目標準拠評価）による評定が求められていることは周知の通りである。ともすれば授業中の評価データの集め方やその集計法など方法論に目を奪われがちだが，教師の指導と生徒の学習や活動を通して「どのような知識を獲得させ，どのような態度を育成しようとするのか，どのような能力を伸ばそうとするのか」，教師にとっての指導目標（生徒にとっては到達目標）を明確に設定する必要がある。この目標は，「実践的コミュニケーション能力の基礎を養う」など，抽象的な目標であっては評価不能である。指導する我々教師にとって，また，学習する生徒達自身にとって，「できた/できない」がはっきりと分かる具体的な目標を設定して指導に臨む必要がある。言い換えれば，抽象的目標を具体的に活動化することである。評価に関して言えば，本多先生の「Oral Drill については，練習段階なので評価しない。ここでは生徒の応答に集中して，誤りを直すことに専念する」という言葉は至言である。練習プロセスでの accuracy は評価対象とはせず，一定の練習を終えた最終段階のアウトプットで絶対評価したいものである。「評価データ収集のために指導する間も，助言する間もない」のは本末転倒で授業とは言えない。

　本書に取り上げられた優れた実践の多くのどこが優れているのかと言えば，ひとつに「育てたい生徒の理想像」が具体的にイメージされ，それへの「確かな道筋」が描かれている点にあると言えよう。本多先生の授業実践も前項の稲岡先生と同様この点が極めて明確である。3 年間を見通し，各学年・各学期の到達目標を，4 観点を意識しながら具体的な活動として設定したシラバスが構築されているのだ（本多 2003 参照）。本多先生の「理想とする授業」の冒頭に書かれた「今日の授業で〇〇が言えるようになった」，「〇〇が理解できた」という達成感を与えることは，実はこの点に裏打ちされているのである。

2．One Minute Chat の指導実践

　上記のことを具体化したものの１つに，本多先生が長く取り組んでいる One Minute Chat の実践がある。予め原稿を書いて，それを read & look-up で読んだり，暗唱して言ったりするのではなく，まさに「即興で会話を継続する」スピーキング活動である。目標達成は一朝一夕にできるものではない。「身近な話題で数分間会話を継続できる」という第３学年の到達目標のひとつへのアプローチが，中１・２学期後半のこの時期に既に始まっていることに注目していただきたい。

　この活動を始めて２つめの課題である Unit 2 の２回目の本時は，Do you like soccer? という疑問文をスタートに１分間ペアで会話を続けることが目標である。ここで注目したいのは，具体的な努力目標（ここでは，eye-contact とともに，「相手が言葉に詰まったときには助けてあげること」）を示して生徒に意識させていること，20台のレコーダーを学校で用意して各ペアのチャットを録音し，後でセルフ・モニターさせ，同じテーマで３回繰り返させていることである。うまくいかなかったこと，言いたかったがとっさに英語で表現できなかったことなどを生徒から引き出してみんなで対応を考えたり，先生が全体にフィードバックしたり，どうすればよいかを指導し練習させた上で，そこに意識を持たせて再度同じテーマで活動に取り組ませて困難点を乗り越えさせるのである。場を与えることによって生徒は伸びる，しかし，限られた時間の中で，「やらせっ放し」では生徒は変容しない。「気づき」こそが教育である。

　今回の活動では，生徒Ｂは，自分のことを言ってから How about you? とＡに応答を求めたり，ＡがEr... と言葉に詰まると，すかさず Do you play tennis? と質問してあげるなど，会話を展開する上で良き協力者になっている。一方，生徒Ａは，相手に尋ねる際に，*I play soccer?（↗）という誤った質問を繰り返しているが，Ｂの正しい質問に触発されて，Do you play tennis? と一度は正しく質問できたものの，再び同じ誤文を発話してしまう。ペーパーテストではＡもこのような誤りはしないだろうが，即興では思わず出てしまうのだ。一般動詞の疑問文が未だ十分に習得されていないことが分かる。これに気付いた先生は，Ａに対して疑問文の発話練習を行ってあげることとなる。このフォローアップが重要で，それが３回目の次時にＡも正しい疑問文を使えるようにワンランク・アッ

プの変容を遂げさせるのである。

3．口頭導入の要諦

　さて，本授業を取り上げたメイン・テーマである文法事項の導入について検討してみることにしよう。次は，私の考える文型・文法事項の口頭導入の展開モデルである（髙橋2003：33）。

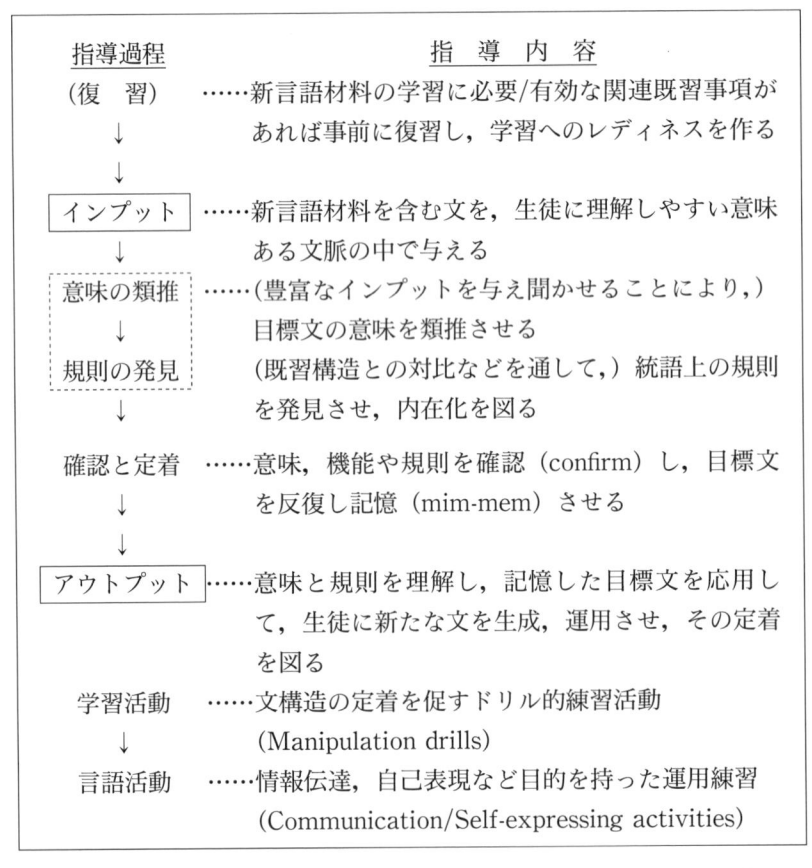

```
指導過程                    指　導　内　容
（復　習）  ……新言語材料の学習に必要/有効な関連既習事項が
   ↓           あれば事前に復習し，学習へのレディネスを作る
   ↓
 インプット  ……新言語材料を含む文を，生徒に理解しやすい意味
   ↓           ある文脈の中で与える
 意味の類推  ……(豊富なインプットを与え聞かせることにより，)
   ↓           目標文の意味を類推させる
 規則の発見      (既習構造との対比などを通して，) 統語上の規則
   ↓           を発見させ，内在化を図る
 確認と定着  ……意味，機能や規則を確認（confirm）し，目標文
   ↓           を反復し記憶（mim-mem）させる
   ↓
 アウトプット ……意味と規則を理解し，記憶した目標文を応用し
                て，生徒に新たな文を生成，運用させ，その定着
                を図る
  学習活動   ……文構造の定着を促すドリル的練習活動
   ↓           （Manipulation drills）
  言語活動   ……情報伝達，自己表現など目的を持った運用練習
                （Communication/Self-expressing activities）
```

　英語で行う oral presentation では，場面や文脈から新出文の意味を正しく推測させること，次にそのような意味をどのようにして伝えるのか新しい構造や規則に気づかせることが指導のポイントとなる。本多先生の指

摘のように，生徒にとって身近で興味深い話題（＝生徒が豊富な先駆知識を持つ話題）を取り上げることがまず重要である。さらに，生徒の興味を引き付けるとともに，場面設定を明確にし，意味類推をサポートするvisual aids の活用も工夫したい。手間はかかるが，これが授業に彩を加え授業を楽しくしてくれる。

① can, can't の目標文提示

　Today I'll tell you what I can do and what I can't do. という教師の言葉で導入が始まる。助動詞 can が新出事項，関係代名詞 what は当然未習で，冒頭のこの文を理解することは生徒には不可能である。そこで「できること」,「できないこと」と書いたカードを黒板に貼る。周到かつ不可欠な配慮である。

　明瞭な指導だがいきなり意味を与えてしまっては，生徒の can や can't を使った文の意味類推という「思考の場」を奪ってしまっているとも言える。ティーム・ティーチングなので，昔の写真よりも先生お得意のギターの生演奏を披露し，ギターのひけない ALT と対比しながら，Here & Now で目標文を提示するなどの方が意味類推には効果的かもしれない。

② 目標文定着のための Video Watching と疑問文の導入

　話題の一貫性を保ちながら，ALT の「できること・できないこと」へと発展させ，①で理解したことの定着を図るべくビデオを視聴しながらワークシートに○×を記入させる。そして，同じく VTR を使った答え合わせの中で，初めて画面上のテロップで文字を提示して印象的に強化を図っている。写真にある手書きのテロップ文字は少々古めかしい感じもするが，先生の手作り感があって味がある。

　ビデオ視聴後，ALT と JTE のインタラクションの中で疑問文とその答え方を自然な形で提示する。提示した目標文を mim-mem させ，ある程度定着してきた段階では，モデル文なしに生徒に文を言わせるという段階を踏んでいる点にも注目したい。文の構造理解，文法規則への生徒の気づきを教師が確認し，生徒の意識を意味から構造に転換させるには，いつまでも repeat では駄目で，ポイントとなる語句から文レベルまで徐々に生徒の発話を拡充していく配慮が大切である。

〈参考文献〉

髙橋一幸（2003），『授業づくりと改善の視点―よりコミュニカティブな授業をめざして』東京：教育出版

本多敏幸（2003），『到達目標に向けての指導と評価』東京：教育出版

（神奈川大学　髙橋一幸）

2.3 計画的な刷り込みによる文型・文法事項の指導
（中1・2学期）

1．本時の目標，および学年指導目標における位置づけ
(1) 学校・生徒の実態

　この授業は広瀬町立比田中学校1年1組で，2003年12月18日に実施したものである。この年，比田中学校は全校生徒が44名（1年17名，2年14名，3年13名）であり，私が全学年の英語を担当していた。このような小規模校に勤務することは，1つの学年を3年間持ち上がることが確定しているので，3年計画という長いスパンで生徒を育てることができるというメリットがある。また，毎年全ての学年を教えるので，反省を翌年すぐに生かすこともできる。

　一方で，生徒が小さい頃からお互いをよく知っており相手に質問する必然性を欠くことがあったり，少人数であるため多様性を楽しむチャンスも小さくなりダイナミックスを欠くなどのデメリットもある。前者の問題を解消するためには，相手の情報を収集する目的のインタビューゲームを減らし，自分の意見を述べる活動を増やすなどした。中学校では3年間で生徒は大きく変わる。年齢の発達とともに考え方も変化したり深まったりするので，それを感じられるような活動をなるべく入れるようにした。

(2) 少人数クラスでの授業の留意点

　クラスサイズに関しては，最近少人数学級や習熟度別学級編成などで，クラスが20人を下回ることが珍しくなくなってきたので，13〜17人というこの学校のクラスサイズは特に違和感を持たなかった。人数が少なくてもそれぞれが自分の考えを積極的に発表することによって授業を活性化できるので，小規模校ならではのアットホームな雰囲気を大切にし，思ったことを口に出せる，海外の学校や日本の帰国子女対象クラスのような雰囲気を作るよう努めた。生徒が自由に発言する雰囲気があると，授業に活気が出てくる。また，生徒が何気なく口にする言葉は，教師に授業改善のヒントを与えてくれたり，発言そのものが教材になったりすることがある。生徒の発話を既習の簡単な英語に直し，中学校の英語で様々なことが表せ

ることを教えると，生徒は英語を使うことの楽しさを経験し，さらに英語で表してみたいという意欲を持つようになる。

　実際，教室で生徒が発する言葉の多くは，中学校の教科書にあるターゲット・センテンス（キー・センテンス）を応用すれば表現できることが多い。したがって，授業中の生徒の何気ない発話を肯定的に捉え，それを英語に直すことによって，「発言するとほめてもらえる」ことと，「発言することによって英語の力も伸びていく」ことを感じられるように努めた。

(3) クラスルーム・イングリッシュや重要表現の刷り込み

　授業中生徒が教師に話しかけるとき頻繁に使う表現は，「～してもいいですか？」や「～するんですか？」，「～と思います」などである。これらはいずれも中2で学習する表現であるが，私はその時期まで待つ必要はないと考えている。生徒が必要としたときにタイムリーに導入し，毎日のように使うことによって慣れさせ，教科書に出てきたときにはある程度習熟しているというほうが，初めて習った日に集中的に練習して終わりというよりは，はるかに効果的である。

　この授業までに30種類程度のクラスルーム・イングリッシュを導入していたが，以下はその一部であり，1年1学期に導入した。

　場面1　アルファベットをなるべく速く書く練習をしているとき
生徒：終わった！　→　I have finished.（現在完了・完了）
　場面2　What's this? It's ....を練習しているとき
教師：What's this?
生徒：It's a pen.
教師：Are you sure?
生徒：I think it's a pen.（複文）
　場面3　タイム競争などで
生徒：May I use a timer?（許可を求める）
教師：Yes. / OK.

　現在完了は日本人英語学習者にとって感覚的に捉えにくいし，マスターしにくい表現であるので，上記のように1年の1学期にアルファベットを書く練習をする際に導入する。そして，それ以降何かの活動を終えたときI have finished.（ペアやグループ活動ではWe have finished.）と言う習慣を身につけておくと，2年や3年の教科書のターゲット・センテンスと

して出てきたときに，なじみのある表現になっている。

　I think は教師のサイドでは「複文」として捉え，教科書でも1年で取り上げることはまずない。しかし生徒にとっては，上述の場面2を例に取ると，It's a pen. という答に自信がないとき，その前に I think をつけて言っているに過ぎない。つまり，1年生にとって I think は Maybe と大差がないのである。生徒が答えたあとに Are you sure? と教師が質問し，生徒は I think（I'm afraid）か I'm sure をつけて答えるということを繰り返せば，いずれの表現も時間が経てばマスターしているはずである。

　また，場面3のように，May I 〜? も同じく生徒にとってはよく使う定番表現の1つである。私は英語教室を確保しており，そこで授業を行うが，1年生は忘れ物が多い。したがって次のような表現を1年1学期に導入して，毎日のように使わせている。Excuse me, Mr. Tajiri. I forgot my 〜 in my classroom, so may I go get it?

　これらの文を導入し板書する際は，その文の前に（会）と書く。これは「英会話用表現」という意味で，このマークがついていると生徒はノートのうしろのページにメモをする。そして，これらの表現が必要なときに，ノートを開いて見て使い，使ううちに覚えていくという仕組みである。

(4) 本課の指導計画

教科書：*New Horizon English Course*. Book 1, Unit 8
第1・2時：Part 1 疑問詞 where と場所を表す前置詞句
第3・4時：Part 2 疑問詞 whose と所有代名詞
第5・6時：Part 3 代名詞目的格（本時は第5時）

　教科書はダイアログ形式で進むため，本文で全ての代名詞目的格を扱うことはない。したがってそれらを練習する際は，全てまとめて練習できるような作りになっている *Talk and Talk*（正進社）を使っている。

　この日の授業では，主な目標は代名詞の目的格を練習することであったが，それにともなって前時に「会話表現」として導入した "want to 〜" と "be going to 〜" を練習することも同時にねらった。

2．授業準備のプロシージャー

　この授業のメインの活動は，*Talk and Talk*. Book 1（正進社）のPart 24，代名詞の目的格を練習することである。モデルダイアログは次

のとおりで，太字の部分を問題1～8（下の図版では7，8は省略）に指定された名詞や代名詞に変えて対話する。

24 Do you like him?

A: Do **you** like **your father**?
B: Yes, **I** do. **I** like **him** and **he** likes **me**.
A: So **you** like each other.
B: That's right.

1
you
your brother

2
you
your mother

3
you
your sister

4
Nancy
you

5
your uncle
his wife

6
Mrs. Benson
her cats

　代名詞の目的格は1学期にクラスルーム・イングリッシュで it と me, us を導入していたが，それ以外は11月にNHKラジオ『新基礎英語1』6月号（講師・髙橋一幸先生）で紹介された *I Like Coffee* という曲を使用して導入した。したがって代名詞目的格は知ってはいるが，本格的に学習するのはこの日が初めてという状況であった。この曲は it と us 以外の代名詞を全てカバーしているので，とても重宝している。
　Talk and Talk はモデルダイアログを応用して対話文を作っていくページと，インタビューゲームなどの活動のページに分かれており，授業では頻繁に使っている。ダイアログで文型練習するページを使う際には，次のようなバリエーションを持たせ，生徒が飽きないようにしている。

〈グループで取り組む場合の例〉
① 問題1から順に取り組ませ対話文が完成したら挙手させる。教師がそのグループまで行き，読ませる。その間，他グループには練習を続けさせる。英語で対話文を言い終われば，それを即座に日本語に直して対話させる。正解なら次の問題に進む。その際，AとBの役割は交代させる。
② 手順は①と同じだが，制限時間を設定することでスピードを加えさせる。ストップウォッチで時間を計られると生徒の声は大きくなる。新記録が出たら板書する。他グループはそれを目標にして練習に励む。

スピードで勝てないグループは，発音，声の大きさ，抑揚，協力体制，声のそろい具合，丁寧さやねばり強さなどをこっそりとほめてやるようにしている。すると，それぞれのグループが自分たちができることにチャレンジし，自分たちらしさを出してくる。

〈ペアで取り組む場合の例〉
① 問題1から順に取り組ませ，対話文が完成したら教師の所に来させ，発表させる。合格したら次の問題へ進ませる。
② 黒板に問題番号を例えば1〜6まで3つずつ書く。ペアは好きな問題番号を選び，その問題に取り組む。教師のところで発表し，合格したらその番号を1つ消す。3つともその番号がなくなってしまったら，その問題は終わり。このとき，合格したペアにクラスメートに向かって次のようなことを言わせる。（例えば問題5がなくなったとして）
A: May I have your attention, please.
B: I'm sorry, but #5 has gone.

3．本時の授業展開
(1) Greetings
(2) English songs and chant
(3) *Talk and Talk*. Book 1. Part 24
　a．モデルダイアログの意味と文構造確認
　b．語句と代名詞目的格の確認
　c．活動の仕方の確認
(4) Consolidation
　(1)のあいさつでは，次のようなやりとりを行った。

JTE: Good morning, everyone.
Ss: Good morning, Mr. Tajiri.
JTE: Who's absent today?
Ss: No one is. Oh, no. Azumi is.
JTE: What's the matter with her?
Ss: She has a cold.

　(2) の歌とチャンツの部分では，以下のような質問をすることで want to を使わせた。

JTE: What song do you want to listen to? What song do you want to sing?
S 1: I want to sing *Jingle Bells*.
S 2: I want to sing *We Wish You a Merry Christmas*.

　生徒は英語の歌やチャンツが大好きであり，発音，リズム，文法，読解など，様々な面でとても大きな学習効果がある。どの時期にどんな曲を使うかを考えることも，3年間のシラバスの重要な部分を占めている。

　この授業では，*I Like Coffee* と上記生徒のリクエスト曲2曲，そして「曜日チャンツ」を使ったが，全てNHKラジオ『新基礎英語1』で紹介されたもので，あわせても7分程度で終わる。生徒の心を明るくし，声を出すためのウォームアップとしても，歌やチャンツはとても有効である。

　最後の曜日チャンツが終わったら，次のような質問をした。(下線部については後述。)

JTE: <u>What day is today?</u>
Ss: It's Thursday.
JTE: <u>What's the date?</u>
Ss: It's December 18th.
JTE: <u>How's the weather?</u>
Ss: It's cloudy.
JTE: <u>What time is it now?</u>
Ss: It's eleven o six.

　(3) はパターン・プラクティスであるが，それを単にドリルをするだけで終わるのではなく，クラスルーム・イングリッシュを教えたり，繰り返し使わせたりする場としても有効利用するよう努めている。

2.3 計画的な刷り込みによる文型・文法事項の指導　87

　この日の授業では，私が Part 24 を Part 23 と言い間違えたことを指摘した生徒がいたので，これを使って not A, but B という表現を教えた。
JTE: We are going to do Part 23.
Ss: Really?
JTE: 23. No? What part are we going to do today?
Ss: We're going to do Part 24.
JTE: It is not 23, but 24.

　このように導入した表現は，教師が極力使うことを心がけると同時に，生徒にはノートの「会話ページ」に写させ，機会を捉えて使わせるよう心がけている。繰り返し使わせてこそ，定着の度合いが深まる。
　例えば，1年生はよく忘れ物をするが，忘れ物をしたときこそ英語を使わせるチャンスだと考え，様々な表現を教えている。この日の授業では次のような会話があった。
S 3: Excuse me, Mr. Tajiri. I forgot my *Talk and Talk*.
JTE: Ask Nagi. Go to Nagisa and ask her to show you her *Talk and Talk*.
S 3: (To Nagisa) Please show me your *Talk and Talk*.
S 4: OK.

　I forgot 〜. は頻繁に使っているが，Please show me 〜. は導入したばかりで，まだサポートが必要である。この日のダイアログ作成はグループ対抗で，制限時間付き方式を採ると言ったので，次のような質問が出た。
S 5: How many seconds do we have today?
JTE: How long do you need?
S 6: We need twelve seconds.
Ss: No! Twenty seconds.

　ビデオを見てみると，その他には次のような英語が使われている。
S 7: May I use a timer?
JTE: Sure.
S 8: Can I use a timer?
JTE: When I'm speaking, don't speak.
Ss: We have finished. Please listen to us.
JTE: Which one are you going to try?

Group A: We are going to try #3.
JTE: Which one do you want to try?
Group B: We want to try #2.
JTE: Write the time on the blackboard.

　このように，授業の中では様々な場面で生徒が話しかけてくるが，それを英語に直して使わせることによって，教科書のキーセンテンスの多くを実際の場面で繰り返し練習することができる。

4．生徒の到達度評価，および授業の内省

　1年のこの時期としては，生徒の使うクラスルーム・イングリッシュの数はまずまずだと思う。ただ，pp. 86 で下線を引いた文のような，いわゆる display questions の部分は，練習とは言え，ビデオを見てみるとこういう質問をすること自体，不自然な印象を持った。実際に使用する，あるいは使用せざるを得ない場面を考えていきたい。

　Talk and Talk を使った活動では，代名詞の主格と目的格という複雑な部分の学習であったため，パンチゲーム（*Talk and Talk*. Book 1, P. 28 参照）や両手を使った代名詞の説明を日本語で行ったところ，「あー，そういうことか！」とか，「わかったー！」という声が聞こえた。生徒の口からそういう言葉が出ることは，とても大切なことだと思っている。

　なお，評価に関しては，この日はあくまでも代名詞を理解させるための授業であり，定着をねらっているのではないし，クラスルーム・イングリッシュも繰り返し使用させることが目的であり，この時間では評価・記帳はしていない。あくまでも中学校卒業時の目標が最初にあり，そこから「逆算」して各学年末，あるいは学期末の目標を設定する。そして普段の授業では，その目標達成のための努力を生徒とともにし，問題点を見つけ，対応策を相談し改善をしていくようにしている。私が長年携わってきた野球部の指導でいうと，公式戦，練習試合，練習という3つのうち，この授業は「練習」に当たる授業である。

5．私の理想の授業

　私が理想としている授業は次のようなものである。
・生徒の心が動いており，深まりがある。

- 生徒同士の関わり合いがあり，お互いを肯定的に評価している。
- 気づきや発見があり，「あー，そうか！」，「あー，わかった！」という声が自然発生している。
- 既習事項を駆使して生徒が積極的に英語を使っている。
- Input から Output へという流れがある。
- 4技能が有機的に結びついている。
- チャイムが鳴ったとき，「え，もう終わったの!?」という声が上がる。

(関西大学/元島根県広瀬町立比田中学校　田尻悟郎)

〈授業分析〉
コミュニケーション能力を伸ばす「伏線指導」のすすめ

1．小規模校のメリット，デメリットを生かす指導

　小規模校では，一人の教師が生徒たち一人ひとりと深く，長く関わりながら個に応じた指導を行うことが可能である。その一方で, information gap activity 全盛の今日，幼なじみの子どもたちの間に埋めるべき gap がほとんど存在しないことは，それらの活動に慣れ親しみ，それ以外の活動のバリエーションを持たない英語教師には大きな痛手となろう。いかに生活をともにして互いを知り合っているとはいえ，思春期のこの時期，日々成長していく中で，子どもたち一人ひとりの感受性や考えは異なり，知っているつもりで実は意外と分かり合っていないものである。そこで, information gap に基づく情報収集のインタビュー・ゲームを減らして，「自分の意見を述べる活動を多くする」ことで，マイナス面をプラスに転じてしまうところが田尻先生らしいところだ。どのような学校環境や生徒集団の特性にも適応できるこのような発想の柔軟さ，授業設計と指導の「手の内」の豊かさを教師として身につけたいものである。

　比田中学校の生徒たちの姿は，2004年11月など数回にわたってNHK教育テレビ『わくわく授業』で放映されたので，野外に出てふるさと比田の豊かな自然に触れながら心に感じたことを詩に詠い，それをもとにふるさとへの思いを先生の助けも借りながら一生懸命に文章に綴って，再び野外でALTと語り合う生徒たちの姿を観て感動を覚えられた読者もおられ

ることと思う。前項の本多先生の授業と同様に，この最終ゴールへと向かう始まりの姿がここに取り上げるこの授業にあると言えよう。

2．生徒の表現ニーズに応じた伏線指導

　教師のコントロールの下に行うドリル的学習活動（今学習している特定の言語材料を使用する「限定的な言語活動」）とは異なり，自分の気持ちや意見を英語で述べるなど，生徒が既習事項を総動員して主体的に取り組むクリエイティブな「総合的コミュニケーション活動」を行わせると，教科書の既習事項だけではカバーしきれない場面にしばしば遭遇することとなる。「だから，クリエイティブな活動は無理なのだ」，と教師が諦めてしまえばそれまでで，生徒の伸びる芽を摘んでしまうことになる。生徒が是非とも伝えたい内容を持ちながらも，それを表現できないもどかしさを感じたそのときこそが，ことばの学習と習得へのベスト・タイミングなのだ。強い表現ニーズがあるがゆえに自ら求めて生徒はそれを吸収する。自ら欲した表現であるがゆえに定着率も高いのである。

　筆者は中学校教員時代，1年生の夏休みには「私の大切な人/もの」というテーマで，八つ切り画用紙の上半分に絵を描かせ，下にその絵を描写説明する5文程度の英文を書く課題を与えていた。入部したてのクラブ活動について書いてくる生徒が大勢いたが，*Tennis is I like sport very much. といった誤文が共通して多数見られた。「テニスは私の大好きなスポーツです」の意味で書いた文である。この時点の生徒たちは，「私の大好きなスポーツ」という noun phrase（NP）を正しく表現する文法をまだ持ち合わせていない。しかしながら，*Tennis I like sport is. という日本語逐語訳による誤文は見られず，この NP 部分の誤りを除けば，Tennis is *something*. という be 動詞を使った S＋V＋C の語順に従っており，誤った NP 部も I like sport. という一般動詞を使った既習の S＋V＋O の語順をとっている。上記の誤文は，この時点の生徒にとっては彼らの持つ文法に適った文であり，多くの生徒に共通して見られる発展途上の誤り（systematic error，いわゆる "interlanguage"）である。ここで，筆者は生徒たちに Tennis is the sport I like very much. を教えるのだが，これは中学3年生で学習する文構造だ。もちろん，接触節（contact clause）や目的格の関係代名詞 which/that が省略されているなどの文法用語を交

えた説明などしない。「順番をちょっと換えて，こう言えば正しく通じるよ」と言ってmim-memさせるだけなのだが，生徒たちは表現ニーズがあるがゆえにそのまま吸収し，単語を入れ替えて，The Tigers is the baseball team I like very much. や English is the subject I like very much. Osaka is the town we like very much. などの文を次々と発話することができるようになったものである。「必要は習得の母」と言える事例である。

　田尻先生の指導もこれとまったく同じで，目標文として教科書に出てくるまで待つのではなく，「生徒が必要としたときにタイムリーに導入し，毎日のように使うことによって慣れさせ」，「教科書に出てきたときにはある程度習熟している」という状態を作り出すための「伏線指導」と言える。

　平成元年告示，平成5年度実施の旧学習指導要領では，長年続いてきた文型・文法事項の学年指定が撤廃された。これは，現在進行形は1年3学期，不定詞は2年生，現在完了は3年生になって教えるもので，それまでは「取り扱い厳禁」という英語教師の固定観念を打破することもひとつの理由であったと思うのだが，検定教科書における文法事項の配列は柔軟になったとはいえ，旧指導要領世代でない若い先生でも，教科書の文法シラバスの虜(とりこ)となり，「先手は禁じ手意識」から脱しきれない教師が多いようだ。生徒に自由度の高い活動を与え，その中で生徒たちに共通して出てくる表現ニーズを捉えて行う「伏線指導」を推奨したい。ことばは何度もくり返し触れ，伝達のために何度も繰り返し使うスパイラルな過程の中で習得されるものである。習ったその日に集中的に練習して，あとは「また逢う日まで…」では身にはつかない。

3．生徒が使うクラスルーム・イングリッシュ

　伏線指導を行うには，上記のようにcreative activitiesを行わせる中で生徒の表現ニーズを見極めることが必須だが，田尻先生の指導に特徴的なことは，これに加えて「生徒が使う教室英語」を学習段階に応じて，計画的に刷り込んでいく点にある。

　例えば，授業中に配布されたプリントが足りない場面が生じたときには, Mr. Tajiri, the handout, please.（1年）→ Please give me the handout.（2年1学期）→ Will you give us one more handout?（2年2学期）→ Would you give us two more handouts?（2年3学期）など，同じ場面で使える同じ機能（function）を果たす新しい表現を学年の学習段階に応じて与え，故意にプリントを適当な数配布して毎時間のように繰り返し使わせながら，より高度な構造や表現を自然に習得させていくのである。また，授業報告にもあるように，「許可を求める」（Can I 〜? / May I 〜?），「私見を述べる」（I'm sure / I think / I'm afraid 〜.）など，生徒たちが授業中に必要とするであろう機能を抽出して提示し，これも「使い慣れ」を通して習得させていく。

　教室英語といえば，一般に教師が授業中に使うものと限定的に考えがちだが，教師たるもの formula としての教室英語を生徒たちに指導して使わせ，自分自身は生徒の授業中の発言に臨機応変に英語で対応し，フィードバックを返せる英語力（「教師に求められる英語力」の重要な要素のひとつ）を養いたいものである。

　上記2，3の視点から与えた表現は，「英会話用表現」として（会）と分類して板書し，生徒たちはノートの巻末に書き写して必要なときにそのページを開き確認して使用するという「仕組み」を田尻先生は作るという。長期的見通しに立った文の先取り・刷り込み指導と同時に，授業での学習方法のしつけの刷り込みも同時に行われていることも見落としてはならない点だろう。

　これら一連の指導は，学習指導要領に示された「言語の使用場面と働き」という点を踏まえた地道な指導実践の一例と言える。1年生2学期にして，既に pp. 87〜88 に示されたような教師とのインタラクションが実現している。3年生になるとT-Sのやりとりはほとんど英語でできる生徒が育っていることは「わくわく授業」の映像が証明するところである。

〈参考文献〉
髙橋一幸（2005），『新基礎英語1・チャンツでノリノリ英語楽習』NHK・CDブック，東京：日本放送出版協会
築道和明・田尻悟郎（2000），『Talk & Talk. Book 1』東京：正進社

（神奈川大学　髙橋一幸）

第3章

コミュニケーション，自己表現活動とその橋渡し活動

3.1 楽しい，意味をともなった操作練習

3.2 既習事項を駆使するコミュニケーション活動・自己表現活動

3.3 口頭練習の徹底から創造的活動へ

3.4 教科書の題材を利用したディスカッション

3.1 楽しい，意味をともなった操作練習
―― 自己表現活動への橋渡し（中2・2学期）

1．本時の目標，および学年指導目標に置ける位置づけ

本時の目標は，(1) There is / are ～ 構文の導入，(2) There is / are ～．の文の後に数文を書き加えて，自分の町の様子を級友に紹介することである。

本校英語科では，「3年間で育てたい生徒像とその具体的な姿」として次の2点を目標としている。(1)「生きたことば」でコミュニケーションができる生徒，(2) 困難に対して臨機応変に，粘り強く取り組める生徒。

また，該当する第2学年の具体的達成目標として，(1) 200語程度のスピーチ原稿を，十分な時間をかけて作成し，原稿を見ずに級友の前で発表することができる（後期に週1時間，Show & Tell の授業を中心に指導する），(2) 読んだり聞いたりした内容について，質問したり，応答したりすることができる，の2点を目標として掲げている。本授業の目標(2)「There is / are ～．の文の後に数文を書き加えて，自分の町の様子を級友に紹介する」は，学年目標 (1)と関連している。本授業では，単なる文法事項導入と練習にとどまらず，楽しい，意味をともなった操作練習を繰り返しながら，短時間の準備で数文を書いて発表する手順を具体的に示し，「私の町はこんな町」の発表活動をゴールに設定し，段階的に指導した。

2．授業準備のプロシージャー

(1) 文法事項の理解と指導のポイント

There is / are ～．の扱いについては，様々なものが置かれている部屋の絵などを使って，There is a racket under the bed. There are two notebooks on the desk. など，単文の形式練習に終始しがちだ。しかし，実際にこの文型を使う時には，必ずその文の後に前文の There is / are ～の～部分で提示した「もの」について「語りたい内容」がくる。昔話は「あるところにお爺さんとお婆さんがいました」で始まり，その後に物語

が続く。ある「もの・こと」について伝えたいことがあるから、その存在を「～に…がある/いる」で示す。これがこの構文理解のポイントである。

一方で、「…は～にある/いる」のように、既出のものについてその場所をたずねたり答えるときには、Where is / are ～? It is [They are] ～. の形を使う。日本語訳で「ある/いる」に焦点を当てて指導すると、両者を混同しがちなので、状況設定には配慮が必要である。

(2) 文法事項導入の準備

目標文を生徒に身近な話題で導入するために、校長室から数年前の卒業アルバムを拝借した。掲載されている航空写真には、現在高校と中学の間にあるテニスコートの場所に細長い建物（旧体育館）があり、現在の体育館がある場所には広々としたコートが広がっている。生徒たちは旧体育館の存在を知らない。上空からは1つの細長い建物に見えるが、中央は壁で仕切られ中・高それぞれのアリーナがあったことや、トイレやミーティング・ルームがなかったことに、生徒は驚きと興味を持ち、oral introduction の世界に入り込むと考えた。

(3) 本時の目標設定

本校は通学区が広く生徒は互いの町について知らない。そこで、友達に知らせたい私の町の紹介を、There is / are ～.で始め、その後に具体的な説明と自分との関わりを数文付け足し、口頭で発表し合わせることにした。個別指導のもとに平行して実施している Show & Tell とは違って、一斉授業の5分間ライティングでひとまとまりの文章を作ることを目標とした。

まず、学校の周囲にどんなものがあるかを説明することから始め、意味を伴った操作練習を積み重ね、教師のモデルをひな形に「私の町」について書かせた。指導のポイントとして、具体的「手順」を示し、自分との関連や考えを相手に伝えるために There is / are ～. が使われるように仕向けた。

(4) 教科書の取り扱い

教科書（平成9年度版 *NEW HORIZON English Course* 2. Unit 7, Starting Out) では、「森に何が起こったのでしょう」と題する2枚の絵が並べられ、酸性雨の影響を示唆している。しかし、話題は次のセクションからクリスマスに転じるので、酸性雨を深く扱うことはせず、次時の本

文の内容理解に留めることにした。練習問題についても，次時にYour Turn 2でThere is / are 〜. と Where are they? They are 〜. との区別を確認するに留めた。指導に軽重を付けることで，本時の活動が十分展開できる時間を確保した。

3．本時の授業展開
(1) ウォームアップ

授業の冒頭に数時間継続して取り扱ってきたDr. Seussの *The Cat in the Hat* の「読み聞かせ」を行った。本時に初めてBGMを使った音読に挑戦した。

ア) リズムボックスのビートに合わせてlisten and repeat。
イ) 教師と生徒で2行ずつ交代に読み，次にペア練習。互いに最後の語が韻を踏んでいることに注意し，BGMに乗ってきれいな掛け合いにする。
ウ) ボランティアが発表。

1ペアと3名のグループの2組が発表。フロアの生徒が"Please tell us a story."と言うと，父母役の生徒が絵本を見せながら読み聞かせる。発表生徒は立ち位置や視線，本の向きも考え，美しい音楽に乗って丁寧に自分のことばとして読み聞かせる。フロアの生徒たちも笑顔で絵本を見ながら聞き入る。生徒同士の読み聞かせも立派なコミュニケーションとなる。

1 The sun did not shine. It was too wet to play.	2 So we sat in the house All that cold, cold, wet day.

(2) 復習

本時の文法項目に関わる復習はなし。原則として毎時間行っている前時の復習テスト（Listen & Write）も今回はお休みとした。

(3) インプット

96年の卒業アルバムを取り出し，航空写真でかつての様子を説明する。

ア) 平叙文（過去形：主語は単数・複数）

This is Otowa-no-saka, and this is the gate. This is the high school, and this is our building of junior high school.

There *was* a building between the high school and the junior high school. Did you know that? Oh, you did? It was a gym.

　2名を除いて全員が旧体育館の存在を知らず，生徒の視線はアルバムに釘付けになる。

　It looks like a big gym. But, in fact, there *was* a wall in the middle of the gym. So there *were* two arenas in the gym. One was for the high school students and the other was for the junior high school students.

イ）平叙文（現在形：主語は単数・複数）

　アルバムを閉じて現在の体育館を思い出させながら interaction を図る。

　Now there *is* a gym by the gate. There *are* two arena*s*, a large arena and a small arena, in the gym. What else *are* there in the gym?

「体育館には何がある？」とたずねながら，生徒に発話の機会を与える。ここでは，"meeting　room"のような単語文でもかまわない。That's right. How many? **How many meeting rooms** *are* there in the gym?と発問。生徒は，口々に"Two."と答える。**There** *are* two meeting rooms the gym. と教師が言い換える。shower rooms, locker rooms（生徒が，更衣室のことを*change　clothes　roomと答えたのを訂正），a teachers' room, a training room 等，様々な例文を示すことができた。これらの設備については，次の疑問文で旧体育館と対比して扱う。

ウ）疑問文と答え方

再び卒業アルバムを開く。旧体育館が何とも貧弱に写る。**Were** there two arenas in the old gym?—Yes, there were.

新体育館にある施設は旧体育館にもあったのだろうか？生徒に想像させながら，答え方を示し，自発的な応答を導く。**Were** there *any* meeting room*s* [locker room*s*, shower room*s*] in the old gym? **No, there weren't.** 生徒たちは，「昔の体育館は何もなかったんだ」との思いを抱き，No, there weren't.と答え始める。

エ）否定文（no 〜[s]）

There were *no* meeting room*s* in the gym.と言い換え，否定の意味を no 〜[s] で表現する。

最後に，You are very lucky. But, remember the students at that time really enjoyed their school life, just like you.と締めくくる。「設備以上に大切な心意気があるぞ」との思いが伝わったのか，何人かの生徒はフーンと納得する。

(4) **意味を確認し定着させる**

ア）Drill 1：Mechanical Drill (Mim-mem)

There is a gym by the gate. There are two arenas in the gym.

現在の体育館の方角を指し示し，意味を確認しながら何度も繰り返して発話させ，目標文を記憶させる。

個々の生徒の発話を点検すると，指導事項は次の2点に絞られた。

① 生徒の発話では，There に強勢が置かれる傾向がある。There is / are 〜.では，「そこに」の意味がないので強勢はなく，後に続く「数・もの・場所」に強勢を置かせる。

② この時点では，まだ綴りを提示していないので，強勢の置かれない There are の連音と They're とを混同しがちである。意味を考えさせながら正しい音を聞かせて修正する。

(5) **アウトプットさせる**

イ）語彙の確認・補充

生徒が前年度聞いていた NHK ラジオ「基礎英語1」の木村松雄講師の挨拶とテーマ曲を流し，続いて同テキスト4月号の単語学習のための「町」のイラストページにスペリングを書き加えたプリントを配布して bank, restaurant, convenience store など，町で見かける建物や店の語彙

を確認する．木村先生の声に，「なつかし〜ぃ」の声があがる．
ウ）Drill 2：Meaningful Drill
T: What are there around here? No. 1, "a bank". If there is a bank around here, you say, "There is a bank around here." If there are **two** banks around here, you say, "There are two banks around here." If there are **no** banks around here, you say, "There are no banks around here." Now, no. 2. "A police station."
Ss: There is a police station around here.
T: It's *Otsuka Keisatsu*.

以下，department store, train station など，学校の周辺に実際にある物，ない物を配布した「町」の絵単語リストから次々に選び発話させる．There is / are 〜．の後にさらに具体的な情報を加えさせたかったが，始めの段階では，There are two train stations around here. They are Myogadani and Gokokuji．など，教師が導き補ってやる必要があった．口慣らしができたところで，個別に質問し，その結果をクラスで復唱し表現に慣れさせた．

エ）Drill 3：Communicative Drill
① モデルの提示
　ここでは話題をコンビニエンス・ストアに転換し，後のライティングのひな形を示すために，There is / are 〜．に続けて情報を補うパターンを例示した．
T: There are three convenience stores near my house. They are Seven-eleven, Family Mart, and Circle-K. Oh, you don't know Circle-K? There are a lot of Cirlcle-Ks in Hokuriku area. There is one near my house, and it has a large parking lot. It takes only one minute from my house. It's very convenient. So I often go there when I need to make some copies. Are there any convenience stores near your house?
Ss: Yes. There are convenience stores near my house.

　次のペアワークに移るために，Are there any convenience stores near your house?の口慣らしをさせた後，BGM に乗せたペアワークに移る．
② ペア練習と発表
S$_1$: Are there any convenience stores near your house?

S₂: Yes. There are seven convenience stores near my house.
S₁: Seven?
S₂: Yes. They are Seven-eleven, Family Mart, Lawson, ...

東京郊外に住む生徒（S₂）の自宅周辺には，なんと7つのコンビニがあるそうだ。大爆笑の中，皆で数えたが，確かに7つあった。

オ）教師によるスピーチの例示

　I live in Yurigaoka, Kawasaki. There is a swimming pool near my house. It is Yonetty Ozenji. It is a big pool, but you don't have to pay much money. You have to pay only 300 yen for 2 hours. It's very nice. But I went there five years ago. I think I have to go there more often. This is a story about Yonetty Ozenji.

　例示した学習事項を英語で確認し，(6)の日本語によるまとめにつなげる。

(6) 説明

【板書】「～に…がある・いる」
There is a pool near my house.
There are two supermarkets in my town.
There are no banks near my house.

音声面の注意事項として，前述 (4) ① の There の強勢を日本語で解説。文法に関わる注意点としては，次の3点を挙げた。
There is / are ～. の形は，
・「どれのことか，もう特定されているもの」には使わない。
・世の中に一つしかないものや固有名詞には使わない。
・従って，名前を言うときには，次のように後に補足する。
　例．There is an amusement park near my house. It is Disney Sea.
　　　(*There is Disney Sea near my house.)

説明を終え，"Do you have any questions?" の問いにも返答がなかったので，いよいよ最後の活動に移ろうとプリントを配り始めたところで，鋭い質問が飛び出した！「なぜ no の後ろの bank には -s が付くんですか？」

本授業では，混乱を避けたいので，no の後ろは複数形で統一したつもりだが，それでもなぜ複数形になるのかは説明していなかった。とっさの説明は次の通り。「講堂で公開授業をしているこの瞬間に，誰かが教室の扉を開ければ，机が一つもない。この場合は，本来40の机があるはずだから，no desks となる。家庭訪問時に，君たちの部屋には机があるだろうと思っている蒔田が部屋を見て，もし机がないときには，no desk になるだろう。」前日，同僚と議論した内容だったのでなんとか説明できた。
　ここまでの指導手順に注目していただきたい。「意味→音→文法事項」の順序が指導の基本と考える。

(7) Communication Activity：*My Town*「私の町はこんな町」

ア）概要説明：ハンドアウト（No.55：次ページ参照）を配布して，2つのタスクの概要を英語で説明し，見通しを持って課題に取り組ませる。

イ）例示：事前に聞かせた (5) のオの教師のスピーチ例を文字で示し，確認させる。

ウ）手順説明：「住んでいる場所→自宅近くにある物→追加説明→自分との関係や自分の考え（メッセージ）」の順で書くことを理解させる。

エ）書く内容決定：特別な物である必要はないことを強調する。書く作業に移る前に1分間考えさせる。綴りは後で調べるよう指示する。

オ）ライティング・ワーク：3分間のライティング中は机間巡視で個別指導を行うとともに発表者候補を探す。2分間延長の生徒の請求に基づき，「当初の予定」通り，全員が書き終わるであろう5分間に「延長」。それでも書き終わらない生徒には，発表時に即興で1〜2文を付け加えるように指示を与えた。

カ）発表：1人1分間のペアワークの後，2名のボランティアが発表。

　本授業は，オ）のライティングと発表に向かって組み立てられている。ボランティアは男子2名が勢いよく挙手。発表内容もよかったが，聞き手の顔がよい。真剣な眼差しと笑顔が発表を支えていることがよく分かる。発表者の「私の町」は以下の通りである。背景には「寄り道厳禁」を指導されている生徒の実態がある。

S: I live in Ichigaya. There is a fast food restaurant near the station. It's MacDonald's. After school, (Laugh, 参ったなー) I always SEE Macdonald's, and I WANT TO eat something. I'm hungry and tired.

My Town 私の町はこんな町

No. 55

2年　組（　）＿＿＿＿＿＿＿＿＿＿

◇　下のThere is (are) 〜. の文の後に2〜3の文を付け加えて、自分の町の様子を話そう。

There is	a	pool	near my house.
There are	two	supermarkets	in my town.
There are	no	banks	near my house.

例1) **I live in** Yurigaoka.
　　　There is a swimming pool **near my house**.
　　　It is Yonetty Ozenji. **It is** a big pool, but you don't have to pay much money. You have to pay only 300 yen for 2 hours. I went there five years ago. I think I have to go more often.

【手順解説】　I live in 〜.　①There is a 〜(There are 〜s) near my house.
　　　　　　②It is 〜. (They are 〜.)　③I 〜.　　I 〜.

① 話したいものを決める。特別なものでなくて良い。　例：コンビニがある、ない
② それについて説明する。たとえば名前を述べる。　　例：それは7・11だ
③ それと自分との関係や自分の考えを話そう。　　　　例：毎日ポテチを買いに行く
　　　　　　　　　　　　　　　　　　　　　　　　　　　健康には良くないんだよね

【注意】
1　There is 〜.There are 〜.は、「どれのことか、もう特定されているもの」には使わない。
2　世の中に一つしかないものや固有名詞は、There is 〜.There are 〜.の後には来らない。
3　したがって、名前を言うときには、例2のように後から言う。
　　例2）There is **an** amusement park near my house. It is Disney Sea.
　　　　つまり、There is の後に Disney Sea はもってこられないのです。

TASK 1: 話す前に、自分の町について自分で言える英語で書いてみよう。どんな特徴があるかな。つづりは後で確認することにして、どんどん書いてみよう。

　
　
　
　
　
　

TASK 2: パートナーに自分の町について話そう。見ても良いから、相手を見て話そう。
　　　　　聞くときは、Really? / I see. / Oh, a swimming pool?など相づちを入れよう。

But I MUSTN'T buy hamburgers. (Laugh, "mustn't") I'm very, very sad. (拍手)

　発表中に終了時刻となり，次時の発表継続と本文の学習予告で授業を終了した。

4．生徒の到達度評価，および授業の内省

　口頭発表の様子や提出されたハンドアウトからはほとんどの生徒が，There is / are ～. の構文を適切に使い，自分の町を紹介できたので，本時の目標は達成できたと判断した。

　前年度の公開授業の反省事項を基に，設定したゴールに向かい小さなステップを組み立てながら授業を組み立てられたと思う。また，当時の研修教員や同僚の協力で，指導手順を十分に検討できたことは「チームとしての英語科」をめざす我々としては大きな収穫と言えよう。

5．私の理想の授業

・教室をコミュニケーションの場ととらえ，「ことば」としての英語を学ぶ授業
・生徒理解に基づいた，自ら学ぶ生徒を育てる授業
・生徒が「この授業の先に自分の未来がある」と感じられる授業
以上が私のめざす授業である。

（筑波大学附属中学校　蒔田　守）

〈授業分析〉
実践的表現力育成につながる意味重視の指導

1．There be 構文導入の視点

　There is/are ～構文の指導といえば，従来，(1) 机の上に様々な学用品や教科書，辞書などの書籍，コンピュータなどが置かれた絵を見せて，あるいは，(2) 駅前や学校周辺の絵地図を示して，次のような文を導入したり練習させることが常套手段であった。

例.
(1) There is a dictionary on the desk.
　　Is there a computer on the desk?
　　How many pencils are there?
(2) There is a bank in front of the station.
　　Are there any convenience stores near the station?

　There be 構文は，検定教科書では過去第1学年で学習されることが多かったが，現在時制しか使えないため表現内容が限定されて，生徒の知的好奇心をくすぐるような魅力的な導入展開を考える上で大きな制約を受けていたようである。平成14年度版教科書では，7社中5社でこの構文は第2学年に移行され，be 動詞の過去形 was, were の学習後に配列されている。この文法事項の配列変更を授業にどう生かすかが，授業設計のひとつのポイントとなろう。

　蒋田先生の授業では，この点を検討し，上のような定番の導入ではなくbe 動詞の過去形を使用できる利点―ある場所の様子の現在と過去の比較描写が可能になる点―を見逃さずに目をつけていることに注目していただきたい。生徒たちの学習や活動の場である学校を話題として，10年前の古い卒業アルバムの航空写真を視覚的に提示し，生徒の興味を引きつける。そして現在と過去の学校の施設の違いに気づかせ，両者を対比しながら意味を類推しやすい具体的な場面を設定して目標文を提示していく。

　1時間の授業毎に，現在時制の肯定文→疑問文と応答→否定文→過去時制の文へと1項目1時間で指導するのではなく，すべてを1時間で同時に扱っている。授業計画立案に際して，1項目1時間×4時間で指導し，積み重ねで定着を図るオーソドックスな指導手順もあれば，1時間ですべてを導入し，以後の3時間で繰り返しそれらに触れさせ，使用させながら定着を図る方法も考えられる。どちらが有効かは一概に決めることはできないが，「1セクション1アワー」の固定観念にとらわれず，言語材料や生徒の興味関心，理解力に応じて，flexible に授業を設計する柔軟さ〔cf. 髙橋（2003：130-143）〕が教師に求められるところである。後者のひとつの利点は，第1時間目から活発なインタラクションが可能となることで，蒋田先生はこの点を十分に生かした授業展開を行っている。ただし，十分な指導過程の吟味なしにこの方法を採用すると，生徒は混乱を来すので

注意が必要である。蒔田先生の指導案の導入を再度ご覧いただきたい。すべてを同時に扱っているが、それらを無作為に混同して提示するのでなく、いくつかの視点から話題を明瞭にしつつ、①平叙文（過去形、主語は単・複）→②平叙文（現在形、主語は単・複）→③疑問文とその応答→④no＋名詞を使った否定表現へと、順を追ってきれいに配列されていることに気がつくだろう。

2．コミュニケーションにつながる文法構造の指導

　従来の伝統的な指導では、1の冒頭に例示したように、There be 構文の文を1文ずつ単独で切り離して提示したり、発話させたりすることが多かったようである。これでは、There be 構文自体の意味と構造は教えられても、実際の生きた運用には結びつかない。There be 構文は、「ドコドコにはナニナニがある」と、聞き手や読み手の関心をあるトピック（＝ナニナニ）に向けさせる働きを持つが、それでおしまいではなく、そのあとに、それを補足説明する文が続くのが常で、実はその文が伝達上重要なのである。すなわち、There be 構文は、あとに続く文へとつなぐ「導火線」的役割を果たしているのだ。この談話（discourse）の流れを理解させることが表現力育成につながる、もうひとつの指導の要点である。

　蒔田先生の導入、学習活動における Meaningful Drill、言語活動としての Communicative Drill での教師によるスピーチ・モデルの演示とそれに続く生徒の Communication Activity「私の町はこんな町」の事前指導など、指導過程全般を通して、この点への十分な配慮が見られる点にも注目していただきたい。

例．There are two train stations around here. They are Myogadani and Gokokuji.

　There are three convenience stores near my house. They are Seven-eleven, Family Mart, and Circle-K. Oh, you don't know Circle-K? There are a lot of Cirlcle-Ks in Hokuriku area. There is one near my house, and it has a large parking lot. It takes only one minute from my house. It's very convenient. So I often go there when I need to make some copies.

　Drill 的な学習活動では1文単位の練習の繰り返しのみで、表現活動に

なったら、「まとまりある文章を作ってみよう！」と言うだけでは、生徒は文章の展開の仕方がわからなくて当然である。最後に行う活動—ここでは、自分の町を紹介するスピーチの発表—を授業の到達目標として設定し、全生徒をそこに無理なく到達させるための逆算的発想による授業課程の構築（授業の Top-down design）が、自然な流れの中で実は意図的に行われている。ここが蒔田先生の授業に共通して見られる大きな特徴であり、生徒たちを引きつける魅力を持ち、かつ淀みなく流れる授業の秘密なのであろう。

3．Preparation と Improvisation の視点から

今回の授業では、最終的なスピーチ発表に至る前段階の活動として、生徒たちに時間を与えて、スピーチ原稿を書かせている（prepared speech）。このような準備（preparation）を行わせることにより、学習したことがらを取り入れて自ら工夫し作品の質を高め、よりよい発表への readiness を作ることは、「指導の鉄則」のひとつである。

ただし、実践的な speaking 能力の育成を目指すには、書いた原稿を読んだり、read & look-up の手法を用いて発表させたり、暗唱して発表させたりするばかりでなく、生徒の学習段階によっては、ある程度即興で話させる（improvisation）機会も与える必要があろう。Impromptu speech は prepared speech に比べて、当然ながら誤りも多く生じ、活動の精度は落ちるであろうが、このような体験や練習もコミュニケーション能力育成の長期的ビジョンの中では不可欠である。「書いてから発表させる」ことから、「多少の誤りがあっても、fluency（流暢さ）を伸ばすべく、まず話させて、どうにか話せるようになったことを、より高い accuracy（正確さ）を求めてセルフモニターしながら書かせる」という通常とは逆のプロセスの体験を積ませるという指導も心に留め置きたい発想である。それをどの段階から取り入れるかは、生徒の学力理解に基づく個々の教師の判断である。蒔田先生の指導と、それを受けて育ってきた生徒諸君には、中学2年生のこの時点でも、それがすでに可能なのではないかと感じた点を蛇足ながら最後に付け加えておきたい。

（神奈川大学　髙橋一幸）

3.2 既習事項を駆使するコミュニケーション活動・自己表現活動（中3・3学期）

1．本時の目標，および学年指導目標における位置づけ

　この授業は元の勤務校である松江市立第一中学校3年9組で，2001年3月1日に実施したものである。松江一中は当時生徒数が1000人を数えるマンモス校で，私が担当していた3年生は9クラスに340人が在籍していた。この学年は，次のように私を含めた複数の教員で担当した。

　1年時：田尻5クラス，A先生4クラス
　2年時：田尻5クラス，B先生4クラス
　3年時：田尻4クラス，C先生3クラス，D先生2クラス

　1，2年のときは，私とチームを組んだ先生がいずれも若い先生であったこともあり，私の立てた年間指導計画で同じように教えてくださった。空き時間を利用して頻繁に私の授業を参観されてメモを取り，授業後は熱心に質問をしてこられた。したがって，クラス間で大きな格差は出ず，2年になってクラス替えがあった際も，学力という点では問題はなかった。

　3年になると，進学を控えているので経験豊富な先生に担当してもらいたいという管理職の考えで，私とチームを組む教員が変わった。お二方とも教職歴が10年を超えていたのでそれぞれのスタイルをお持ちであり，協議の結果，私が定期考査を全て作成し，その目標に向けて異なったアプローチで授業を進めていくということになった。

　3年の目標は次の通りである。
〈文法事項〉
・現在完了
・受動態
・後置修飾（関係代名詞，分詞による修飾，接触節，前置詞句，不定詞）
・間接疑問文
〈聞く・話す〉
・会話でイニシアティブを取ることができる。
・文脈に沿って質問できる。

- 文脈の中で未知語の意味を推測することができる。
- 電話で道案内を聞き，正しく復唱できる。

〈読む・書く〉
- WPM 60 語以上，内容理解度（正解率）80％以上。
- 文脈を意識した自然な流れのある 30 文程度の文章を書くことができる。
- 既習事項を駆使して伝えたいことを表すことができる。

　本時は 3 年間の総まとめの授業であり，目標をどの程度達成できたかを確認する意味も込めて実施した。

2．授業準備のプロシージャー

　英語という教科は，「英語」という言語を使ってありとあらゆる話題について情報を得たり，発信したりすることができる教科であり，まさに「総合的な学習」である。したがって，1 年時から単に英文の意味を取るだけの学習ではなく，教科書本文のテーマやその背後にある情報などに目を向けさせている。

　また，私自身が 3 年分の教科書の内容を全て頭にインプットし，それらを有機的に結びつけていく意識を常に持つことによって，生徒にも様々な題材がお互い関連していることを知ってほしいと願っている。例えば，木材や紙の消費→森林伐採→自然破壊→砂漠化→緑化運動など，一方で人間が破壊したものを他方で人間が直そうとしていることなどについて考えさせ，科学の発達や環境問題，戦争，経済のアンバランスさなどが密接に関わっていることを知ることで，字面の学習から内容の学習へと深めていくことをねらっている。

　当時使用していた教科書（*Sunshine English Course*）は，1 年で「東南アジアの子どもの生活」，2 年で「サウジアラビアでマングローブの植林に成功した話」，3 年では「ネパールで医療活動をし，その後アジア保健研修所を設立した医師」の話を扱っていた。その他，3 年では向井千秋さんがスペースシャトルから見た地球について語るレッスンがあり，ボランティア活動に関しては 2 年で市街地清掃や空き缶拾い，3 年で "We Are the World" が扱われていた。これらはグローバルな視点で見ていくと，めぐり巡ってつながっていく。生徒にもそのことに気がついてほしいと思い，3 年の 3 学期に総復習した。

また，マングローブの森が湾岸戦争で被害を受けたことや，台湾では日本のグルメブームに乗じてマングローブの木を伐採し，エビの養殖池を作ったことなどを紹介し，身近な問題であることを意識させて生徒に感想を求めた。ちょうどその締めくくりの時期に発生したのがインドでの大地震である。私は日本人が1人平均0.87円しか復興のための寄付をしていなかったことを知り愕然とし，授業で取り上げることに決めた。新聞やインターネットで入手した情報を3年生向きの英文（Charity Projects）に直し，ALTにプルーフ・リーディングをしてもらってから授業で使った。

生徒は様々な題材に心を動かされ，インプットからアウトプットへという流れに意欲的に取り組むようになっていたので，格好の題材となった。

3．本時の授業展開
(1) Greetings
(2) Show and Tell
(3) 60-second Quiz
(4) Small Talk
(5) Supplementary Reading & Check of Understanding
(6) Comment Making
(7) Brain Storming Session
(8) Presentation
(9) Consolidation

まず，授業では簡単なあいさつを行ったあと，1名の男子が風邪と花粉症のダブルパンチで欠席していたので，その理由を聞き，新しい表現として，ジェスチャーを交えながら hay fever を紹介した。

T: There are a lot of cedar trees outside. And powder comes out. And you start sneezing, you have stuffy nose, and ah, tears run out of your eyes. OK? And itchy. How do you say "hay fever" in Japanese?
Ss: *Kafun-sho*.

次に行ったのは，「帯活動」として毎時間実施しているスピーチ（Show and Tell）である。私の場合，この時期のスピーチ活動は，"My Treasure" というテーマで行っている。Show and Tell はどの学年でも実施できるが，様々な苦労を体験し，子どもから大人になりつつある3年

生２学期から３学期にかけては，自分の宝物について語らせると内容に深みが出てくる。

　この日の男子生徒は，"Egg cooking machine"と題して，誕生日に女子生徒からプレゼントされた電子レンジで生卵を調理する際に用いる道具について語った。初めて女子にもらったプレゼントで嬉しかったことや，使い方を間違って失敗してしまったこと，一人暮らしをしていくときに有効に使いたいことなどを話した。卵が電子レンジの中で破裂する場面では，用意していた風船を机の下で割り，みんなを驚かせた。

S: Now, let me tell you about my treasure and talk about it. This is an egg cooking machine that Sachiyo and Saori gave me as my birthday present. So I was glad because I have never been given anything by young girls. I'm going to tell you how to use this machine.

　First, break an egg and put it into this machine. Next, warm up this machine in the microwave. "Wheen." That's it. It's very easy. But I didn't eat the egg when I used it for breakfast for the first time, because I didn't break the egg. I put it into this machine directly. So the egg exploded ... the egg exploded. "Bang!" That way I didn't eat it. But it's so useful that I want to use this machine when I live alone. So this is my treasure. Thank you.（発表時間１分30秒）

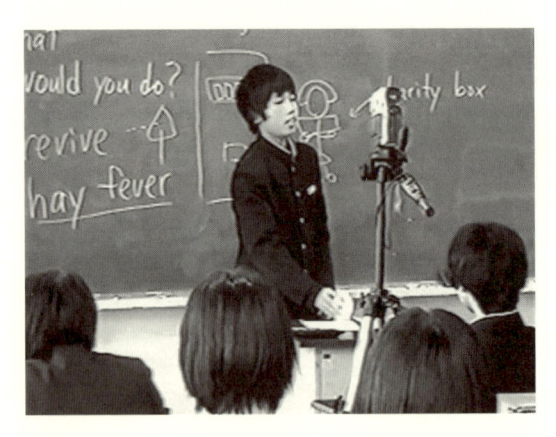

スピーチ活動が終わると，Supplementary Reading や感想発表で使え

る31の語句をまとめた次のようなプリント（一部のみ抜粋）を使って，60秒でいくつ言えるかをペアで競わせた。

```
            Charity Projects: Vocabulary
 1. □□□□ suffer from ～            ～に苦しむ
    □□□□ donate                    寄贈する，寄付する
    □□□□ medical supplies          医療品
    □□□□ fund raising campaign     募金運動
                    ⋮
31. □□□□ student council           生徒会
```

そのあと実施したのはSmall Talkである。この日のテーマは次のようなものであった。以下はビデオで確認した当日の私の説明である。

T: This is a vending machine of juice. You have some money. Some coins. Like this. You have some coins. You are very thirsty. You want to buy some, ah, you want to buy a juice. And you go to the vending machine to put the coins in. But you see a cute girl, pretty girl here. OK. She's holding a charity box. She's saying, "Please donate your money for, ah, people in trouble." So, in this case, in such a case, which would you put your coins in? Into the vending machine or into the charity box? This is today's topic.

授業ではソシオメトリーを応用したペアを作ってあり〔cf. 中嶋（1997：41-52）〕，ペアで活動することが多い。この活動の手順は次の通りである。
① 最初にペアリーダーが指定されたテーマに沿って90秒でできるだけ多くの文を言う。
② ペアパートナーがそれを簡単にメモ（日本語でも英語でもよい）する。
③ 90秒経過したら，パートナーはそのメモを手がかりにリーダーが言ったことを復唱・確認する。
④ 攻守交代する。
　1回目はペアリーダーに意見を言わせ，2回目は同じテーマでパートナーに意見を言わせる。そうすることによって，どちらかというと英語を得

意としていないパートナーたちが，リーダーの意見を参考にできるからである。この日は3年間の総まとめの授業ということもあり，相手の発話確認は付加疑問文を使って行わせた。

Which would you put the coins in?というテーマは，もちろんこの日初めて聞いたトピックであるが，3年になるとこういうcontroversialなトピックで会話が弾む。実際，あちこちから英文が聞こえていたので，そのあと何人か指名して自分の意見を答えてもらった。面白かったのでは，しどろもどろだったが次のようなことを言った男子生徒がいた。

S: I would, I would... I would, I want to buy juice. But I'm kind. I make con...tri...bu... tion 10 yen.

私がYou wouldn't buy a juice. What would you do?と聞くと，彼はI lend 10 yen with my friend.と言った。本人が言いたかったのはI'd borrow 10 yen from my friend.ということがわかったので，Then the 10 yen is your friend's money. It's not your donation!と切り返したら，クラスがワッと笑ってくれた。決して全員が笑ったとは思わないが，かなりの生徒が彼の発言の面白さに気づいてくれたようだった。

そのあとで，インド地震についての読み物教材を読ませ，問題に答えさせた。プリントは次ページのとおりである。

全員が読み終わったあと，ペアになってそれぞれがプリントから初めて知ったことを英語で報告させ，その間，私は個別に内容についてインタビューをして歩いた。そのあと，グループでこのストーリーについての感想を英語で話し合わせた。このときも私は個別インタビューをして歩いているが，生徒はこういう場で教師から個別にインタビューされるのは，周囲が話し続けている騒音の中で行えて「気が楽だ」と言う。また，アドバイスをもらえたりするので，あとで当てられたときも「ある程度自信を持って全体の前で披露することができる」と言っている。

このあとで全体に感想を求めたところ，次のような意見が出た。Slはペアリーダー，Spはペアパートナーの発言を示す。

Sp: I think we can make contribution.
Sp: I was shocked because 0.87 yen don't full one yen.
Sp: I felt it's very little because we didn't send one yen.
Sl: I was surprised to hear that because Japan is much richer than

Charity Projects

次の各項目について，簡単なメモを取りながら読んでいきましょう。

Question 1　いつどこで地震がありましたか？
Question 2　そのあとどんなボランティア活動が展開されましたか？
Question 3　clean water, medical supplies, food, blankets, shelter などは十分確保されていますか？
Question 4　日本人はインドが地震から復興するために，ひとり平均いくら寄付していますか？

-------------------------------- やま折り --------------------------------

　Do you remember there was a big earthquake in India on January 26th? Thousands of volunteers from all over the world have gone to India to help after the earthquake last month. Some went straight from El Salvador where there was an earthquake a few weeks before. One doctor from America flew to India four hours after seeing the news on TV. The rescue teams have modern cameras and microphones to help them find people who are trapped but for every four people they rescue, they find 400 people dead.

　So now the volunteers need to help the survivors. They need clean water, medical supplies, food, blankets, and shelter. The most important thing is to stop the spread of disease because this can kill more people. The volunteers are working until they are too tired to work any more and they are working quickly too. One team found a survivor just three hours after they arrived. Do you think you can help people in India and other parts of the world? Japan has given $976,000 (¥ 114,192,000) to India. That is ¥ 0.87 from each person in Japan. What do you think about that?

India. So I think we should make contributions more.
S1:　I was surprised to read it first because, ah, if, if we give one hundred yen to Indian people, Indian people will feel more happy. So I was

surprised.

　最後に，What kind of contribution would you make? Think about this in your group.と，生徒会として何ができるかを考えさせたあと，アメリカの学校はどんな形で fund raising campaign をしているかなどを紹介して，その日の授業を終えた。
T: This is a coffee mug I use. Wintergreen Elementary School. Elementary schools make mugs, coffee cups, and T-shirts to raise money for their schools and sometimes for donations. (中略) You can make money. OK? Or the student council, or the school itself can make money to donate to the people who are in trouble. Let's think about what we can do. That's all the time we have for today.

4．生徒の到達度評価，および授業の内省

　スピーチの評価に関しては，内容，態度，発音，声の大きさなどでは評価しない。それらは練習段階で教師が指導するものであり，教師と生徒，あるいは生徒同士が苦労し，協力して準備したものであるので，減点法で評価することは私も生徒も好まないからである。
　また，リハーサルの段階で，英文をすらすらと言えるだけでなく，意味をわかった上で聴衆に語りかける口調でできなければさらに練習を課すので，本番を迎えたときはかなりのレベルに達している。したがって，本番を迎えた時点で満点を与えるようにしている。
　聞き手は，スピーチのあとで内容に踏み込んだコメントを書かないといけないし，そこを私が見て回るので，一生懸命聞く。その意味で，スピーチ活動は，準備段階では話し手を育て，本番では聞き手を育てる活動である。最後に確認として，その日のスピーチ原稿を全員に配布する。
　生徒はスピーチを終えると大きな達成感を持ち，卒業時のアンケートでもスピーチは「印象に残る活動」部門で1位を占める。そして，「苦労したけどやってよかった」，「感動した」，「力がついた」，「先生や友達のコメントが嬉しかった」，などの感想を寄せる。
　インド地震に関しては，全員の感想を聞くには時間が足りなかったので，次の時間に一人ずつインタビューし，録画して回った。ここで見えたことは，やはり個人差が大きいということである。全員が何らかの感想を

述べてはいるが，多くを言えない生徒，自分の考えを述べるのに時間がかかる生徒がいた。一方，流暢に次のような感想を言った生徒もいた。

S_1: So, if I will, ah, if I'm a member of coun... the student council, I can make contributions, but I cannot make so many, ah, so much contributions. So I would like many people to know the fact that people need many things and there are many troubles in, at, poor countries. So, mmm, I'd like to spread the news to other people like, for example, making newspapers of the school, and, ah, make videos about them like you.

S_2: I was shocked that we, ah, learned this. If , ah, I have learned, I hear if Japanese popular singers make-ooo, make an, make a CD like "We are the World," many people will buy it. They get many money, so much money. And they make a contribution. Many people will save, will be saved.

S_3: I thought... I think the donate money, raising money to it, it was a way to help them, help them stand, stand their feet. On their feet. And, but even, when the easiest way, even though I didn't, ah, haven't donated money, money yet. And I'm going to, I'm going to donate my 2,000 yen of my Otoshidama after entrance exams.

5．私の理想の授業

　今回の授業は理想の授業ではないにしても，私にとっては生徒の成長ぶりに感動する場面がたくさんあり，3年間の集大成としてはある程度満足のいくものだったと思う。だが，全員が理解し発言できたかということになると疑問が残る。全員が自信と安心感を持って参加できる授業作りに，これからも邁進していきたい。

〈参考文献〉
中嶋洋一（1997）『英語のディベート授業30の技』東京：明治図書

（関西大学/元島根県松江市立第一中学校　田尻悟郎）

〈授業分析〉
中学生もこれだけ話す！
―生徒の心を揺さぶり，話したいことを湧き起こさせる指導―

1．何のために英語を教えるのか？

　英語の授業で英語のできる生徒を育てるのは当然のことである。しかし，学校教育が広く子ども達の人間形成を担っているとするならば，それだけでは「教育」として不十分だろう。英語の技能を伸ばすとともに，「英語の授業を通じて，どんな生徒を育てようとしているのか？」を考えることが授業設計の根幹になければならない。別な言い方をすれば，このような教師としての教科教育観（教師の教育哲学）があって初めて，到達目標の設定が可能になり，そこに至るプロセスとしての長期的指導計画や単位授業の指導手順を立案できると言ってもよいだろう。

　田尻先生は，1年生を担当する最初に，卒業前の生徒たちが授業でどんな表情でどのようなことをしているのか，「これから育てたい生徒のイメージ」を vivid に頭の中に思い描き，そういう生徒を育てるために今日から何をしていけばいいか，指導計画を構想すると言う。学年始めに各学期や3学期の期末考査を含むテスト問題を作成し，それらの試験で全員が満足できる点数をとれるように指導するという点にもそれが表われている。

　真のコミュニケーション能力を育成するためには，伝えるための技能を伸ばす（how to communicate）とともに，その技能を使って，相互理解のために，何を尋ね，何を伝えたいのか（what to communicate）を育む指導が必要で，それあってこその「学校英語教育」である。3年間のまとめとしての3年生最後のこの授業は，私たちにこの問題について考える機会を提供してくれる。読者の皆さんとともに田尻先生の育てたい生徒像を想像しながら，先生の授業を分析していくことにしよう。

2．生徒の知的好奇心にあった話題の選択と活動の設定

　英語授業では近年，言語活動が活発に展開されるようになり，特に中学校では，「言語活動花盛り」の様相を呈している。これ自体は望ましいことだが，言語活動が授業過程の不可欠な要素として定着してきた今，一般に生徒たちに課されているタスクや行われている活動の質的な点検が必要

であろう。ゲーム的要素，競争的要素を取り入れた information gap activities や，「英語を使って○○してみよう」といった課題を与えて行わせる task-based activities などの多くは，その内容があまりにも稚拙で，生徒の興味・関心と大きく乖離してはいないだろうか。英語という外国語では母語の日本語で行うようにはいかないのは当然だが，情報の gap を埋める活動を考えるとともに，生徒たちの知的レベルと活動内容との gap を埋めるための工夫と努力も忘れてはならない。たとえ英語や勉強が苦手な生徒であっても中学生はもはや幼児ではない。生徒たちが他教科で何を学び，何を考えているかを調べてみれば，英語の活動との如何ともしがたい gap に気づくはずである。田尻先生の実践は，この gap を埋めることが叶わぬ夢や机上の理想論でなく，やればできるのだという可能性を示してくれている。

3．伝える内容を育てる指導—その秘密に迫る!

　授業冒頭で行われた "Egg cooking machine" についての Show & Tell のスクリプトを再度ご覧いただきたい。誤りはあるものの，中学3年生としては見事な英文である。重文や複文を使いこなしており，ひとつの T-unit（1つの主節を含む単位で主節につながる従属節や語句も含む。文の複雑さを示す指標で writing や speaking 能力の指標として用いられることがある）の語数も多い（擬態語と謝辞を除けば，平均 8.6 語）。これは質の高い teacher talk を中心に，日頃の授業で田尻先生が生徒の学年や発達段階に応じて与え続けてきた input に支えられているものであり，本書の第2章 (3) でも取り上げられた，表現力育成のための反復・継続した文法指導の成果である。しかも，授業ビデオを見ると，発表する生徒は，持参した egg cooking machine を手にジェスチャーも交えながら，原稿を見ずに聞いてくれている友達に「語りかけ」ているのだ。大学生でも，こんなふうに話せる学生は少ない。また，紙面の関係で，田尻先生の原稿では割愛されているが，Show & Tell の終了直後に約5分間の時間を与え，他の生徒たちにスピーチへの感想を書かせている。次はその1例だが，準備なしの即興での作文である。

　Your speech was great! I hadn't seen such (+an) egg machine like yours before, so I didn't know how to use it. But you told us how to do that so hard that we could understand that easily. And I knew how nice it was! You tried to use it which was given (+by) pretty girls!! But you didn't eat the egg, did you? I laughed to hear (→ see) your actions because you were wrong (→ you did a wrong thing with the egg). Thank you for your nice speech.

　仲間への共感に満ちた感想文である。感想を書く5分間，教師は机間巡視で一人ひとりの生徒のwritingを見て回り，語法をチェックし，内容へのコメントを与える。上例の（　）内は，教師の助言で生徒が訂正を加えた語句である。田尻先生の授業では，一斉学習，グループでの協力学習，教師による個別指導がバランスよく組み込まれている点にも注目していただきたい。

　なぜ，このようにできる生徒が育っているのだろうか？　教科書題材を発展させた自作教材"Charity Projects"を読んで，グループで感想を述べ合い，さらに自分たちにできることを考える，という本時のクライマックスたる目標に導く「秘密」の一端を本時の授業過程を通して探ってみよう。

　まず，最初に行った"60-seconds Quiz"だが，ここで，"Charity Projects"の英文を自力で読んで理解するために必要な語彙のinputが行われている。単純な作業だが，いくつすらすらと言えるか目標を持たせ，ペアで協力して楽しく取り組ませながら，あとに続く読む活動へのレディネスを確保しているのである。創造的活動とそれを支える基礎練習が授業に明確に位置づけられていることも田尻先生の授業の特徴のひとつである。

　次に配布された"Charity Projects"の英文は，田尻先生が新聞やインターネットで入手した情報を3年生向きの英文にし，ALTのnative checkを受けたものである。教師用指導書（TM）に頼るばかりでなく，自己の教材観を持って独自の教材研究を行っているのだ。それを可能にしているのは，授業準備のプロシージャーの記述からもわかるように，使用する3年分の教科書を通読し，個々の課の題材内容の相互関連を見極めた上で，長期的視点で題材の取り扱いを考えている点にある。1課が終われば，次の課をどう教えようかと，その場その場で考えるのでなく，使用教

科書の題材選択と配列の意図を読み取った上で指導しているのである。この自作教材の最大のインパクトは，Japan has given $976,000 (¥ 114,192,000) to India. That is ¥ 0.87 from each person in Japan.という箇所にあるだろう。この情報が生徒たちの心を揺さぶるのだ。「生徒は必然性・必要性を感じたとき，あるいは意見があるとき，読もう・聞こう・書こう・話そうとする」。田尻先生の言葉である。あるときには感動や喜びを，また，あるときには悲しみや憤りをいかに感じさせ，話したいことがらを生徒たちの中に，いかに充満させ，堰を切るようにそれを溢れ出させるか，そここそが田尻先生の授業づくりの核心であり，苦労はあるが教師としての喜びなのであろう。この点は，1章2.「英語での内容のあるやりとりが豊富な授業」で取り上げた中嶋洋一氏の授業実践と共通するものがある。

　最後に4の「スピーチの評価に関しては，内容，態度，発音，声の大きさなどでは評価しない。それらは練習段階で教師が指導するものであり，(中略)本番を迎えたときはかなりのレベルに達している。したがって，本番を迎えた時点で満点を与えるようにしている」という記述は，評価について厳しい要求が多い昨今，「授業とは何か？」という根源的問題に示唆を与えてくれる。指導あっての評価，生徒を伸ばすために行うのが授業である。ただし，生徒たちは発展途上，仮にその時点ではベストだとしても，更に挑戦すべき次のハードルは必ずあるはずで，それを具体的に示し，新たな目標を持って今後の学習に取り組ませることも忘れないようにしたい。また，創造的活動における生徒の個人差への対応については，例えば，生徒たちが伝えようとしたメッセージを集約して共通項をいくつか抽出し，教師がより正しい文章をモデルとして与え，それを音読から暗唱，発表へと導く（cf.次項・久保野先生の授業）というような，生徒たちの表現ニーズに即した事後指導で強化を図ることも考えられよう。

（神奈川大学　髙橋一幸）

120　第3章　コミュニケーション，自己表現活動とその橋渡し活動

3.3　口頭練習の徹底から創造的活動へ
（高1・「英語Ⅰ」）

1．本時の目標，および学年指導目標における位置づけ

　本時の目標は，(1) 口頭練習を通して少し複雑な受動態を運用できるようにすること，(2) 課のサマリーを暗唱すること，である。
　(1) の少し複雑な受動態とは，
　　・I have been brought up with the thrill.　〈現在完了の受動態〉
　　・Your trains will soon be broken.　〈助動詞＋受動態〉
　　・As a kid, I liked being scared.　〈動名詞の受動態〉
のように中学校では扱わないタイプの文構造である。
　一方(2)は，冬休み明けに予定している大掛かりな創造的言語活動「有名人架空インタビュー」のモデルとなるものであり，この授業の次時には，全員暗唱テストに挑戦することになっているものである。
　学年指導目標は，① 学習方法・習慣を確立する，② 学んだ言語材料が実際に運用できるような練習を工夫する，③ 学期末に創造的言語活動を設定し，細かなステップを刻んで成功に導く，というものである。
　高校の授業は，下手をすると「予習の答え合わせ」に終始してしまう危険性がある。教師の和訳を聞きながら，ノートに書いてきた和訳を添削するような授業のことである。生徒は予習に追われ，学んだ英語を身につけるための復習に割く時間が充分には取れない。このような悪弊を打破することが，学年目標で「① 学習方法・習慣」をトップに挙げた理由である。予習中心から復習中心に学習方法をシフトするための授業設計については後で詳述する。また〈音声→文字〉という手順を徹底することによって「言えることを書く」という学習回路を習慣化することを心がけた。本時の目標にあるような文法事項の口頭練習は，これを具体化したものである。
　学年目標(2)は，教科書で出会った英語の表現を使えるようにすることである。従来の授業は「内容を理解する」ことがゴールになっていたきらいがある。このような場合，本文の内容は「日本語で」頭に残るだけであ

る。そうではなくて，学んだ英語を縦横に使いこなせるようになるための練習を考えた。それが，サマリーの暗唱である。高校で本文すべてを暗唱させるのは，中学校と異なり不可能に近い。そこで，本文のサマリーを暗唱素材とした。

こういったトレーニングの成果を試す場として設定してあるのが，③発展的言語活動である。準備時間を取って挑戦する，少し凝った活動である。多くの生徒が「面白そうだ！ やってみようか？」と思えるような魅力的な企画を，学期に最低一つは設定したい。教師も生徒も大変ではあるが，成功したときの達成感が，次学期の学習への強烈な動機付けとなる。

この課で設定したのは「有名人架空インタビュー」という活動である。好きなスターを選び，2人組（質問者1名＋スター1名）になって「架空インタビュー」のロールプレイを行うものである。

さて，ここで紹介する授業は，学年目標(2)に関するもので，勤務校の公開授業で100名を超える参加者の前で行ったものである。一般的な研究授業の場合，教師の見事な oral introduction を披露する「導入」中心であったり，学芸会的な「発表会」中心であったりすることが多い。しかし，前者のような授業では「このような授業を続けていった結果，どのような力がつくのだろう？」という疑問への答えが見えてこない。後者のような授業では「このような力は，どのようにして育ててきたのだろう？」という疑問が残る。このように，公開されるのは入り口と出口だけの「キセル状態」であり，途中はブラックボックスのまま残される。そこで，敢えて闇の部分に相当する「課末の文法練習・暗唱練習」を公開することにした。課末の文法練習を公開授業の対象にするのは一般的には極めて稀なことだが，「地道で泥臭い練習なしに，派手な発表活動はあり得ない」ということを示そうと考えた。つねづね主張していることだが，「練習しなければ上達しない。やらないことはできるようにならない」と信ずるからである。

2．授業準備のプロシージャー

教材は *Unicorn English Course I*（平成9年版・文英堂）の第6課 An Interview with Steven Spielberg である。この課は雑誌 *Newsweek* に掲載されたスピルバーグ監督のインタビューが元になっていて，子ども時代

の思い出や映画会社に潜り込むエピソードなどが紹介されている。（紙面の関係で5ページに及ぶ教科書本文の掲載は割愛するが，インタビュー形式のテキストの各パート冒頭のスピルバーグへの質問は，「第2時」のQ1〜4を参照。）

「雑誌のインタビュー」という本文のスタイルを応用し，教科書を扱った後で発展的言語活動「有名人架空インタビュー」を生徒2人組（司会者役とスター役）に作らせて発表させる。これが最終的な目標である。ところで，この活動を企画する切っ掛けとなったのは，NHKテレビで不定期に放送している「アクターズスタジオ・インタビュー」（Inside the Actors Studio）でスピルバーグ監督のインタビューを観たことである。

この「架空インタビュー」の実現までには，冬休みをはさんで8時間を配当した。学年目標①と関連して，従来のような「1時間1ページ」方式は採用していない。その代わり，さまざまに角度を変えながら，課全体を毎時間扱うようにした。各時間の内容は次の通りである。

・第1時（導入）：

映画 *Jaws, ET, Jurassic Park* 等のハイライトシーンをビデオで見せながら題名を当てさせる簡単な oral introduction を行う。このような有名作品を監督したスピルバーグとはどのような人物なのか，百科事典（*World Book*）からプロフィールを引用して読ませる。

SPIELBERG, STEVEN (1947-) is an American motion picture director and producer. Several of his films rank among the highest grossing movies in history. （以下省略）

・第2時（概要把握）：

インタビュアーの質問部分のみを読んで，答えを類推させる（教科書は開かせない）。

Q1: Will you please tell us something about your life at home when you were a little boy?

Q2: In most of your movies there are a lot of scary images. Was your childhood full of scary experiences?

Q3: How did you get interested in making movies?

Q4: How did you get to know the people in Hollywood?

自分の推測がどの程度当たっているのか，本文のテープを聴きながらチェ

ックさせる。このようにして概要の見当がついた時点で，教科書を開かせ1課分（5ページ）を一気に黙読させる。各パートの脚注には次に示すような内容確認の質問が2〜3個ずつ出ているので，それに対する答えを探しながら読むように指示した。
- What was Steven's father? How about his mother?
- What was Steven's father given for Father's Day?
- What was Steven's first real movie?
- Whose movie camera did he use?
- What did he do to enjoy train wrecks on the screen?
- When did he take a studio tour?
- Who did he meet there?
- How old was he that summer?

こういった質問の答えを口頭で確認した後で，☐☐☐で示した重要な語句の意味を，英英辞典の定義と語句のマッチングで確認する。
- an empty space in something or between two things
- the lowest part of something
- (*informal*) a man
- a particular time when something happens
- a person whose job is to design, build or repair engines, machines, roads, bridges, railways, mines, etc

engineer　fellow　occasion　gap　bottom

最後にスピルバーグのインタビューの一部をビデオで見せる。その他で分からない語句の意味を辞書で確認する宿題を出す。
- 第3時（詳細理解）：

語句の意味や，文法・語法上のポイントを確認する。本文のうち重要表現を含む箇所に絞って音読練習する。
- 第4時（文法整理）：

文法事項をまとめ，課末の練習問題に取り組む。「架空インタビュー」の第1次原稿を書かせる。
- 第5時（文法練習・暗唱練習）：本時，具体的な内容は後述。
- 第6時（暗唱テスト）：

前時に練習した本文のサマリーを，キーワードを頼りに再生（repro-

・冬休み：
選んだスターに関する情報を収集し，インタビュー台本を書く。
・第7時（推敲・発表練習）：
原稿読み上げでなく，キーワードのメモを見て話す練習をする。
・第8時（「架空インタビュー」発表）：
発表の様子はビデオに収録し，評価の資料とする。

3．本時の授業展開
流れは以下(1)〜(4)の通りである。
(1) 復習
前時に整理した文法事項の例文をディクテーションさせる。文は1回しか言わない。ディクテーションは大切な文を暗記させるための仕掛けである。
(2) 文法事項の発展練習
宿題の答え合わせではなく，その場でプリント（Grammar Focus）を配って徹底した口頭練習を行う。以下に例示するように，空所に適する動詞（make, ask など）を選択肢から選び，適切な形に変えて補う練習である。
・A decision will not (　　　　) until the next meeting.　← be made
・I don't like (　　　　) stupid questions.　← being asked

練習に際しては，次の手順で「正しく言えるようになるまで鉛筆を持たせない」ことを徹底する。口頭練習で声が出ないのは，答えを写しながら声を出しているからである。このようなことが起きないように，以下のように手順を工夫している。
　　・鉛筆を置き，頭の中で考える
　→・答えを口頭で確認する
　→・全体で口頭練習する
　→・答えの記入時間を与え，適宜質問を受ける
　→・記入した答えを点検する
(3) 本文サマリーの音読・暗唱練習
課の最後にある本文のサマリーを利用する。教科書では，When he was a young boy, he had the same fear that most kids have.というよう

に三人称で書かれていたが,「架空インタビュー」に向けての練習として位置づけているので,一人称（When I was a young boy, I had the same fears...）のように書き換えたプリントを使用した。音読から急に暗唱に持っていくのは無理があるので,次のように細かなステップを設定し徐々に暗唱に近づけていく。

> When I was a young boy, I had the same fears that most kids have. My childhood was full of scary experiences. When I was twelve, I became the family photographer and dramatized everything. My first real movie was a movie of model trains crashing into each other.

〈**Read and look up**〉
テキストから目を切るための第一歩。上手なアナウンサーのように,黙読した後で顔を上げてから口に出す。言うときには必ずテキストから目を離すことがポイント。黙読からスピーキングに移行する最初の一歩である。また,この活動を行う際には,文（または節）ごとに改行しセンタリングした次のようなプリントを用意すると,次にどの行を黙読するか視線を彷徨(さまよ)わせることが防げる。

> When I was a young boy,
> I had the same fears that most kids have.
> My childhood was full of scary experiences.
> When I was twelve,
> I became the family photographer and dramatized everything.
> My first real movie was a movie of model trains
> crashing into each other.

〈**キーワードを使った暗唱**〉
スピーチ等の活動でもキーワードのメモを適宜参照しながら顔を上げて話すことを奨励しているので,丸暗記はさせていない。教科書を閉じ,黒板のキーワードだけを見て練習する。

```
      young          fears          kids
           childhood        scary
      twelve        family       dramatized
      first         model        crashing
```

充分に言えるようになったら，キーワードを見ながら書いてみる。その際，サマリーの裏面に天地を逆にして書かせるようにする。答えが裏側に印刷されているので，文や節の単位で頭に入れてから反転しないと採点することができない。また，天地を逆に書いてあるので，一定方向で反転し続けると，モデルと自分の書いた文を交互に目にすることができる。

（表）　　　　　　　　　　　　（裏）

My Profile / Steven Spielberg

< Step 1: Read Aloud >

　When I was a young boy, I had the same fears that most kids have. My childhood was full of scary experiences. When I was twelve, I became the family photographer and dramatized everything. My first real movie was a movie of model trains crashing into each other.
　One day in the summer of 1965, I took a studio tour of Universal Pictures. I had a chance to talk with the head editor and told him about my interest in making movies. The editor gave me a pass to enter the studio lot. The next day I showed him some of my movies. He liked my movies, but he could not write me any more passes. So the next morning I put on a business suit and walked through the studio gate. Every day that summer I visited the studio and talked with people there. I was seventeen years old at that time.

（裏面：Class / No. / Name 記入欄と罫線。下部に "Look at the keywords on the board, and reproduce the summary." および "< Step 4: Writing >" が天地逆に印刷されている）

　なお，このアイディアは，ELEC同友会のライティング研究の中心である松井孝志氏の実践を参考にしたものである。

(4) 架空インタビュー原稿の推敲

　前時に書いた第一次原稿を隣の生徒と交換し，不自然な表現や難解な表

現をお互いに指摘する。指摘を受けて推敲することにより，分かりやすい原稿となる。

4．生徒の到達度評価，および授業の反省

　本時（第5時）は，評定につながるような評価は行っていない。評価の観点や評点に総括するような評価を毎時間行う必要はないと考えるからである。その代わり，この時間では生徒の発話の様子を慎重に観察しながら，練習の質と量をコントロールすることを心がけた。本時のような練習の場面においては，負荷が適切かどうか，無理はないか，どこまでできているか，などをチェックするような形成的評価の方が必要だと考えたからである。

　最終的な目標とした「有名人架空インタビュー」については，多くのペアが協力して興味深い台本を作り上げていた。次に示すのは，大相撲の大関だった小錦に対するインタビューである。

Interviewer: Today we've invited a special guest, Konishiki!
　I'm glad to meet you.（握手）Sit down, please.
　My first impression is that you'd taste delicious if I ate your fat. Please introduce yourself.

Konishiki: OK. I was born in Oahu, Hawaii Islands. My birthday is the 31st of December, 1963. And I'm 38 years old now. I'm 184 centimeters in height, and 275 kilograms in weight.

I: 275 kilograms!?

K: Yeah.

I: Incredible! Umm… well, your real name is not Konishiki, right?

K: Yes. But few people know it. My real Japanese name is Shioda Yasokichi.

I: Shioda Yasokichi …? Surprising! Umm …, by the way, it is said that sumo wrestlers' eating habits are very hard. Would you tell me about that?

K: OK. We eat meals twice a day, and we have LARGE amount of food! First time I came to Japan, I was 130 kilograms in weight. But I soon

increased to 280 kilograms.
I: And the rumor is that you can easily eat as many as six dishes of steak at the same time. Is it true?
K:（お腹をたたきながら）A piece of cake.
I: Oh, the time has come. Konishiki is a man who is overweight but has good mind. I think this is the reason he is popular with Japanese. Thank you very much, and see you next time.

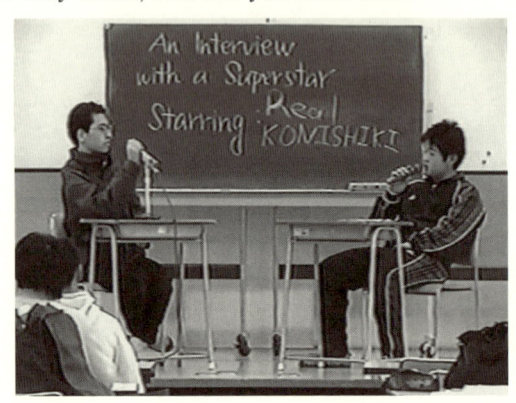

　スポーツ選手や映画スターに限らず，織田信長，ナポレオンのような歴史上の人物へのインタビューなど，生徒のアイディアに脱帽するものも少なくなかった。また，原稿作成に関しては，日本語で情報収集してから英訳するのではなく，英語で書かれたサイトに直接アクセスし，その記述を借用して書くことを奨めたが，これが功を奏したと思われる。
　ただし課題も残った。「有名人架空インタビュー」は，原稿を書いて暗記して臨むロールプレイ的な活動であり，実際のコミュニケーションではない。その手前の活動である。このような活動を通して使える英語が蓄積していくと考えられるのだが，フロアからの質問に即興で答えるなどのフリーな要素を次回にはもう少し取り込んでみたいと思う。

5．私の理想の授業

　本時の授業の参観者が，「強豪運動部の練習風景のようだった」という印象を伝えてくれた。また授業の後で，ある若い先生が「天下の進学校だからどんな高度な授業かと期待していたら，教科書をやるだけなのです

ね」と発言したところ，その方の先輩と思われる方が「難しいことをやって煙に巻くのならば素人でもできる。基本的で一見平易なことで生徒が飽きずについて来ているのがポイントだ」とフォローしてくれたことも印象に残っている。

　授業で保証すべき物は何か。それは，正しい学習方法を身につけさせることだと考える。学習したことを身につけるためには，練習する以外に方法はない。しかし，限られた授業時間だけでは練習時間を充分には確保できない。やはり家庭での自主練習は不可欠である。その練習が誤った方法で行われないように，時間を有効に使って行えるように，練習方法を身につけさせたい。「復習しなさい」と生徒に言うのならば，どのように復習すれば良いのか，言葉で説明するだけでなく，実際に体験させて身体で覚えるまで授業で丁寧に練習させたい。

　プロ野球・西武ライオンズ元監督の伊原氏の言葉に「当たり前のことを当たり前にやる」というものがある。英語の授業も同じである。奇をてらった面白おかしい授業である必要はない。地味であっても，「力がついた」，「できるようになった」と実感できる授業ならば，少々厳しくとも生徒は文句を言わずについて来る。そういった授業が私の理想である。

（神奈川大学/前筑波大学附属駒場中・高等学校　久保野雅史）

〈授業分析〉
コミュニケーション能力育成につながる音読・暗唱の指導

1．英語授業の基礎・基本は，音読・暗唱にあり！

　生徒が楽しそうに活動に参加している姿は微笑ましいものである。最近，中学校を中心にそうした授業を目にすることが多くなったことは喜ばしいことなのだが，一方で「プロローグ」でも指摘したように，活動の中で生徒達が交わしているやり取りに耳を傾けてみると，英語の発音になっておらず，強弱のリズムもまったく出ていないといったことがしばしばである。これは，授業中の音読練習不足に起因するものだろう。また，英文自体の誤りも多く，下手をすると意味が通じない「英語モドキ」のやりとりになっていることもある。英文を書かせればなおさらである。これは，

発話や作文のモデルとなる基本的な文や文章の暗唱不足から来るものであろう。一見派手な言語活動に目を奪われがちであるが，コミュニケーション能力の基礎を作る練習活動が不足していると，「砂上に楼閣を築くが如し」である。音読・暗唱は，英語授業になくてはならない基礎・基本であることを再確認したい。絶対的な時間数不足の中で，生徒達の興味を引き，授業に参加させるには，その時間的ゆとりがない，という現場の先生方の声が執筆している今も聞こえてくるのだが，「地道で泥臭い練習なしに，派手な発表活動はあり得ない」という久保野氏の言葉を，指導者として肝に銘じたいものである。

2．音読・暗唱に意欲的に取り組ませるために

　音読・暗唱は授業に不可欠な基礎・基本なのだが，地味な活動であるだけに，残念ながら，生徒の評判は必ずしも良くはない。生徒に対するアンケート調査では，「音読や暗唱はテストみたいで嫌い。みんなが同じ内容の発表なので，聞いていて退屈でつまらない」と言った声が聞かれるのも事実である。意欲的に取り組ませるための教師の工夫が必要な所以である。

　物語文なら，BGM に乗せて感情を込めて dramatic reading を行わせる。ニュースやドキュメンタリーなら，TV のキャスターになったつもりでマイクに向かって read & look-up で音読させる。対話文なら，それぞれの人物の性格や対話者の人間関係を自分達で設定し，セリフの言い方を工夫して（oral interpretation）スキットを演じさせるなど，具体的な場面を設定し，目的意識を持って取り組ませることが重要である。

　また，chorus reading など，同じ読ませ方を何度も無目的に繰り返すばかりではなく，音読から暗唱へ，さらに発表へと導く段階を踏んだ練習手順の工夫も重要なポイントである。久保野先生の音読指導の手順はこの点で実によく練り込まれており，

(1) 意味理解に基づく強弱のリズムや抑揚，個々の単語の発音とともに音の連結などの音変化に関する具体的な指導を交えた一斉および個人による音読基礎練習
(2) 音読から暗唱への第一歩として，生徒の能力に応じて sense group 毎に改行しセンタリングしたプリントを使って行う read & look-up（プ

リント作成の手間はかかるが，これがあると生徒は左手親指で行頭を押さえながら，再度黙読する際視線を迷わせなくてすむ。これがないと特に学力の十分でない生徒では，sense group での区切りもデタラメになってしまう。）
(3) 生徒の記憶力への負荷を軽減するために，黒板に示されたキーワードや写真等の visual aids を見ながら行う reproduction（この練習は，最終的には生徒一人ひとりが聴衆に向かって行う presentation へと発展していく。）

と段階的に，文字を読むことから最終目標としての話すことへと橋渡しが行われている点を参考にしたい。〔cf.土屋（2004），國弘編（2001：26-49）〕

　意欲と学力の高い生徒達に対して，このような丁寧な指導が行われているのである。「音読の声が小さい！」と怒鳴るだけでは生徒の声は益々小さくなるばかりである。「宿題と言ったのに，もっとしっかり覚えて来なさい！」と文句を言うだけでは「指導」にはなっていない。要は，「この先生の言うとおりに練習していたら，確実に自分（自分達）は英語が上達している！」という実感を持たせることである。

　その他，紙面の都合で詳しくは触れられないが，映像や教科書以外の書籍などを活用した周到な教材研究に支えられた自主教材作成とそれらを系統的につなぐ指導計画が随所に見られる。また，インタビューを聞かせる前に質問事項のみを抜粋して読ませ，生徒一人ひとりにスピルバーグの応答を想像させたのち，予測を持ってインタビューのやり取りを聞かせて自己の類推の当否を検証させる（レディネスの確保，聞く目的の意識化）など，小さなことではあるが，小さな配慮が大きな指導効果を生む点も見逃さないようにしたいところである。

3．より創造的・総合的な言語活動のすすめ

　稚拙な「ごっこ遊び」的活動では，生徒の知的好奇心を喚起することはできない。高校生ともなればなおさらである。「達成可能な中で最も難易度の高いギリギリの課題を設定する」ことにより，成功したときの達成感は最高になる。与える課題のレベル設定が授業設計の根幹に関わる重要ポイントである。難しすぎて玉砕させては元も子もない。失敗体験から生まれるのは，自信喪失と教師不信のみである。精一杯チャレンジした上での

成功体験から生まれる達成感は，同時に「でも，やっぱりまだまだ…」という「積極的不満足感」を学習者に感じさせ，それが「もっとガンバロウ」という次の学習への更なる強い動機付けにつながる。本実践では，教科書の学習を，高校の授業に今なお少なからず見られるテキストを日本語に訳しておしまいではなく，題材を発展させた「有名人架空インタビュー」を最終的な言語活動として設定している。このような創造的・統合的・総合的な言語活動の場を，学期に一度，あるいは年に一度でもいいから生徒に体験させたいものである。

　最後に，この活動について久保野先生自身が4の最後で述べられている「原稿を書いて暗記して臨むロールプレイ的な活動であり，実際のコミュニケーションではなく，その手前の活動である」という課題については，蒔田先生の授業分析の稿でも触れた preparation と improvisation の比率の問題である。フロアからの質問に即興で答えるなどの要素を取り入れることも可能であろうし，例えば，インタビュー台本をペアで作るのではなく，質問者が尋ねたい事項のうち，最初の5つの質問は有名人役の生徒に事前に伝えておき，残る2～3の質問は通知せず，ぶっつけ本番で対応させるなど，improvisation（即興）の要素を活動自体に組み込むことも考えられよう。そうすれば，有名人は即興で応答が求められると同時に，質問者もすべての応答に即興で対応する必要性が生じることになる。Improvisation の要素を活動にどのように加味するかについては，樋口（1995：31-39），髙橋（2003：79-99）を参照されたい。

〈参考文献〉

國弘正雄編著（2001）『英会話・ぜったい・音読・入門編』東京：講談社インターナショナル

髙橋一幸（2003）『授業づくりと改善の視点―よりコミュニカティブな授業をめざして』（「英語授業ライブラリー」第1巻）東京：教育出版

土屋澄男（2004）『英語コミュニケーションの基礎を作る音読指導』東京：研究社

樋口忠彦（編著）（1995）『個性・創造性を引き出す英語授業―英語授業変革のために』東京：研究社

　　　　　　　　　　　　　　　　　　　（神奈川大学　**髙橋一幸**）

3.4 教科書の題材を利用したディスカッション
（高3・「英語理解（リーディング）」）

1．本時の目標，および学年指導目標における位置づけ

　私の前任校である大阪府立枚方高等学校では普通科と国際教養科を併設している。近年，外国の文化を学んだり，国際交流を積極的に行う学科やコースが数多く設置されつつあるが，平成4年に国際教養科が設置された同校はその先駆けとなるものであった。国際教養科のカリキュラムは普通科に比べて英語の授業もやや多く，少人数でのTT，ALT単独の授業，LLなどスピーキング・リスニングに重点を置く授業が設定されている。また英語以外にもネイティヴによる第二外国語（中国語，フランス語，スペイン語，朝鮮語）の授業があるなど語学教育に力を入れている。国際教養科の生徒の男女の割合は女子が全体の約80％を占める。比較的英語が好きな生徒が多く，毎年，数名の生徒が海外の高校へ1年間の交換留学をする。そのような生徒達に刺激を受けて，卒業後に海外の大学を目指す者も少数いるが，一般的には外国語系の大学への進学者が多い。また普通科も含めて，1年生では暗唱大会，2年生では弁論大会を開催し，学校全体で「使える英語」の指導に取り組んでいる。しかしながら，近年校内における生徒間の学力差が大きくなってきており，上位に位置する生徒の力をさらに伸ばしながら，下位の生徒をいかにフォローしていくかが課題となってきている。

　以上のような生徒達を相手に毎日教室に足を運ぶが，この生徒達はどのようなときに英語の授業が楽しいと感じるのであろうか。私が考えるその必要条件とは以下の3つである。既習の事柄を十分に活用して，① 相手が言ったことや本に書いてあることが理解できたとき，② 自分が言いたいことをうまく表現できたとき。そして，③ 以上の2つの喜びをクラスの仲間と共有できたとき，である。毎回の授業にこの3つがそろえばよいが，なかなかそうはうまくいかない。この3つを成り立たせるための下準備が必要である。単語の定着，音読，文法の説明，ドリル的な文型練習，背景知識の提供などの学習活動といった下準備は，いつも楽しいものばか

りとは限らない。工夫を加えてこれらの活動を生徒が楽しめるものに加工しながら、最終的には上記の楽しい授業の必要条件を満たしたい。日頃このようなことを考えながら授業プランを作成している。

　本来であれば、3年間の指導計画があり、そこから年間計画、学期ごとの指導目標、そして各授業の目標が設定されるべきであるが、残念ながら、この段階では学校としての確立された3年間の指導計画はまだ計画段階であった。4月の段階で、それぞれの授業担当者が生徒の学力を昨年度の担当者との引継ぎや成績などから把握し、年間計画を立てていた。この学年の生徒を担当するのは初めてで、生徒の状況を探りながら、指導計画を立てることになった。

　担当する科目は国際教養科3年生の「英語理解」という科目で、普通科で言う「リーディング」に相当する科目である。「読む」力を伸ばすことが第1目標となるが、他の技能とリンクさせながら、総合的な英語力を伸ばすように計画をした。まず1学期前半では oral introduction などでできるだけたくさんの英語を聞かせた後、英問英答などで、「聞く」「話す」ことに慣れさせた。1学期後半では比較的長い文章を「読む」活動を中心に授業を組み立てた。2学期前半では時間を設定して初見の文章を「読む」活動や、未知語を類推しながら「読む」活動などを組み込み、2学期後半と3学期では読んだ内容に関して自分の意見を「書く」「話す」活動を組み入れた。

　本稿では11月の授業を紹介する。この単元では遺伝子の仕組みとクローン技術がテーマになっている。テレビや新聞でも話題になっているので、生徒も表面的にはよく知っているが、ほとんどが文系の生徒なので専門的な知識はあまりない。そこでまずクローン技術の背景知識を理解させ、その後その是非について考え、意見交換をすることを目標とした。また高校3年生なので大学受験も意識し、本文に出てきた単語の定着、時間を区切っての本文の読解、重要構文の暗唱、和文英訳などにも時間をかけた。

2．授業準備のプロシージャー

　授業の準備の際には、①題材、②言語材料、③言語活動・コミュニケーション活動の3つの面からのアプローチが必要である。題材に関しては、

指導書とともにインターネットを利用することをお薦めする。歴史上の人物，世界各国の文化的行事，科学的事実などあらゆることを調べることができる。日本語のウェブサイトだけでなく，英語のサイトを探すとそのまま補助教材になるものも見つかる。Oral introduction をするときにはここで調べた情報を付け加えながら，教科書の内容を膨らませて話をすることができる。また学校の図書館の蔵書から関連図書を探すのも有用である。後日，生徒達はその図書を借りて，教科書には書いてない事柄についても深く学ぶことができる。

基本的な言語材料は「英語Ⅰ・Ⅱ」で既習となっているため，「英語理解」(「リーディング」)では新たな言語材料は出てこない。しかし，よく使われる表現や定着率の低い表現などは機会あるごとに繰り返し，授業で練習をさせたい。複数の辞書や参考書に当たり，よい例文を探すのもよいが，生徒になじみのある内容(学校行事や担任の先生など)を例文に盛り込むのも定着を図る上では効果的である。

言語活動・コミュニケーション活動を毎回の授業で必ず実施するのは難しいかもしれないが，単元の初めや終わりに定期的に入れるようにすると生徒の英語学習に対する取り組みが変わってくる。また，題材に合わせた内容で，「書く」「話す」などの活動を入れることで題材自体を深く理解することにもつながる。

ここで紹介する授業の題材は遺伝子(genes)の組み換えやクローン(clone)技術に関するものだったため，羊のドリーや一卵性双生児に関してインターネットで情報検索をし，そこで得た情報を oral introduction で紹介をしながら授業を進めた。Oral introduction の際にはできる限り絵や写真などを利用するようにしている。視覚的な情報を補助に生徒達は無理なく英語での説明を理解できるようになる。写真は拡大コピーを利用したり，インターネットから画像をダウンロードし，カラープリンターを使ってＡ３の大きさに拡大カラー印刷をすることも可能である。また教師が描いたあまり上手ではない絵を提示することによって和やかな雰囲気を作り出すこともできる。クラスの中に絵の上手な生徒がいれば，あらかじめ頼んでおき，描いてもらうこともできるだろう。生徒達は自分の描いた絵が授業で使われるとうれしいものである。他の生徒達も友達が描いた絵なので，注目して oral introduction に耳を傾けてくれる。

3．本時の授業展開
(1) Review
　前時に本文に使われている構文を使って和文英訳をしたものをディクテーションさせる。英文を読み上げるのは1度だけだが，この小テストは予告をしてあるので，ディクテーションそのものよりも家庭学習で暗唱してこさせることが目的である。前時には和文英訳を3問練習したが，そのうちの 1．Talks between Japan and North Korea are under way. と 2．Counseling is believed to be the best cure for anxiety. の2問を出題し，隣に座っている生徒と解答用紙を交換させ，答え合わせを行わせた。

(2) Oral Introduction of Today's Topic
　本時のテキスト題材である「クローン技術」(Splicing Technique：遺伝子組み換え技術) について，手作りの絵を使い，英語で説明を加える。おすぎとピー子やスキー選手の荻原兄弟など，双子の有名人の例を出し，生徒の興味を引きつけながら，一卵性双生児 (identical twins) が自然界に発生する唯一のクローンであることを説明する。そこからクローン羊のドリーのことを生徒にたずねながら，どのようにクローン動物 (clone animals) を作ることができるのかということに話を発展させる。あまり専門的になりすぎるととても英語では理解できないので，簡略化した絵や図を提示しながら，次のように，細胞から核を取り出し，別の核を移植する過程を説明した。

T: Do you want an identical twin, S_1?
S_1: No.
T: Why not?
S_1: Because I have a sister.
T: Oh, you have a sister and you don't want to have another sister. I see. But suppose you were not good at math and you were going to have a math test tomorrow. If you had an identical twin who was good at math, wouldn't you ask her to take the test for you? You and your twin sister would look the same because you both would have the same genes. None of your friends or teachers would notice that you two had changed off with eath other. Isn't it a good idea?
　Now, it is impossible to have a human identical twin, but it is

3.4 教科書の題材を利用したディスカッション　137

　　possible to make an identical animal like this sheep. Do you know the name of this cloned sheep?（クローン羊の写真を見せる。）
S_2: Dolly.
T: Yes. She's the first cloned sheep in the world.
　　How can you make cloned animals? Here is Cow A. Let's take out two embryos from Cow A.（牛 A と胚のイラストを黒板に貼る。）This is an embryo. Everyone, please repeat. "Embryo."（表に英語，裏に日本語の単語カードを見せる。）
Ss: Embryo.
T: Here is Cow B. Let's take out an embryo from Cow B.（牛 B と胚のイラストを黒板に貼る。）There is a nucleus in the embryo at first. Everyone, please repeat. "Nucleus."
Ss: Nucleus.

T: This embryo grows and divides little by little.（細胞分裂をした牛 B の胚のイラストを黒板に貼る。）After it grows and divides, the number of the nucleus also increases. Now, let's take out two of the nucleuses from Cow B's embryo.（牛 B の胚のイラストに重ねて貼っておいた核を取り外す。）And let's take out the nucleuses of Cow A's embryos.（牛 A の胚のイラストに重ねて貼っておいた核を取り外す。）Next, let's put the nucleuses of Cow B's embryo into Cow A's embryos.（牛 B の核 2 つを牛 A の胚 2 つに貼り付けて，移植する。）Now, these two embryos have the same genes. After they grow and divides, they will become identical cows. This is how we make identical animals.

この時点で，embryo（受精卵，胚），nucleus（細胞核），gene（遺伝子）などの専門用語も理解させながら，同時に発音練習も組み入れていく。このように語彙を導入すると自然な状況で意味を理解することができる。

(3) Reading the New Text
　2学期の半ば頃までは単語の意味調べや本文の予習などを課してきたが，この授業は高校3年生の11月という時期であったので，下調べをしていない文章を，時間を設定して読んで理解することに目標を置いた。生徒は単語の意味調べをしていないので，難しい単語についてはフラッシュカードの表に新出語句を，裏に日本語訳を書いて導入した。単語の数は少なくはなかったが，できるだけ授業中に覚えられるよう，英語の綴りを見て発音した後裏面の日本語を見て再度発音する，逆に日本語を見て英語を発音し，英語の綴りを確認しながら再度発音するなど，繰り返し発音練習を行わせた。新語の練習のあと，時間を切って本文を黙読させる。今回初めてこのような形式で黙読をさせ，語彙も内容も多少難しいため，黙読時間は約 100 WPM で2分間とした。次のレッスンではもう少しスピードを上げて読めるよう指導計画を立てた。

　黙読の後，How do you make clones? If you use the technique of "splicing", what kind of animals can you make? など4つの英問英答で内容の理解度を確認する。Oral introduction の内容とも重なるものもあるが，理解しているかどうかを再確認する。その後，ワークシートを使いながら文法・構文のなかで重要なものやわかりにくいものを選び日本語で文法説明を行う。基本的に授業は英語で進めているが，文法や微妙なニュアンスの文を解釈させる部分では日本語を使用している。やはり英問英答だけでは理解させにくい箇所があり，それを日本語の説明で補うように心がけている。その後，その文法・構文を使って生徒が住んでいる大阪や枚方に関する和文英訳を2つ行わせた。この和文英訳は次時の warm-up でディクテーションとして使う文である。本文の内容を生徒が十分に理解できた段階で音読練習に入る。

(4) Discussion
　音読練習が終わればいよいよクローン技術の是非についてのディスカッションである。

T: If we use the "splicing" technique, we can make clone animals that are useful for us, you know. But is it good or bad? What do you think? Some people think it is good but others don't. Both sides have their reasons. Now, make pairs and think of the reasons.

　今回はクラスを半分に分け，窓側をクローン技術推進に賛成派，廊下側を反対派に指定した。ディベートの形態をとることにより，相手と違った視点からの意見を考え，ディスカッションを深めるためである。生徒はすでに前時と本時に考えるための観点をいくつか教科書から学んでいる。例えば，「遺伝子を組み換え，より多くの毛皮や肉がとれるような動物 (animals which produce more wool or meat) を作る」，「ある病気にかからない動物 (animals which don't catch certain diseases) を作る」など。これらの観点をヒントに，まず隣同士のペアでクローン技術の是非の理由を考えさせる。この段階では，まずは日本語で話し合わせ，それをどのように英語で表現するかを相談させた。教師は机間巡視をしながら，自分の立場を支持する理由が見つからないペアには教科書に書かれている事柄を確認させた。理由は思いつくが，英語に直すことができないペアには適宜表現を与えた。

　ある程度理由がまとまったところで，賛成側と反対側が向かい合うように机を並べ替えさせる。教師の司会で，賛成側から意見を述べさせ，それに対する意見を今度は反対側から述べさせる。以下は生徒から出た意見をまとめたものである。

T: Move your desks to face each other. Let's listen to the opinions of the agree side first. S_3, do you have an opinion?
S_3: It is useful to produce more wool and more meat for dairy farmers.
T: OK. It is very useful to make a lot of wool and a lot of meat. How about the disagree side? S_4, please.
S_4: Animals don't happy.
T: I'm sorry?
S_4: Animals are not happy.
T: I see. Animals are not happy with their genes changed. The agree side, do you have any opinions? How about you, S_5?

S₅: We can produce safer food.（この生徒は遺伝子組み換え食品の方が安全だと勘違いしていたようである。）
T: OK. How about the disagree side? S₆, please.
S₆: Ecosystem is destroyed.
T: I see. Maybe the ecological system will be destroyed because of the cloned animals. I'm sorry, but time is up. There are a lot of problems about cloning. If you are interested in cloning, here are some books about it. Please borrow these at the school library.

　意見がいろいろと出るなかでチャイムが鳴る。最後に図書館の蔵書である岩波ブックレット『クローン羊の衝撃』(米本昌平著) と岩波ジュニア新書『クローンの世界』(中内光昭著) を紹介し、遺伝子組み換えやクローン技術についての興味をさらに喚起しながら授業を終えた。

4. 生徒の到達度評価、および授業の内省

　授業の導入はいつも英語で行っているので、絵や写真を用いた英語による説明は十分に理解しているように思われる。導入後に行う理解度の確認のための英問英答もほぼ的確に答えられている。ただし、その後に行われる discussion では自分が言いたいことを十分に伝えきるまでには達していない。ペアで行った日本語を用いた相談の様子から判断するとそれなりの意見や理由を考えついているようである。しかし、それをすでに習った文法や構文を用いて英語で表現するという能力に欠けている。ある文法や構文を学習した直後のドリルではほぼ満足できるレベルにあると思われるが、テーマや場面を与えられると、どのような文法や構文を使ったらよいのか混乱が生じるようである。今後この点に対する支援が必要である。

　コミュニケーション能力の育成とともに受験指導に配慮した授業をと思いながら今回の指導案を考えたが、一番苦心したのは時間の配分である。普段の授業時間は 50 分であるが、この日は放課後に成績会議が入ったため 45 分授業となっていた。内容的にも専門用語も出てきて難しいため、導入ではこちらからの一方的な情報提供だけになってしまい、interaction が十分にとれなかった。また導入に多くの時間をかけ、文法の説明や和文英訳練習もいつもと同じように盛り込んだために音読や discussion

に費やす時間が少なくなってしまった。そのため discussion は表面的な事柄を述べる段階でとどまってしまい，議論を深めるまでに至らなかった。今後は活動の内容を精選するとともに，無駄に使われている時間を削り，学習活動とコミュニケーション活動をバランスよく配分した授業ができるよう努力したい。

5．私の理想の授業

(1)「英語の授業では英語を使いながら学ぶ。」

　生徒達が不完全ながら自分が使える英語を駆使して，コミュニケーションを図り，楽しみながらタスクをこなしていくことができるのが一つ目の理想である。

　英語の授業はコミュニケーション技能を伸ばすための実技科目の側面があり，体育の授業と似ている。体育ではサッカー部員もサッカー初心者も同じサッカーの授業を受ける。ボールの蹴り方やパスの出し方などの基礎練習をし，ある程度の技能が習得されれば，試合を行う。試合の中で練習した事柄を復習し，実践する。すべての基礎練習は試合のためである。

　英語の授業ではボールを蹴る練習は発音練習や音読になり，試合はコミュニケーション活動になる。体育の授業で試合をせずにボールを蹴る練習のみをすることがないのと同様に，英語の授業ではコミュニケーション活動をしないで，発音や音読のみで終わることのないようにしたい。

(2)「英語の授業では『ことば』について考えさせる。」

　何のためにことばを使うのか。ことばを通して考えるとはどういうことなのか。外国語を学ぶことで母語を新しい視点から見ることができたかなど。英語でコミュニケーションができることは大切だが，生徒達に「ことば」について考えさせることでただ単に通じたらよいというコミュニケーション活動のみの授業から脱却できるのではないか。日頃何気なく使っている「ことば」を意識させ，ある一言が人を勇気づけ，また別の一言が人を傷つけることばの力や怖さをも伝えられるような授業を目指したいと思う。

　　　　　　（大阪府立北かわち皐が丘高等学校/元大阪府立枚方高等学校　**鶴岡重雄**）

〈授業分析〉
高校英語授業の構造改革への示唆

1．自己点検— 5つのバランスはとれているか？

　教師が延々と日本語で訳や文法の解説をし，生徒は指名されたときに指定された英文を読んで日本語に訳すだけ。「プロローグ」でも取り上げた，こういった「伝統的（？）」な高校の授業を今なお見ることがある。ひどい場合には，一斉音読練習すらなく，英語の授業で教師も生徒もほとんど英語を使うことがない。このような授業では，オーラル・コミュニケーション能力はもとより，英語を読む力も書く力もつくはずがない。「授業」と呼べるかも疑問である。このような英語授業には，抜本的な「構造改革」が必要である。

　授業改善には観点があるが，鶴岡氏の授業過程は，英語授業の構造改革のための「5つのバランス」を示してくれている。校種に関わらず，授業を自己点検すべく，次の5項目をチェックしていただきたい。

(1) 教師の発話のバランス

　授業の大部分で教師が率先して英語を使う。「英語でできることは英語で行い，安易に日本語でごまかさない」というポリシーが見られる。田尻氏の授業などと同様，鶴岡氏の oral introduction などに見られる，生徒の学習段階に合ったインプット（"i+1" の comprehensible input）として，独自の教材研究に基づいて周到に準備された質の高い teacher talk は見事である。教師の英語運用能力が求められるところだが，決して，英語の達人が出たとこ勝負の思いつきでしゃべっているのではない。Teacher talk は目的に基づいて授業のために準備された意図的産物，教師の努力による作品なのだ。一方，文法や語法，文脈の機微に関わる説明など，日本語で行ったほうが生徒の理解に効果的な場面ではきっぱりと切り替えて，簡潔明瞭な日本語をこれまた吟味して使用する。教師の発話が意識的・計画的にコントロールされているのだ。

(2) 教師の指導と生徒の活動のバランス

　いかに有効なインプットや明快な説明であろうと，授業中に話しているのが教師ばかりで生徒たちが主体的に思考したり活動したりする場が与えられていなければ，教師の一人舞台，一方通行の講義になってしまう（高

校では残念ながら、この種の授業を見かけることが少なくない)。授業中の教師の発話量と生徒たちの発話総量の比率、さらには生徒一人当たりの平均発話時間はどうか？ この量的バランスは、教師主導の教授から生徒主体の学習へと授業を改造する重要なポイントである。これは授業を録画して見直してみれば容易に確認できる。

(3) **活動における 4 技能のバランス**

ことばを使えるようにするには「使う場」を与えなくてはならない。4 技能を総合的に伸ばすには、授業の中に、聞く、話す、読む、書く活動をできる限りバランスよく配置することが重要だ。鶴岡氏の授業にはこれらすべてが組み込まれている。1 つの授業内だけで考える必要はない。単元を構成する複数の授業でバランスを取ることも可能だ。また、4 つの技能を個別に扱うだけでなく、「聞いたことをもとに書く」、本授業でも行われている「読んだことをもとに話す」といった技能を統合した活動 (integrated activities) も取り入れたい。「英語 I，II」は 4 技能を総合的に伸ばす科目、「リーディング」は訳し方を教えるだけの科目ではないことを再確認したい。

(4) **活動における基礎的練習と発展的活動のバランス**

授業の鉄則は「レディネスを作る」こと。活動についても、内容の継続性・発展性、難易度の連続性などを考慮して、基礎から発展へと段階を踏んで設定することが不可欠なことは、田尻氏や久保野氏の授業分析の中でも述べた。教科書を読んで意見交換へと導く今回の授業では、この点については時間の制約もありステップの刻みに飛躍が見られる。Discussion という最終目標に全員を無理なく導くには、どこをどうつなげばよいか、読者のみなさんにもお考えいただきたい。

(5) **生徒の学習形態のバランス**

黒板を背に教壇に立つ教師が全生徒に対して行う一斉指導。生徒は背筋を伸ばして先生の話を聞く、というのは古きよき時代？ それはさて置き、学習や活動の目的に応じて、また、(2)で述べた個々の生徒の発話量・練習量を増やすためにも、一斉指導の他に、ペア活動、グループ活動と、異なる学習形態を授業過程に取り入れたい。このバリエーションは単調になりがちな授業展開に変化を持たせ、生徒たちの活動参加を活性化する効果も持つ。

2．授業設計の"eye-span"を拡げよう！

　鶴岡氏の学年指導目標（ここでは科目の年間到達目標）の設定とそれに基づく指導計画の設計は，田尻氏の中学校でのそれと共通する。2学期後半から3学期には最終ゴールとして「読んだ内容に関して，自分の意見を書いたり，話したりすることができる生徒」を育成することをめざして，絶えずそれを念頭に置きながら，1学期前半・後半，2学期前半と長期的見通しを持って計画的に段階を追って必要な指導と練習を継続・追加していく。とかく多忙な現場教員は，今日の授業，明日の授業をどうするかに終われ，仮に一つひとつの授業はいい授業でも，相互に関連のない「点」の授業になりがちである。ゴールとしての具体的な到達目標を持ち，そこに全生徒を到達させるための道筋を考える，絵に描いた餅ではない実のある年間授業計画作成の要諦である。授業設計の"eye-span"を拡げることで，「点として存在した授業を線で結ぶ」ことが可能になってくる。

3．Discussion に導く段階的指導

　目標に向かって「点の授業を線で結ぶ」という指導の top-down design の発想は，蒔田氏の授業にも顕著に現れているように単位授業の指導過程の設計にも現れる。最後に，この観点から本授業の課題を分析してみよう。

　題材内容が語彙・内容ともに難しいので，本文の oral introduction はかなり長くなっているが，絵や単語カードなどを適宜提示することで生徒の理解をサポートする配慮が見られる。また，教師の一方的語りにならないよう，適宜，生徒の応答や反復も促しながら，理解度を確認しつつ進められている（oral interaction）。馴染みの少ない専門用語が多いので，flash cards を使った新語練習も時間をかけて行い，黙読と内容理解確認の Q&A，さらに，教師による本文や重要な文法・語法の補足説明によって内容をより正確に理解させた上で音読に移る。ここまでの手順は定石通りで丁寧なのだが，音読が chorus reading 一度だけでは本文が難しいだけに，次の発展的最終活動（Discussion）に移行するには甚だ心もとない。授業者自身が述べている時間不足による「はしょり」なのだが，「肝心かなめ」の部分での「はしょり」は授業の目標達成に支障を及ぼす。短縮授業でなく，もう5分時間があったとしても，レディネス不足は否めな

い。

　あとの意見交換の際に，生徒たちの多くがテキストの文を自ら選んで使用することも考えると，前項の久保野氏の実践に見られるような十分な音読練習による本文の定着が不可欠であろう。そして，意見発表に至る preparation time もゆとりを持って設定したいところだ。しっかりした意見を持たせるためには，ペアよりも4人程度のグループでブレーンストーミングを行わせたい。「ドリルではほぼ満足できるレベルでも，テーマや場面を与えられると，どのような文法や文型を使ったらよいのか混乱が生じる」のは，創造的活動では生徒の意識が文構造から伝達内容に移るからである。本文にはない独自の考えを自分たちなりに英語で表現するためのグループでの協同学習と教師からの支援が望まれる。意見交換に際しては，教師は進行役として個々の生徒の意見を全体に確認 (sharing) するとともに，不十分な意見（賛成派の We can produce safer food. など）には，Is that true? と突っ込んだり，反対派に What do you think of her idea? と反論を促したりと，議論を深めるべく交通整理に当たりたい。このようなステップを踏むとすれば，もう1時間の配当が必要であったろう。

　最終的な発表の質を高めるには，「必要なときには時間をかける」ことが大切である。このような学習と指導の中で，「伝えたいことを実現する表現力」が養われ，生徒が変容を遂げる。先取りの伏線指導も含め，生徒の力を高められれば，かけた時間は後々取り戻すことができるものである。

（神奈川大学　髙橋一幸）

第4章

効果的なリスニング指導

4.1 リスニング能力の育成を図る指導

4.2 教科書を使ったリスニング指導

4.3 入試につながるリスニング指導

4.1 リスニング能力の育成を図る指導（中2・1学期）

1．本時の目標，および学年指導目標における位置づけ

　第2学年では次のような指導目標を設定している。
(1) 身近な話題について，いくつかの会話技術を用いながら，会話を1分間以上続けることができる。
(2) 聞き手にわかりやすいように，声量や速さに配慮して音読や発表ができる。
(3) まとまった英文を聞いたり，読んだりして内容を理解し，感想や意見を簡単な英語で言うことができる。
(4) 身近な話題について7文以上の英文で書くことができる。

　中1入学当初から授業はできるだけわかりやすい英語で進め，充分な量と自然な形で生徒のリスニング能力を伸ばしていく工夫を心がけている。特にリスニング指導として，歌やチャンツの利用，使用場面を設定した新出文法・文型事項の導入や教科書本文に関する Teacher Talk，またALTだけでなく近隣に住む外国の方々の協力を得た自作ビデオ制作や音楽や効果音CDを利用したカセットテープの編集制作等，視聴覚教材の開発にも力を入れている。また教材や教師の英語だけでなく生徒同士の英語を聞き取る活動を深めさせるため，ペアによるチャットや即興会話の発表，クラス全体でのクイズショーやインタビューショー，スキットショー，スピーチショー，ディスカッションなど Student Talk の機会を多く与えている。また音に関する指導として音読テストを各学期に最低1回は行い，さらに授業中や放課後を利用して ALT や JTE による面接テストを各生徒に継続的に行っている。中2の始めに行った生徒のアンケートによると，リスニングで聞き取りにくい場合の原因として，自分の語彙力，話者の話すスピード，話者の声の大きさや明瞭さがベスト3を占めた。そこで，中2の1学期の目標は，上記の学年指導目標項目(2)に特に重点を置いた。4月は新しいクラスのスタートとして，英文5文以上の自己紹介スピーチを発表，5月は "What did you do yesterday?" というトピック

で，1人ずつ ALT による面接テストを受けた。その際，ALT が感想として，「1対1になると恥ずかしいという思いが先行して，相手の顔を見て話すことが出来ない生徒がいる」と指摘された。そこで，6月から「聞き手を意識した発表ができる」を重点目標に掲げ，お気に入りの写真を見せながら，自分の幼少の頃の楽しい思い出を語る Speech "My Story" に取り組ませた。スピーチ指導のスタートとして，レッスン2（前課）を終了した時点で，各自の写真について一般動詞の過去時制の文を中心とした2〜3文のスピーチを発表させた。さらに because や was/were を学習した授業ではそれらを使った文も即興でつけ加えさせ，少しずつスピーチの内容を深めさせた。同時に，毎回の授業で即興スピーチを発表させ，「聴衆に語る」指導を重ね，第5時の Speech Show "My Story" に向かわせた。さらに第6時に Creative Writing "My Story" も組み入れ，年間指導目標の項目(2)，(4)に取り組ませた。

〈本課の指導計画〉
1）教科書：*New Crown English Series 2*. Lesson 3 "Student Reports"
2）配当時間：6時間。本時は3時間目。
　　第1時——Clean Up Day, I was busy yesterday.
　　第2時——Sign Language, Were you busy yesterday?
　　第3時——Farming, He was reading a book.
　　第4時——Review
　　第5時——Speech Show "My Story"
　　第6時——Creative Writing "My Story"

〈本時の目標〉
(1) "was/were 〜ing" を使った文を理解し，使用場面の中で正しく使うことができる。
(2) 楽しい思い出についてのスピーチに "was/were 〜ing" を使った文を加えることができる。
(3) 労働の大切さに気づく。

本時に使用したテキストの本文をここに記す。
Last Friday my friends and I visited a farmer. When we arrived at

the field, he was planting rice. We helped him. The mud was cold, and the work was hard. But we had a good time. The farmer said, "You did well."

２．授業準備のプロシージャー

チャンツ：
　毎時間 warm-up でチャンツを利用し，全員参加の授業態勢を作る。チャンツは教師自作のものが多く，最近学習した文型・文法事項を使い，自己表現活動で参考になりそうな表現を取り入れて創作する。リズムはわかりやすく乗りやすいものにし，授業ではペンでコツコツと机を叩いて拍子を取っている。チャンツを利用することの効用は，楽しみながら英語独特のリズムやイントネーションに慣れ，自然なスピードのときに起こる音変化を習得し，listening・reading・speaking 能力を高めることができる点である。さらにリズムに乗って苦労なく文を覚えることができるので writing にも大いに役立つ。

ビデオ：
　ビデオは視聴者参加型のテレビ番組風に仕立て，2回のシリーズ物にして ALT と制作した。1本目は第1時の授業で，was/were を使ったスピーチのモデルとして使用し，2本目は本時において was/were 〜ing を使ったスピーチのモデルとした。ALT にはタレントになったつもりで，視聴者を引き込むような生き生きとした視線と動作，そしてさわやかな表情を心がけていただいた。テーマ音楽は，気分をほぐすような明るくリズミカルな曲を選び，ALT がその音楽に乗ってどんなタイミングでどんな風にカメラの前に登場するか，写真はどう出すか，どんな表情でスピーチをするか，ビデオの終わり方はどんな風にするかなどを ALT とアイデアを出し合って考えた。ALT のスピーチに使う写真については，TV 画面で見て状況がわかりやすく，生徒のスピーチにも使わせたい because や過去時制，過去進行形を含む文が作れるものを選んだ。ビデオの最後はマイクがまるで画面から飛び出し，教室にいる教師の手に渡されたかのように見せ，生徒をあっと言わせる工夫をした。このような手法でビデオ教材と教室を一体化させた。生徒は自然にこの TV 番組に参加するかのように意気揚々と自分のスピーチ練習に入った。ALT は「自分のお気に入りの

写真が使え，タレントになったつもりで，というのが面白く，大ノリでビデオ撮りができた」と感想をくれた。ビデオは本当のTV番組のような出来映えで大成功であった。

その他に，ピクチャーカード・フラッシュカード・CD・手作り時計・マイクを準備した。

3．本時の授業展開

(1) Greetings and Warm-up（1分）

挨拶後，その日のカレンダー（生徒全員でつくった日めくり）やニュースを話題に簡単なやりとりをした後，チャンツに取り組ませた。第5時のSpeech Showや第6時のCreative Writingに生徒が使える語句を含んだチャンツを使用した。まず生徒を起立させ，体全体をリラックスさせ，1回目は全員で，2回目は1人1文リレー読みをさせた。そうすることによってクラス全体の団結力も増し，和気あいあいと楽しめた。

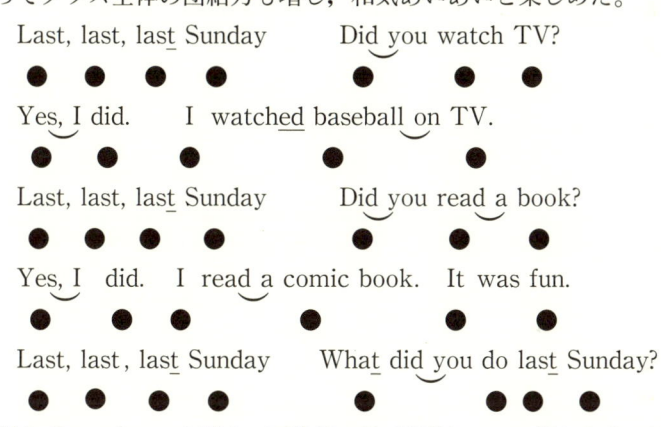

Last, last, last Sunday　　Did you watch TV?
● ● ● ●　　　　　　　　　● ●

Yes, I did.　　I watched baseball on TV.
● ●　　　　　● ● ● ●

Last, last, last Sunday　　Did you read a book?
● ● ● ●　　　　　　　　　● ● ●

Yes, I did.　　I read a comic book.　　It was fun.
● ●　　　　　● ● ●　　　　　　● ●

Last, last, last Sunday　　What did you do last Sunday?
● ● ● ●　　　　　　　　　● ● ● ●

（注）●にストレスを置く。下線部は音が脱落し，口の構えをするだけになる。⌒部は連音で，2つの音が連なって1語のような音になったり，同化して2つの音が1つの違った音をつくる。

(2) Review — Quiz: "Who Is This?"（2分）

一般動詞の過去形を学習し終えた5月にQuiz Show "Where did you go yesterday?"に取り組ませた。クイズ第2弾としてQuiz "Who Is This?"をヒント5文ぐらいで作らせ，毎時間数人ずつ前で出題させた。これは1

人で前に出て英語を話す練習にもなった。どの生徒もユニークなヒント文を考え，生徒たちは互いの英語を集中して聞き，クイズを楽しんだ。クイズの1例を下記に示す。

　Who is this? He has good friends. He has green tights and a green cap on. He can fly. He doesn't like Captain Cook. He lives in Neverland. Who is this? (Peter Pan)

　クイズ後，出題した生徒と"Are you a Peter Pan fan?"などの簡単なやりとりを行った。

(3) **Presentation of New Materials**（5分）

　現在進行形と過去進行形とを対比して提示するのにふさわしい話題を選び，導入した。生徒は教師と口頭で問答していくうちに，徐々に現在進行形と過去進行形の使い方の違いを発見し，使い方を理解していった。

T:　（教室の時計を指しながら）What time is it now?
Ss:　It's ten forty-five.
T:　Oh, yes. It's ten forty-five now. (黒板に教師手作りの時計を貼り，時刻を10時45分に合わせる) What are you doing now?
Ss:　I'm studying English now.
T:　That's right. You are studying English now. How about yesterday? What were you studying at ten forty-five yesterday?
Ss:　（昨日の2時間目は何だったかを必死で思い出している）
T:　Mr. Kusuda was teaching you at this time yesterday.
Ss:　Japanese!
T:　Yes. You were studying Japanese at ten forty-five yesterday. Say, I was studying Japanese at this time yesterday.
Ss:　I was studying Japanese at this time yesterday.
T:　Good. When you were studying Japanese, I was teaching Class 2-1.

(4) **Check-up and Explanation of Grammar Points**（3分）

　次のような口頭による英問英答で生徒の理解を確かめた。

T:　Class, what are you doing now?
Ss:　We are studying English.

T: Good. You are studying English now. Well, at this time yesterday, you were ...
Ss: Studying Japanese.
T: That's right. You were studying Japanese at this time yesterday.
その後，次のように板書した。

（時計）　　I ＿＿＿＿＿ English now.
　　　　　　I ＿＿＿＿＿ Japanese at this time yesterday.

全員が正しく空所を補充して文が言えるのを確認後，"am studying"と書いたカードと"was studying"と書いたカードを見せ，"am studying"と"was studying"の意味の違いについてペアで考えさせ，使い方を発見させた。最後にカードを空所に貼り，しっかり両文をMim-Memさせ，ノートにコピーさせた。

(5) **Drill of New Materials**（10分）

　a．"What were you doing at seven last night? —— I was 〜 "をペアで問答させた。練習に際し，教師は"I was very busy yesterday, so I was working in the teachers' room at seven last night."と自分について述べ，返答のモデルとした。また活動に先立ち，生徒が使いそうな単語の〜ing形の発音（studying, eating, writing, reading, playing, watching, sleeping, listening）をフラッシュカードを使って徹底的に練習した。この練習のおかげで，ペア問答もてきぱきとできた。練習後，数組に発表させた。

　b．過去進行形の使用場面を意識させるために，「昨夜7時からのパーティに来なかったじゃない。7時に何をしてたの？」という場面設定で創作会話をさせた。じゃんけんで勝った生徒はパーティ主催者，負けた生徒はパーティに招待されていた人を演じるように指示した。パーティをすっぽかされた役の生徒は怒った様子で，またうっかりパーティを忘れていた役の生徒は申し訳なさそうにしゃべるように演技指導も行った。ペア練習の後，みんなの前でペア発表させた。

A: What were you doing at seven last night? You missed the party.
B: I'm sorry! I was sleeping.

A: You were sleeping!? Oh, I am shocked!!

(6) Introduction of the Textbook and Check-up（5分）

　ちょうど生徒たちは「トライやる・ウィーク」と呼ばれる一週間の職業体験から学校に戻ってきたところだったので，その話題を利用して，教科書の内容（久美の体験スピーチ）を導入した。ピクチャーカードを使って問答しながら導入した。新出語については既習の英語を使い，教師の動作やジェスチャーで理解の手助けとした。導入後，英問英答をした。

T: You have just finished your "Trial Week". Was "Trial Week" interesting?
Ss:（口々に）Yes, it was. / No, it wasn't.
T: I see. Was the work difficult?
Ss:（口々に）Yes, it was. / No, it wasn't.
T: Anyway, you did a good job during "Trial Week."（久美のピクチャーカードを見せながら）Well, today, we will read about "Trial Day" of this girl. What is her name?
Ss: Kumi.
T: Yes. Well, I'm going to tell you about Kumi. Look at the pictures and listen to me.（1枚目のピクチャーカードを黒板に貼り，絵を指しながら）Last Friday, Kumi and her friends went to a ...
Ss: Man./ Farmer.
T: Farmer. Repeat.
Ss: Farmer.
T: Good. Last Friday, Kumi and her friends visited a farmer. The farmer was in the ...（ピクチャーカードの絵を指す）
Ss: ?!? Tambo!
T:（絵を指しながら）Field. Repeat.
Ss: Field.
T: Good.（次のピクチャーカードを1枚目のピクチャーカードの下に貼って，田植えのジェスチャーをしながら）He was planting rice. Repeat the sentence.
Ss: He was planting rice.

T: Good. Then Kumi said, "Good morning. My name is Kumi. Nice to meet you." The man said,（体の向きを変えて）"Hello, Kumi. Please help me."（体の向きを戻して）"OK," Kumi said. Kumi and her friends helped him.（田植えをしていて土を触るジェスチャーをしながら）The mud was cold. What is "mud" in Japanese?

Ss: "Doro"

T: Right. The mud was cold, and …（額の汗を拭ったり，腰を叩いたり，背伸びをする動作をして）the work was …

Ss:（口々に）Difficult. / Hard.

T: That's right. The work was hard. Repeat the sentence.

Ss: The work was hard.

T: OK. But Kumi had a good time. And the farmer said, "(Thumb-up のジェスチャーをしながら) You did well." Repeat the sentence.

Ss: You did well.

T: Good. Questions. Did Kumi visit a farmer last Sunday?

S1: No, she didn't. She visited the farmer last Friday.

T: Good. When Kumi visited the farmer, was he at home?

S2: No, he wasn't.

T: He was …

S3: He was in the field.

T: Good. He was planting …

S4: He was planting rice.

T: That's right. Did Kumi help him?

S5: Yes, she did.

T: Good. Was the work hard?

S6: Yes, it was.

T: Very good. Did Kumi have a good time?

S7: Yes, she did.

T: Good.（黒板に貼ったピクチャーカードの横に久美の絵を書き加え，ピクチャーカード全体がふきだしの中に入るように線を書いて）
Now, this time, Kumi will speak to you. Please listen to her. Please catch what the farmer said to Kumi after she planted rice.

(7) Listening to the CD と Check-up（1分）

　前項で示したように，"What did the farmer say to Kumi?" という聞き取りのポイントを与え，本文の CD を聞かせた。CD の内容に合うようにピクチャーカードを指して生徒の理解を促した。一度聞かせた後，与えた質問に答えさせた。

(8) Reading（6分）

　ここで教科書を開本させた。最終目標である「聴衆を意識したスピーチ発表」には堂々とした語りの姿勢が大切である。そのためにも音読指導は重要視し，次の手順でおこなった。

　　a．Listening for Reading
　　b．New Words
　　c．Chorus Reading
　　d．Buzz Reading
　　e．Pair Reading
　　f．Individual Reading
　　g．Shadowing

(9) Talking about the Importance of Working（2分）

　スモールトークとして，本文中の "The work was hard. But I had a good time." という久美の発言を取り上げ，同じような経験はないか，クラス全体で話し合った。また労働の大切さにも触れた。

T:　　Kumi said, "The work was hard. But I had a good time." Why did she say so?

S8:　 Because she did the work with her friends.

T:　　I see. Her friends helped her, and so, she had a good time. Any other ideas?

S9:　 Because the work was interesting.

T:　　I see. The work was hard, but it was interesting. So Kumi had a good time. Any other ideas?

S10:　The work was new to her.

T:　　I guess so. It was her first time to plant rice. Something new is interesting. Anyone else?

S11: Because she did it well.
T: That's true. She could do it well. Now, class, have you ever had such an experience like Kumi? "The work was hard, but I had a good time."
Ss: Yes, "Trial Week."
T: I see. "Trial Week." The work was hard, but you had a good time. Well, sometimes the work is hard, but we can have a good time. So, let's try to take a challenge. Working is important.

⑽ **Speech**（12分）
a. Model Speech ─ Video "Picture Show"
　ALTと作ったビデオを見せ，授業の雰囲気の転換とスピーチ発表のモデルとした。ビデオを視聴後，内容について英問英答をした。

（テーマ音楽に乗ってALT登場）
　Hi, Jinnan students! Welcome back to the picture show. Do you remember last week? We had a lot of pictures. We had a great time. This week, we have new pictures.
（ALTは写真を見せる。）
　　Hi. Look at my picture. It's me!
　This is my friend Morgan. We were in "Hard Rock Cafe" in Kobe. It was last year in November. We went there with our friends, because it was Morgan's birthday. We had dinner, we sang and we danced ─ we had a good time! Can you see? We were eating ice cream. It was delicious!
　I was very happy, because I like ice cream.
Hey, Jinnan students, show us your pictures. Ms. Inaoka, take the mike.（と言いながら，マイクをカメラマンに渡す感じにして差し出す。授業者はそれを受け取ったかのように，上着に隠し持っていたマイクをタイミング良く取り出し，授業を続けることによって，ビデオ教材と教室を一体化させた。）

T: Questions. Who is Ciara's friend?
Ss: Morgan.
T: Good. Where were Ciara and Morgan?
Ss: They were in the <u>cafe</u>.
T: What were they doing?
Ss: They were eating ice cream.
T: Very good.

b. Pair Practice
　自分のスピーチ文に，今日新しく習った表現や思いついた内容を即興で付け加え，ペアで口頭練習をさせた。パートナーからのアドバイスは参考になったという。

c. Performances and Evaluation
　時間の許す限りどんどん前に出て発表させた。スピーチ後，簡単な英問英答を行い，教師による評価とともに本人には授業後すぐにノートに自己評価を書かせ提出させた。このようにして第5時のSpeech Showに向けてスピーチで使用する文の数を増やし，内容を豊かにさせるとともに「聞き手を意識した発表ができる」練習を重ねた。本時に発表したスピーチの1つを紹介する。尚，各生徒がスピーチに使う写真は予め教師が拡大カラーコピーして準備をした。

　Hi. Look at this picture. It's me. I was four. I was near my house. I was playing with my sister. When I was little, I sometimes played with her. It was winter. It was a snowy day. I was happy, because I made a snowman. Thank you.

T: Yohei was happy then. Why was he happy?
Ss: Because he made a snowman.
T: That's right.
T: Very good job, Yohei.

(11) **Consolidation**（2分）
　過去進行形を使って本時のスピーチの感想や評価，並びにまとめをし

た。

4．生徒の到達度評価，および授業の内省
　本授業では英語をふんだんに聞き，発話をして，英語でのやりとりや発表ができる力を身につけさせることを目指した。第5時のSpeech Showでも全員の生徒が過去時制の文や過去進行形，becauseの文を取り入れて，中2らしいスピーチを披露することができた。また，スピーチを聴く側も要点を捉えたリスニングができた。これは数回の授業で何度もスピーチ文を吟味し，練習する機会を与えたからであろう。

5．私の理想の授業
　私の理想の授業と指導理念については，第2章2.でも述べたが，次のことをいつも念頭において，授業に取り組んでいる。
- SAFE ENVIRONMENT
All of us feel safe to use English in a warm and friendly environment in class.
- FEELING OF BELONGING
We are here in this class to support one another.
- THE SPIRIT OF LOVE
    L —— Listen to my students carefully
    O —— Open my heart to the students and understand them more
    V —— Volunteer to help the students have confidence
    E —— Enjoy the class together

〈参考文献〉
樋口忠彦・髙橋一幸編著（2001），『授業づくりのアイデア―視聴覚教材，チャンツ，ゲーム，パソコンの活用法』東京：教育出版

（兵庫県姫路市立豊富中学校/前兵庫県姫路市立神南中学校　稲岡章代）

〈授業分析〉
生徒のリスニング能力を育てる地道な指導
― 「テストあれども指導なし」から脱却するために ―

1．リスニング指導の原点

　稲岡先生の授業の魅力は，周到な準備が感じられる授業展開と元気あふれる生徒たちの明るい表情である。このクラスのなかには生徒指導面で困難を伴う生徒たちも含まれているというのだが，ビデオを見る限りでは，そのようなことが嘘のように思える。前に出て発表する生徒のなかには小学校の時代にはほとんど机に着いていたことがない人も含まれているというのであるが，どの生徒も授業に集中できている。

　本来「リスニング指導」と「リスニングテスト」とは別物である。リスニングテストに高得点を取ることを目的とした授業というのは非常に珍しいものと言えるだろう。入試を控えた生徒たちには過去に出題されたリスニングテストのテープやCDを使ってテスト形式に慣れ，解答の仕方を一応心得ておくということは必要であるが，中学1年生や2年生における授業では，話された英語を聞くことを通じてリスニングの力を自然に育んでいくことになる。稲岡先生の授業は一部日本語を使って理解の程度を確認する他は，ほとんど英語で行われ，先生のオーラルイントロダクションを聞くことをはじめ，生徒が英語を使って応答したり，英語を使ったペアワークやパターンプラクティス，コーラスリーディング，シャドーイングが行われている。だから，生徒一人が英語に接する時間は50分のうち40分程度ある。まず，授業は，元気よい挨拶で始まり，今日の年月日を確認のあと，先生自作のチャンツで，共に楽しく学ぶ雰囲気づくりを行う。「効果的なリスニング指導」の原点は授業中にできるだけ多くの英語を聞くというところにあることを，この授業で見て改めて感じる。

2．ALTとの協働

　本時の授業では，ALTに登場してもらった短いビデオを予め作成しておき，それを見せ，英語を聞かせて理解を求めている。リスニングの効果を上げるには映像なしの音声のみによる聞き取り練習をさせるのが良いということが言われているが，上述の通り，これは授業であって入試対策で

はない。従って，このような ALT と協力して教師自身が作成したジェスチャー付きの，表情豊かに話す，既習事項と新教材の導入を兼ねた内容のビデオを視聴させることは，理解や聞き取りの力の遅れがちな生徒も，飲み込みの速い生徒も共に楽しむことができると同時に，口の開け方やプレゼンテーションに必要な心得等も無意識のうちに学ばせることができる。稲岡先生のすぐれた企画力と生徒たちへの絶え間ない熱意がうかがえる。

ALT に継続的に長期にわたって教えられる機会が少ない場合でも，日本人教師が稲岡先生のような工夫を行えば，ビデオによる ALT 訪問を毎時間可能にすることができる。また，英語授業時数を大きく広げることができない現状では，ALT が 50 分間ずっと教室にいるティーム・ティーチングよりも，このようなビデオ教材をストックしておいて使うことの方が，リスニングの力の育成ということに限って言えば効果的である。

3．「聞かせる」前後にすべきことを徹底

稲岡先生は教科書の内容を CD で 1 度だけ聞かせる前に，生徒に聞かせて Please catch what the farmer said. と指示し，理解を確かめていたが，これも教科書付属の音声教材の活用方法としては参考にすべき点である。生徒全体に集中して聞こうとする姿が感じられるのである。仮に何度も聞かせてもアテンションポインターが明確に提示されていない場合は，音声を聞かせる意味が半減し，力の及ばない生徒はすぐに落胆してしまう。

細かい観察になってしまうが，その作業を終えると稲岡先生は教卓上の CD プレーヤーを作業前と同じように教卓の下に置いた。50 分のうちで数分間しか利用しない機器を教卓にデンと置いたままにはしなかった。無意識の動作であったのかもしれないが，分析者には，生徒が板書や先生の口元に集中することを遮蔽するのを素早く避けているように思われた。

生徒によるゲーム「Who is this？」が行われた。出題に当たった者は，自分で考え原稿をつくり，先生に原稿をチェックしてもらった上でそれを暗記してきたのであろう。解答者たちは懸命にその生徒の英語に耳を傾けて，次々に手があがるなかで，出題者自らが 1 名を指名するのである。その人物は「ピーターパン」だった。すかさず稲岡先生はその出題者にピーターパンのファンですかと英語でたずねた。返答が Yes だけで終わったのは惜しい気がした。また，分析者は，その前に，正解した生徒に「出題

者の説明の英語のどの部分で答えが分かったのか，あるいはなぜピーターパンであることが分かったのか」などという質問をしてほしいと思った。実は，聞き取るという能力の育成のメカニズムというのは，科学者でも容易に解明でき難いところであろう。教師がすべきことは，正解をした生徒または不正解を出した生徒になぜそのように聞き取ったのか，聞こえたのか，思ったのかということを確かめる作業を怠らないことである。このあたりの確認を教室でリスニングの作業の際に毎回触れる習慣をつくることによって，生徒たちに聞き取りの際のポイントを感得させることができる。

4．興味を引き出すインテンシブな「指導」

　リスニングの「過去問」を生徒に解答させる場合にでも，選択問題でも単に答えが合ったか否かだけで終わるのではなく，なぜその答えが選択肢a，b，c，dのうちbであったのか，それを選んだ根拠を必ず生徒に尋ねることをしなければ，先述のリスニングの自分なりのコツが身に付かない。

　稲岡先生の授業では，生徒が英語を聞き，話すことをタイミングよく授業の中で何度もペアワークの形で，生徒を立たせて行わせている。たまたま，このクラスが20数名の少人数クラスとなっているが，ここに見られる稲岡メソッドでは仮に1教室に生徒が40人入っていても，生徒が英語を聞き，話す機会はほぼ同程度確保されるであろう。そう思われるほど，ペアワークによる言語活動がスムーズに行われているのである。

　この授業は2年生の過去進行形の定着を図り，運用させるレッスンである。現在進行形との関係を十分に比較させ，多くの身近な例文を繰り返し練習させて，英文構造の細部についてもよく把握させたあと，ペアでじゃんけんで勝った方が叱る役，負けた方が叱られ役になって二人の会話をそれぞれつくり，前でそれぞれが叱責と言い訳・陳謝のコミュニケーション活動を行うのである。あらかじめ稲岡先生が表情豊かにモデルを提示してあるので，各ペアの会話も見ていて楽しい。このことを通じて，単に過去形の文型理解にとどまるのではなく，進行形が運ぶメッセージについても，生徒たちが実感をもって理解しただろう。

　リスニングの力の育成は，冒頭に述べた通り，何度も何度も繰り返し聞

く作業に打ち込むだけではなく，むしろ英文を読解すること，書かれた英文を自ら正しい発音と適切なリズム，イントネーションで口に出すこと，基本的な英文を暗記すること，さらには，話される英語の内容に興味・関心をもって集中して概要・要点を聞こうとすることにより総合的に実を結んでいくものである。まとまった英文を聞いて概要をメモにまとめるというような作業も，学年を進むにつれて必要になる。これを通じてリスニング力やスピーキング力も飛躍的に伸びてくるのである。

　稲岡先生の授業は基本的には teacher-centered である。中学1，2年の間では，周到な授業準備をした教師によるインテンシブな「指導」が生徒の英語力の基礎を築くということを強く認識させられる授業である。

(関西外国語大学　並松善秋)

4.2 教科書を使ったリスニング指導
——表現のための一歩深いリスニング活動(中2・1学期)

1．本時の目標，および学年指導目標における位置づけ

本時の目標は，教科書の内容理解を終えた後で，教科書に書かれている英語を聞き取り，その英語を取り込むことである。

このリスニング活動（Listen, take notes and say）は，内容理解をすることが最終目的ではなく，聞いた後にそのメモをもとに話す，書くという表現活動にもっていくためのものである。そのためにはただ内容がわかればいいのではなく，どのような英語が使われているかまで聞き取ることを要求している。つまり一歩深いリスニングを要求している。

このリスニング活動は中学校2年生から行っている。その前段階として中学1年生ではまず聞くことに慣れることに重点を置いた。具体的には教師の英語を聞くことに慣れる。聞いてその概要・要点を聞き取る task を行ってきた。

一歩深いリスニングの力を高めるために，シャドーイングも行っている。またこの活動は Read, take notes and say とリーディング活動で行うこともできる。このように中学2年では理解するだけでなく，理解したことをもとに発表することを目標に置く活動を行っている。表現するために，理解する深さの要求度も高くなり，結果としてリスニングの力を高めることになる。

2．授業準備のプロシージャー

この活動に必要なものは以下の4つである。
- 教科書の本文 CD
- CD プレーヤー
- 教科書本文のピクチャー・カード
- worksheet（3．本時の授業展開参照）

Listen, take notes and say を行う場合，ピクチャー・カードがあると，生徒たちにとってメモを取る際の手助けになるので有効である。どのピク

チャーを使うかはどの内容のメモを取らせるかで選ぶとよい。例えば登場人物についてメモを取らせる場合は，登場人物が載っているピクチャーを使うとよい。

　Worksheet は，Listen, take notes and say の際に，メモを取らせ，それをもとに発表させるためのものである。

　準備の段階で大切なのは，実際に生徒がどのようなメモを取るかを考えることである。実際に生徒の立場になり，Listen & take notes を行ってみるとよい。それにより自分の教えている生徒ならどの点が聞き取りにくいか，どのようなアドバイスをしたらいいかのヒントが得られる。

3．本時の授業展開

　本時は Lesson 1 のまとめの時間になる。つまり生徒たちはすでに教科書の内容を理解していて音読練習などが終了している段階になっている。平成14年度版 *New Crown English Series*. Book 2（三省堂），Lesson 1 "Bob's Stay in Japan"

1

Konnichiwa, minasan. Watashi wa Bob Hunter *desu.*
I'm from Sydney, Australia. I'm staying with Ken's family. Yesterday Ken and I played catch. We talked about our school friends. Everything in Japan is new and interesting to me.

2

Ken: Hi, Bob. Good speech. Did you study Japanese in Australia?
Bob: Yes, I did.
Kumi: Did you start Japanese in elementary school?
Bob: No, I didn't. I started it last year in secondary school.
Kumi: Oh! I have an idea. Let's study English and Japanese together.
Bob: Good idea.

3

Bob: Ken, this is a present for you.

Ken: Thank you. What is it?
Bob: We use it in cricket.
Ken: Cricket? What's cricket?
Bob: It's a common sport in Australia. When school is over, I sometimes play cricket.
Ken: It's a nice present, but I don't know the rules.
Bob: Come on. Let's try.

⑴ **Greetings & small talk**（5分）
　あいさつをした後,「先週にしたこと」などについて「教師と生徒」,「生徒同士」で small talk を行う。

⑵ **Stage 1: Listening**（10分）
　生徒は Lesson 1 本文全体を聞く。
Teacher: OK. Let's review Lesson 1, "Bob's Stay in Japan." First, listen to the CD. Don't open your textbook and look at the picture cards on the blackboard.
　Lesson 全体の内容の復習として CD を流す。黒板には Lesson 1 のピクチャー・カードが貼ってあり, 内容を思い出しやすいようになっている。生徒たちは教科書を閉じて, 黒板のピクチャー・カードを見ながら CD を聞いている。

⑶ **Stage 2: Listen & take notes Part 1**（5分）
　生徒は CD を聞きながらメモを取る。
Teacher: OK, everyone. Listen to the CD again. This time listen and take notes about Bob Hunter. (Bob Hunter のピクチャー・カードを指しながら) Bob Hutner.
　Worksheet を配る。生徒に CD を聞いてこの Lesson の登場人物 Bob Hunter について次の worksheet にメモすることを指示する。(メモの取り方については pp. 167-168「☆メモの取り方の指導」を参照。)

Worksheet Lesson 1, Bob's Stay in Japan
Listen & take notes about Bob

(Bob Hunter)

Class (　) No (　) Name (　　　　　　　　)
Date (　　　　　　　　　　　)

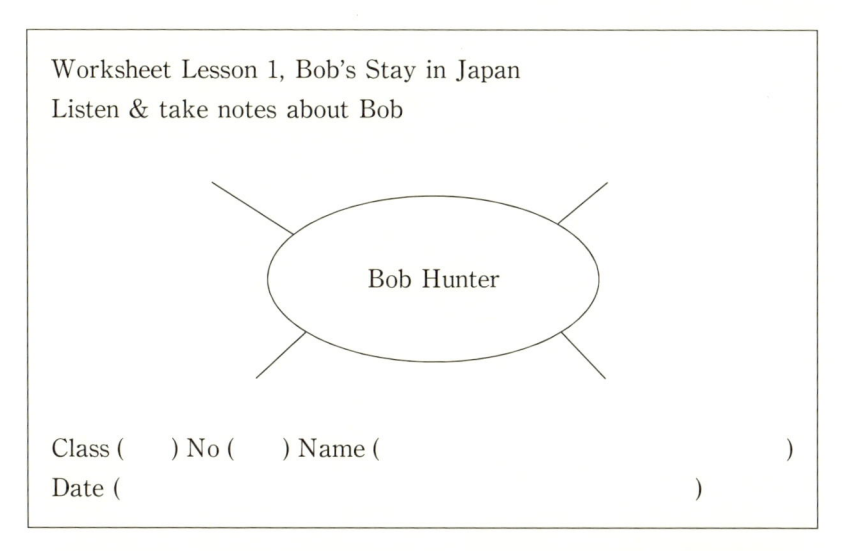

　CDはまず全体を通して1回流す。その後段落ごとにポーズを数秒おいて，数回流す。このとき教師は机間指導をしながら生徒の状況を把握する。
　生徒の状況により，以下の項目について柔軟に変更することが大切である。
　　・ポーズの長さ
　　・CDを流す回数
　またCDを流しながら，ピクチャー・カードを指で示し，場面のヒントを与えることもできる。
☆メモの取り方の指導
　「メモは1語または2～3語で書き，文を全部書くのではないよ。」—最初に私が生徒たちに言っていることである。何も言わないと生徒たちは文を書こうとしてしまう。そこでメモの取り方の指導を次の順序で行うとよい。
① まずCDを流し，メモをとるように指示する。(「メモは1語または2～3語で書き，文を全部書くのではないよ」と，この段階で話す。)
　たとえばLesson 1の例では教師は次のように例を示す。
　Teacher: When you hear the sentence, "I'm from Sydney, Australia."

Don't take notes like this. (次の文を黒板に書く) He's from Sydney, Australia. Don't write a sentence. Take notes like this. (次の文を黒板に書く) from Sydney. Write two or three words.

② 生徒は2人一組になり，お互いにとったメモを見せ合う。(＊この際教師は机間巡視をして，うまくメモを取った生徒をチェックしておくとよい。) 2人一組にすることで生徒同士教えあうことができる。

③ クラス全体でどのようなメモをとったかを共有する。生徒たちからいろいろなメモの例を聞き，教師はそれを板書する。その後，どれが要点をうまくメモしているのかを話し合う。(メモの例：cricket, study Japanese)

このようなことを何度か行うと，生徒たちはどの語をどのようにメモするといいのかがだんだんわかってくる。

(4) Stage: 3 Check with your partner Part 1 (5分)

生徒は2人一組になり，取ったメモをチェックしあう。

Teacher: Now go to your partner. Check your notes with your partner.

数回CDを流した後に生徒は2人一組になり，どのようなメモをとったかをチェックする。この際にお互いに教え合うようにするとよい。教師は，いいメモを取りあげたり，困っている生徒たちにヒントを与えたりするとよい。

「なーんだ，そう言っているのか？」「ねえねえ，あの×××って聞こえた言葉，何と言っているの？」と生徒はパートナーと答えを合わせながら教えあっている。この「教えあう雰囲気」を作ることがとても大切である。

(5) Stage 4: Listen & take notes Part 2 (5分)

再度CDを聞き，メモを取る。

Teacher: OK, listen to the CD again. Listen and take notes about Bob Hunter.

生徒はCDを聞きながら，Stage 2でとったメモを見ながら，またStage 3でパートナーと話したことをヒントにして，メモを書き足す。

生徒は「あっ，言ってる！」など，パートナーとの教え合いをもとに，さらに聞き取れたことをメモすることができる。

生徒がこの段階で取ったメモの例

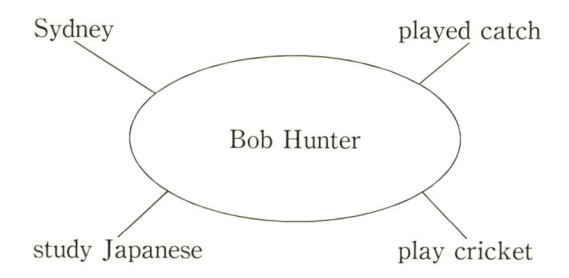

```
        Sydney                  played catch
               \                /
                ( Bob Hunter )
               /                \
      study Japanese           play cricket
```

(Optional)
(6) **Stage 5: Sharing notes**
　クラス全体で生徒各自が取ったメモを確認する。
Teacher: OK. Tell me what you wrote about Bob Hunter.
　このステージはオプショナルである。生徒たちの様子から，いきなり取ったメモをもとに話す活動に行くのが難しいと感じる場合は，まずクラス全体でどんなメモをとったのかを共有するステージを設けるとよい。
　教師は生徒の発言（メモ）を板書する。
(7) **Stage 6: Make sentences about Bob Hunter based on the notes**（10分）
　取ったメモをもとに Bob Hunter について文を作る。
Teacher: OK. Go to your partner and make some sentences about Bob Hunter. Try to make more than five sentences.
　教師は生徒を2人一組にして，ノートに取ったメモをもとに教科書の登場人物について文を作る。この場合「作る」は「書く」のではなく，「話す」を意味する。「5文以上話そう。」という指示は生徒たちに活動の目的を持たせるための指示である。具体的に「5文」といったように文の数を示した方が活動しやすい。
　この段階では次の2つについて生徒に注意するとよい。
① Bob Hunter のことについて話すので，主語は I ではなく，Bob または He になる。（＊この活動の隠れた目標は「3単現の練習」をすること。）
② メモをもとに文を作り，話すときはパートナーを見て話すこと。生徒たちはメモに向かって話してしまいがちになる。私はこんなときいつも

"Don't talk to the sheet. Look up. Talk to your partner." と注意を促している。

(8) Stage 7: Sharing the sentences the students made（10分）
生徒が作った文をクラス全体に発表する。
Teacher: OK. Please tell me the sentences you made with your partner.
Stage 6でパートナーと作った文をクラス全体でシェアする。いきなりクラスで生徒たちから文を言わせず，まずパートナーで文を考え，作る段階を経ることで，生徒たちから手を挙げて発言しやすくなる。
このステージでの生徒たちの発話例（原文のまま）
- His name is Bob Hunter.
- He's from Sydney, Australia.
- He's staying with Ken's family.
- He can speak a little Japanese.
- He studies Japanese.
- He played cricket.
- He knows cricket.
- Maybe he's a cricket fan.
- He played catch with Ken yesterday.

(9) Consolidation（5分）
Stage 7で発表した文やペアで話した文をもとにBob Hunterについて文を書く。

4．生徒の到達度評価，および授業の内省

この授業は目的に照らし合わせ，次の点が達成されているかどうかを評価することができる。
① CDを聞き，Bob Hunterについてメモをとることができる。
② メモをもとに文を5文以上話そうとする。
①の目標はworksheetに書かれているメモから判断することができる。②の目標は実際に生徒がペアで話している場面での活動の参加状況から判断する。細かく見ることは不可能なので，メモをもとに話そうとする活動に取り組んでいれば目標達成とする。
この授業ではただメモを取るのではなく，それをもとに話す活動を行う

ので，生徒たちは活動によく取り組んでいた。またメモをもとに話し，ペアで確認し，練習してから全体で話すことを行ったので，積極的に手を挙げ発言する生徒が多かった。

5．私の理想の授業
・教室にいる教師と生徒たちがお互いから学びあうことができる授業
・英語で interaction することの楽しさが感じられる授業
　難しいけれどそんなことを目指しています。

(駒沢女子大学/前東京学芸大学附属世田谷中学校　太田　洋)

〈授業分析〉
一歩深いリスニング指導
― 発信へとつなぐ，目的を持ったリスニング ―

1．的確な指示による「メモづくり」
　太田先生の授業の根幹は「表現のための一歩深いリスニング」にある。教科書の内容理解を終えた後の活動が，本時の授業である。
　太田先生の「一歩深いリスニング」とは教科書で既に習った文を，CDを繰り返し聞くことにより，メモを取り，それをもとに相手の顔を見ながら，まとまりのある情報として自分で整理して口頭で相手に伝えるプロセスである。授業進行の手順がステージ１からステージ７まで，計画的に準備してあり，ステージ７の段階ではパートナーと５つの英文を口頭で交換するのである。このあと時間が許す限り，生徒がそれぞれ前に出て，メモを必要があれば垣間見ながら発表することになる。
　ここでの太田先生の指示は Look up and smile at the partner! である。この後生徒たちは，配布されたペーパーに本時でパートナーに話しかけた内容の英文を書いて提出し，授業が終了した。ここでも，先生は「よい文章を書くためには，味付けが必要。and や but を使いましょう。トピックは同じものでまとめていきましょう。自分の名前はローマ字で！」と生徒に日本語で呼びかけた。

先生の授業方針のなかに、「教師の英語を聞くことに慣れさせる」というのがあるが、授業のほとんどを英語を使って進めるという姿勢を貫いている。CDを聞かせる際に、この段階では一度も教科書を開かせていない。黒板に貼られた絵を見て聞かせる。英文全体を聞かせた後で段落ごとにポーズをおいて数回聞かせる。その間に生徒各自にメモを取らせる。もちろん、メモの取り方に関する簡潔な指示が英語で行われる。生徒たちもすでに何度かメモ（ノートティキング）の作業を経験済みなのだろう。各ステージを経て授業が進行するたびに、先生の的確な指示が出る。それぞれのパートナーと英文を交換する生徒たちの姿も生き生きして見える。生徒それぞれのメモの内容はほとんど同じような内容になっているのだろうが、先生があらかじめ用意しておいたタスク用プリントの類を使わせるのではなく、生徒がCDを聞いて自分で作った「自作メモ」であるというところがポイントとなっている。ペアワークに入る前に先生が黒板に次々と生徒が発する「聴き取った情報」を英語でスムーズに箇条書きにしていく。ここでは分析者には、時間の節約という理由もあるのだろうが、板書の文字の乱雑さが少し気になった。中学2年生相手ということを念頭に入れると文字書きの丁寧さも重要視したい。また、生徒が「自作メモ」をつくる際の参考になるようにと黒板に絵が11枚貼り付けられていたが、数を絞った方が生徒にとってはポイントをまとめやすかったのではないだろうか。

　近年、分析者が特に感じることであるが、予習プリント、タスク用プリント、復習プリントなどを多用する熱心な教師が増えている。丁寧で親切な指導・授業は必要なことではあるが、生徒が家庭で復習しようという段になって、あまりにも手元にプリント類が多過ぎて、今日は授業で一体何を習ったのか訳がわからないということでは困る。中学2年生あたりから求められることは、先生が積極的に授業をリードし、理解させた上で、習熟・運用のための練習時間を生徒にいかに多く与えるかということである。生徒が家庭においても自学自習しやすい授業づくりも心がけたい。太田先生はリスニングに集中させるには「文字を見せない」という姿勢を貫いており、指示やヒントの与え方も的確で、授業に必要な緊張感も導き出している。その点、太田先生のワークシートは実にシンプルであるが、毎回の授業準備のことを考えると、この程度のもので十分目的を達すると思

う。余談めくが，リスニングの練習と称して，歌の歌詞や映画のせりふの単語を虫食いにしたプリントを穴埋めさせる類で授業時間の大半を費やしている授業を頻繁に目にすることがあるが，これには少しだけ警鐘を鳴らしておきたい。指導には明確な目標がなければならない。

2．最終到達点を見据えた試み

　太田先生の授業には一貫した考え方が流れていることを先に述べたが，同クラス対象のリーディングを主体とする形の授業も分析者は見たが，メモを自分で書かせて概要の発表に結び付ける作業を生徒に課した。すなわち，太田先生は英語授業の最終到達点を「英語による表現力」の育成に焦点化しているのである。リスニングでも「聞きっぱなし」「○×テストで正解ならそれで結構」というものでは学習効果は薄い。逆に先生が生徒に常時課しているような，発表を意識させたメモづくりは，生徒たちに集中力を要求する作業であり，適度な緊張感と授業途上で時々生まれる教師と生徒および生徒間のなごやかな心の触れ合いが，共に学ぶ空間を確実な形でつくりあげている。

　さらに，分析者が見た同クラス対象のもう一つの授業においては，理解を終えた既習の英文を使ってシャドーイングを行った。この試みはまだ生徒には徹底していなかったようで，CDを聞いて同時にその後を追っていくのであるが，先生が期待していたような形では進まなかった。生徒のなかにはこの段階では「シャドーイングって何だっけ？」という感じの生徒も何人かいた。中学2年生でもシャドーイングに慣れさせることは可能ではあるが，シャドーイングというものがどういうもので，どういう練習方法で，どのような効果が期待されるのかなどを予め生徒たちに説明しておいてから，実践させる必要がある。いかなる場合においても活動の意義を生徒自身に意識させることによってmotivationが高まる。この授業を見る限りにおいては先生のアイディア倒れに終わってしまった観があった。シャドーイングについては近年さまざまな形でその効果が紹介されているが，授業中にその練習方法のコツを学ばせて，家庭での自学自習を奨励できれば，英語のプロソディーを内在化させ，発音，リズム，イントネーションのほか，英語の表現を増やすことに役立つ。中2の生徒には既習の英文を無理なくシャドーイングさせるようにできれば，非常に積極的で運動

を伴うリスニング練習となる。太田先生に限らず多くの中学校で適切なシャドーイングの指導を期待したい。

3．集中力と向上心を刺激

　さて，2年生における本時は過去形定着を目指す授業であった。太田先生の発する英語は実に自然で自信に満ちている。生徒たちの様子には一様に安心感のようなものが見受けられた。ここで行われているノートティキングの試みは，ディクテーションとは違って，聞き取った概要・要点を「自分の英語を使って発表」することを想定したリスニングであることから，生徒たちの集中力を刺激している。本時は時間の関係で，聞き取ったメモをもとにノートにまとめた英文を相互に発表しあう機会がなかったが，次回の授業の冒頭で行う発表では，スピーキング力と共に，クラスメートの英語を聞くというリスニングの活動に循環していく。「話し手の意向を理解しようとする姿勢をもって音声を聞き取る力」を育てるための授業がスピーキング力向上にもつながっているのである。

　先生が一貫した指導計画のもとに自信をもって生徒をぐいぐい引っ張っていく授業展開に分析者は強い共感を覚える，もっと学びたい，英語が使えるようになりたいという生徒たちに応えるためには，一斉授業の中にも個別学習的な要素を増やすことや，忍耐力をもって学習を継続していく意欲の刺激も重要である。太田先生の授業は「ノートティキング」を核に，生徒の一人ひとりの自発的な向上心に火をつけているように思える。

（関西外国語大学　並松善秋）

4.3 入試につながるリスニング指導（高3・前期）

　ディベートやディスカッションあるいはスピーチなどを何度も指導する中で、「読む力と聞く力」、「書く力と話す力」の間には大きな相互関係があると感じた。同時に、「リスニング活動を効果的に使えばより効果的な読解指導や文法指導ができるのでは？」と思い始めたのである。
　それ以来、授業の中でリスニング活動を取り入れながら、入試につながるような工夫はできないものかと考え続けてきた。

1．本時の目標，および本時の学年指導目標における位置づけ

　勤務校の生徒の学力レベルは「中」程度であるが、予習・復習の習慣が乏しく、英語は難しい教科だと考えているようである。しかも、本校は総合選択制の学校なので、2年生の時に英語の授業をほとんど選択していない生徒もいる。このリーディングの授業でも、生徒によってこれまでの英語の学習量が大きく違う。そういう生徒を目の前に、いかに効率よく授業中に英語を定着させるかを心掛けている。そのために以下の3つを授業の柱としている。

(1) レッスンの最初の時間は予習を前提とせずに、課の話題やその1部分について英語でブレインストーミングをゆっくり行い、クラス全体で課の話題に関するイメージを活性化させる。次に教師のオーラル・イントロダクションを聞きとらせることで、レッスンの内容を徐々に理解させる。題材によってはオーラル・インタラクションも使い効果的に内容の導入を行う。

(2) 題材の導入が終われば、内容に関する予習用プリントを配布するか、生徒が各自テキストを読んでくる。生徒が予習してきた内容については、オーラルによるQ&Aや語彙の定着を目的とした活動の中で確認する。

(3) 学習したテキスト内容を利用して、ストーリー・リテリングやインタビューなどのアウトプット活動を行う。

　年間の指導の流れ（アウトライン）は以下のようなものである。本時の

授業は，9月初旬で比較的長い英文を読む時期に行なったものである。

第1期	比較的短い英文読み，基本的な読解技術を習得する。
4月	〈読解の指導目標〉必要な情報の拾い読みをする。 〈リスニング活動〉比較的短いオーラル・イントロダクションに慣れさせる。教科書や単語帳から単語のディクテーションをさせる。
5月	〈読解技術の指導目標〉書き手が伝えたい意図を読み取る。 〈リスニング活動〉オーラル・インタラクションも行なう。
6月	〈読解の指導目標〉文脈から単語の意味を推測する。 〈リスニング活動〉オーラル・イントロダクションを聞きメモを取る。 〈アウトプット活動〉サマリーを書く。
7 8月	〈読解の指導目標〉パラグラフとパラグラフの関係に注意する。 〈リスニング活動〉オーラル・イントロダクションを聞いて要約文を書く。 〈アウトプット活動〉ストーリー・リテリングを行なう。
第2期	比較的長い英文を読み，実践的な読解技術を習得する。
9月	〈読解の指導目標〉パラグラフとパラグラフの関係に注意して多くの英文を速く読む。 〈リスニング活動〉教師の話す英語を聞いてディクテーションを行なう。 〈アウトプット活動〉ストーリー・リテリングとインタビューを行なう。
10 11 12月	〈読解の指導目標〉長い物語文を速読する。文と文の結びつきに注意しながら英文の論理的な意味関係を考える。 〈リスニング活動〉教師の話す英語を聞き要約文を英語で書く。 〈アウトプット活動〉今までの活動及びディスカッションを行なう。
1月	〈読解技術の指導目標〉今までの技術を総合的に使う。 〈リスニング&コミュニケーション活動〉簡単なディベートを行なう。

本時の授業の目標として考えたことは，生徒にテキストの英文を正確にインプットさせることと，その結果生徒がアウトプット活動において，より正確な英語を使えるようになることである。この時期は，生徒が本文のサマリーやストーリー・リテリングにようやく慣れてきた頃だったが，正確に書いたり話したりすることが課題だと感じていた。そこで，ディクテーション活動を利用し，テキストの英文を記憶の中に正しく収められないかと考えた。「筋力トレーニング」のように英文をインプットし，そうすることによって，ストーリー・リテリングなどのアウトプット活動がレベルアップするのではないかと考えた。「聞くこと」から始めて，総合的に

英語力の向上を目指して，生徒自身が正確に英語を覚えたり使ったりするように授業計画を立案した。

2．授業準備のプロシージャー

最も大切なのは，ディクテーション活動で教師が話す原稿準備である。教科書の中で新しい表現（単語・熟語・構文）が入っている英文と内容上キーになる英文をそのまま抜き出し，それらと共にパラフレイズした簡単な英文を複数用意した。例えば，Anne and I are a modern couple. We take turns doing the housework. とあれば，I have a wife. Her name is Anne. I sometimes cook. Anne sometimes cooks. Both of us do the housework. We take turns doing the housework. We are a modern couple. のような原稿を作った。ストーリー全体のほとんどをディクテーションさせたいので，用意する英文は当然多くなるのでシンプルな英文にしておくこと。20枚ほど用意した絵を貼りながらゆっくり話し，絵はできるだけ英文の数にあわせて作った。絵は，生徒が絵から内容をイメージしやすくなるようシンプルなものにした。そして，ディクテーションをさせるためのストーリー・テリングなので，絵を貼るタイミングと英文を言うタイミングを合わせながら，ゆっくりと話すリハーサルをした。生徒の表情とディクテーションの様子を見ながらゆっくり丁寧に行なった。

（絵の例）

3．本時の授業展開（3日間の3ラウンドシステムで行う授業展開）

教科書は「リーディング」*Read on*（東京書籍）のLesson 3 "I Was A Mad Househusband"の授業である。対象生徒は65名で，本科目は「リーディング」という選択科目であり，受講生徒のほとんどが大学進学を希望している。

男性作家と女優の間に女の子が生まれた。家で文筆活動を行う夫は育児を引き受けることになった。最初は育児の合間に十分な文筆活動ができると思っていたが，現実は厳しくほとんど書けない。不満でいっぱいの夫

と，外で楽しく仕事をする妻，男女の役割について深く考えさせる課である。しかしながら，冒頭で述べたように，生徒によってこれまでに学習した英語の授業単位数が大きく異なるため，授業の運営がとても難しい。

このレッスンは3日間，3時間の「3ラウンド方式」で授業を進めた。3ラウンドとは，パートごとにレッスンを分割する一般的な進め方ではなく，3時間の授業に異なる性質の活動を設定してレッスン全体を3度一気に読み通すというもの。授業構成は以下の通りである。

〈第1時〉内容理解を図るディクテーション活動
・教師は3回ストーリーを話し，1回目は生徒が聞くことに集中する。2回目と3回目は生徒が書き留める。(Listening)

〈第2時〉テキスト内容をインプットする活動
・1時間目の最後に指示した宿題（テキストの内容把握）を確認するために，オーラルによるQ&A活動を行なう。(Interaction)
・テキスト全体を音読する。
・語彙定着のための活動。(Interaction)
　語彙：housework, attention, diaper, energy, experience, patience

〈第3時〉テキストを利用してアウトプット＆コミュニケーション活動
・ストーリー・リテリング（Speaking）
・リスニングを利用した復習活動
　教師が本文を音読し，生徒は教科書を見ずに聞く。教師が途中で音読を止め，その次に来る単語を生徒が挙手して答える。(Listening)
・インタビュー活動
　まず，教師が物語の主人公になり，生徒は主人公の友人になり自由に質問する。その後，生徒がペアになり主人公の妻と友人になり質問する。(Interaction)

次に，3時間におけるそれぞれの授業手順を示すと以下の通りである。

第1時
授業の中でリスニング活動を行いながら教科書のストーリーを文字に起

こしていくという作業である。生徒がリスニングをして意味を発見・確認しながらディクテーションするのである。口述筆記のような形で生徒に負荷をかけ，生徒が教科書の英文を正確にインプットし，アウトプット活動において正確な英語を使えるようになることを目指した。

(1) **Warm-up**（5分）Brainstorming about "babies"

形容詞1語で赤ん坊のイメージを表現させる。(実際に行った方法)

  T: What's your image about babies?
  S: Difficult.
  T: Why do you think so?
  S: Babies don't talk. Communication is difficult.
  T: Good! You mean it is difficult to communicate with babies because they don't talk, do you?

(2) **Dictation**（25分）

教師は複数のパラフレイズした英文を使って教科書の内容をほとんどすべて話す。話す際に，多くの絵（この場合は20枚）をゆっくり貼りながら話すので，生徒が話を書き留める時間が確保できる。生徒は教師の話す内容を聞きながらノートにできるだけ書き取る。ただし，パラフレイズされた英文の中から同じ意味の英文は2つ書かないように，前もって指示しておく。パラフレイズされた英文を聞くことにより英語で考える力が身に付く。教師は同じことを2回話し，生徒は書き取る。3回目はプルーフリーディングの要領で手直しさせて完成となる。

(3) **Pair work**（15分）

ペアでノートを交換する。教科書を見ながらお互いにディクテーションをチェックし訂正する。この時，教師は教室を歩き回り質問を受ける。典型的かつ重大な誤りが出てくれば板書してクラス全体で訂正する。この活動のメリットは生徒が共同作業で学習を進め，自ら文法や語順に気を配るようになることである。また，自分のリスニング力向上に対して高い意識を持つようになる。

(4) **Homework assignment**

次の時間までに，教科書に出てくるすべての新出単語と熟語を調べるとともに，教科書の内容を読み取っておくことを宿題とした。

第4章 効果的なリスニング指導

第2時
(1) Oral questions and answers（10分）
　教科書の内容をオーラルで質問する。質問の数はたくさん用意しておいて絵を使いながら詳細に質問する。質問は素早く行ない，生徒にできるだけ素早く答えさせることによって，教科書の内容を頭の中で scanning させる。
(2) Reading aloud
　　a. Reading the text after the teacher （7分）
　　b. Shadowing：Type 1 （CD）（5分）　CD を使ってシャドーイングする。
　　c. Shadowing：Type 2 （Pair）（5分）　ペアでシャドーイングする。
　　d. Read and look up （Pair）（7分）
(3) Checking the vocabulary and phrases （10分）
　教師は教科書の選び出した語彙や熟語，語句を日本語で言い，生徒は教科書だけを見て英語で素早く答える。
(4) Words Game （5分）
　教科書の新出語やキーワードを抜き出し黒板に書く（例：housework, diaper, energy, experience, patience など）。ペアで単語を1つずつお互いに英語で説明させて相手に当てさせる。この活動で，出題する生徒も答える生徒も語彙を深めると考えた。
（実際に使った例）
energy: When you lose this, you cannot do anything at all.

第3時
(1) Retelling the story in pairs （8分）
　黒板に貼った絵を見ながらペアでストーリーを自分の英語で話す。2人の共同作業で行なう。英語力の高い生徒が相手の誤りを訂正するので効果的である。
(2) Retelling the story in front of the class （15分）
　生徒が順番に前に出て，教科書の内容を自分の言葉で話す。
(3) What's missing （7分）
　教師が行う音読を生徒は教科書を見ないで聞く。音読を途中で止め，その次に来る単語を言わせる。この場合，言わせる単語は新出単語や難しい

単語に限らず，ストーリー展開やテキストの内容上キーになる単語を抜くことがポイントである。

(4) Interview with the teacher （3分）

　教師がストーリーの登場人物（夫）になり，生徒は彼の友人という想定で自由に質問をする。ただし，教科書の内容から離れないことが重要である。

（実際に行われたやり取りの例）

　S: What's the title of your new book?
　T: It's a love story. "Love is Forever."（笑）

(5) Pair interview （5分）

　上の活動をペアで練習する。生徒がお互いにストーリーの登場人物（妻）になり，交替で英語の質問をする。3分間で1ペア何個の質問ができるか競争させる。一番多くできたペアには平常点を1点与える。

(6) Interview with the student in front of the class （10分）

　生徒の代表数人を一人一人前に出させて，みんなで質問する。

（実際に行われたやり取り）

　Floor: Which do you choose, housewife or actress?
　S in front: I choose actress
　Floor: Why?
　S in front: I must earn money because my husband writes a book.
　Teacher: You mean your husband is not a popular writer, do you?

(7) Homework　　教科書の内容のサマリーを書き翌朝，提出。

4．生徒の到達度評価，および授業の内省

　生徒の到達度評価に関して，ディクテーションについてはおおむねどの生徒も達成感を持ったことはノートを持ち替えて相互評価させた際の反応の中に読み取れた。音読については，シャドーイングやペアで行なうリード・アンド・ルックアップの際，多くの生徒が大きな声で自信を持って取り組んでいた。ストーリー・リテリングに関しては約半分の生徒が「以前よりも正確な英語が使えるようになった」という感想を授業後に行なったアンケートの中に書いた。「ディクテーションはストーリー・リテリングに効果あり」と答えた生徒は約3分の2いた。ペアインタビューでは，3

分間という短い時間にもかかわらず多くのペアが5つ以上の質問をした。生徒の代表を前に出してインタビューを行なった際もフロアーから数多くの積極的な質問がされ，前にいた生徒も素早く答えを返していた。この点に関しては，ディクテーション，Oral Q&A，音読，ストーリー・リテリング，インタビューの流れで授業計画を行なった成果だと考える。しかしながら，すべての生徒が参加できたかに関しては少し課題を残す。

　次に，授業の内省としては，まずディクテーションの評価基準をもう少し具体化するべきだった。例えば，ディクテーションの内容が教師の話した内容と正確に一致しているかどうかチェックして点数化することもできた。そうすることによって，リスニングの正確さを評価できた。そして，前で発表した生徒にインタビューを行う活動では，質問者の質問内容と答えた生徒の返答内容に関して具体的な評価基準を作ることができた。例えば，質問が本文の内容に触れているか，あるいは返答内容が質問に合っているか（コミュニケーションになっているか）を判定することもできた。

5．私の理想の授業

　私は，繰り返し聞く「リスニング」から始め，リプロダクションやストーリー・リテリングを目指す授業活動を通じ，また生徒間のQ&Aやインタビュー等，さまざまな方法で英語を実際に生徒に使わせながら，生徒の多くが望む「大学入試」のための英語力を自然に育てていく指導計画と授業の構築を心がけてきた。教師の話す英語や生徒の話す英語を聞くことにより，語彙・熟語・語順・構文・文法など全ての学習ポイントを効果的に定着させることができる。生徒が目的を持ち，自ら英語のレベルアップに取り組み，教師は最大限それを支援するというのが私の理想である。

　　　　　（大阪府立寝屋川高等学校/前大阪府立門真なみはや高等学校　平尾一成）

〈授業分析〉
生徒と共に英語授業を充実させる
— 「直線型」よりも「スパイラル型」指導で —

1．英語学習には直線型指導よりもスパイラル型指導

　平成18年度入試から「センター試験」にリスニングが導入され，正直なところ，いささか慌てている高等学校と歓迎している学校とがある。生徒にとっても，在籍校の先生方と同様の心情を持っている場合が多いだろう。

　生徒に学習への意欲を持たせ，積極的に英語学習に取り組ませ，その結果入試で求められる英語力を身につけさせたいと願う教師が，生徒と共に英語の授業時間を充実させようとする試みの一つがここで分析する授業である。

　平尾先生は，教科書のレッスンをパートごとに前へ進んでいくやり方ではなく，第1時は教科書の内容のオーラル・イントロダクションのリスニング活動を中心にしてワンレッスン全体をカバーし，第2時はさまざまなインタラクション活動で教科書の内容や表現を定着させ，第3時にはさまざまな活動を交えて，最後は教科書の概要を英語で説明できることを目指すという「3ラウンド方式の授業」を行っている。リスニングから始めて，さまざまな形で教科書の内容の理解を深め，最終的には自分の英語で概要・要点を表現できるようにする授業である。この授業計画は分析者には，大胆な挑戦であり，欠落する部分もあるように思われる。しかし，入試を意識した英語指導の王道は「文法訳読」であるという考え方に囚われすぎた教師にとって新しい視点を示唆する斬新な試みであることは間違いない。

2．生徒を「学習」に引き付ける努力

　ここで平尾先生の3回連続授業を見て印象に残ることを先ず列挙しておきたい。その一つは，平尾先生の話す英語が非常に生徒にとってわかりやすいと同時に生徒に安心感や信頼感をもたせる点である。緊張を強いるタイプの授業ではなく，自然と先生の話す英語に耳を傾けようとする授業風景が形成されている。ただ，2回目，3回目のグループワークもしくはペ

アワークの時間では，熱心に取り組むグループとリラックスして日本語で雑談する生徒たちに分かれてしまう。また，机の上に雑然と教科に関係のないものが積まれているところもある。平尾先生の説明にもあったように，生徒の学力レベルは「中の少し上」なのだが，予習・復習の習慣が身についていない。したがって，レッスンの最初の時間は予習を前提としないということである。平尾先生が英語で話し出すと数十分の間，雑談もせずに傾聴する習慣ができているのに比べ，グループワークやペアワークでは統制がとれておらず，リラックスムードは感じられるが，熱心にしかも真剣に与えられた学習に取り組めていないのは残念である。平尾先生の説明では生徒は3年生になって，これでも落ち着いてきた方なのですということで，過去1年生と2年生のときにどのような英語授業を，どのような授業態度で受けてきたのかと問うてもみたくなる。話が少し逸れるが，学校によっては学習指導要領の趣旨の徹底どころか，先生右往左往，生徒右往左往という状況も少なくはないようだ。もちろん多くの中・高校では，多忙のなか，生徒の学力定着のために計画的に時間とエネルギーを傾注している。生徒のやる気を引き出すために，生徒相互の評価なども取り入れている他，頑張った人にはその都度加点を明示するという方法をとって積極性を引き出そうと試みているが，最良の方法とは思えないが，現状ではやむを得ないのだろう。

第1時

　20枚の先生自作の絵を使って教科書全体の内容を20の英文でオーラルイントロダクションし，それを25分間にわたりディクテーションさせる作業は生徒にとっては相当な負荷であるが，先生の落ち着いた話し方も功を奏し，生徒たちは熱心に取り組んだ。生徒は家庭でノートに教科書の英文を写してくることを求められているため，それを行ってきている生徒には極端な負担はないかもしれないが，予習なしで本授業を受けている生徒が少なからずいるとすれば，相当つらい作業となっているに違いない。

　新出単語等の処理の方法には疑問を持たざるをえない。第1日目の授業の最後に，次の時間までの宿題として「単語と熟語を調べておくように」，「内容を読み取っておくように」等の課題が出されたが，分析者にはこの課題の理由が判然としない。第1時間目では20枚の絵を活用して「リス

ニング」のみによって生徒の類推力を鍛え，未知の単語の音声に馴染ませることを狙ったのであろうか。生徒の忍耐力を支えた最大の要因は平尾先生のオーラル・イントロダクションの巧さであったことは確かであるが，p.160 の表に示されている 9 月の〈読解の指導目標〉と本授業との関連がよく見えてこない。

第 2 時

　教科書の英文を聞きながら何度も声に出して読むこと，シャドーイングを行うことに時間が割かれたが，よい実践である。

　新出単語を巡って，教師が英語で語義を言い，生徒が挙手で該当の語を答える，また，生徒が英語で語義を前で説明して，他の生徒が単語を答えるという活動には，熱心に取り組む生徒も多く，教室は盛り上がったが，よく観察すると特定の生徒の発表や回答に偏っていたように見えた。クラスはにぎやかで盛り上がりはあったが，生徒個々の学習活動への参加という点では活動自体はともかく，運営方法に工夫が求められる。

第 3 時

　前の 2 回の繰り返し学習を経て，身につけた単語や表現を使って，自分のことばで教科書の話をリテルする活動が中心となった。まずは，ペアで練習をしておき，その後で数名の生徒が前で 20 枚の絵を指さしながらメモは見ずに自然な態度で堂々と話していく。話す側も聞く側も何度も形を変えて耳や目にしてきた英文なので，安心してリテルされている話と自分の記憶や自分の英語表現と照らし合わせているのか，生徒たちはクラスメートの発表に集中している。後半，先生が英文を話し，途中で止めて，次に来るべき単語を生徒に挙手で答えさせ，前進していく活動（What's missing？）は，生徒たちに英語を集中して聞く機会を与えた。正解を言えた生徒たちに満足げな表情が見られた。

3．目の前の生徒を見据えた取り組み

　3 回の授業を通して，平尾先生の計画性と誠実な授業運びに感銘を受ける。高校 3 年生になるまで，明確な目標をもつことなく，どちらかといえば「英語嫌い」に陥りかけてきた生徒たちに正面から立ち向かい，やる気を育てるために，また，英語力を身につけさせるために，繰り返しリスニ

ングの機会を与え，最終的に教科書の内容を自力で説明する力を磨く授業である。この授業を通じて，大学進学を目指すこの生徒たちは，少し遅ればせの感はあるが，自主的に学習に向かう気配を感じさせる。現実の生徒を見据え，「英語好き」を増やそうとする試みとして大いに評価できる。

　最後に分析者の疑問を提示しておきたい。
・このような授業は「リーディング」の教科書を使うよりも「英語Ⅰ，Ⅱ」の段階で徹底した方が効果的ではないか？
・リスニングの指導に当たっては，「ゆっくりした」先生の英語だけでなく，ナチュラル・スピードに触れさせることも必要ではないか？
・予習として何を求めるか，復習として何をさせるかという計画性が必要ではないか？
・3年間を見通した「英語科全体の指導目標・到達目標」と本授業との関連はどうなっているのだろうか？

(関西外国語大学　並松善秋)

第5章

効果的なリーディング/ライティング指導

5.1 訳読をしないリーディング指導

5.2 スピーキング，ライティングと有機的につなげる
　　リーディング指導

5.3 クリエイティブ・ライティングの指導

5.1 訳読をしないリーディング指導（高3・1学期）

1．本時の目標，および学年指導目標における位置づけ

　千葉県立東葛飾高等学校は創立80年を迎えた千葉県北西部の伝統校であり，千葉県内では有数の進学校である。伝統的に自由な校風の中で独自の教育が行われており，一般が予想するような勉強に追われる進学校の雰囲気は感じられない。学校行事が盛んであり，5月の合唱祭，7月のスポーツ祭，9月の文化祭の3つを3大祭と称し，生徒たちはあらん限りの力をその3大祭に注いでいる。

　その一方で，授業に対する生徒及び保護者の要望は強く，知的好奇心を抱かせるような授業や双方向性の授業が望まれている。大学受験を意識した授業はむしろ敬遠され，教員は大学受験に縛られない柔軟な授業を行うことができる。

　リーディングの授業は現在第3学年対象に週3時間行っている。旧学習指導要領のリーディングの標準単位数は4時間であるから，かなりのスピードで進まないと改訂前の教科書を終わらせることはできない。だからと言ってリーディングをただの英文解釈の授業にはしたくない。そこでリーディングを単に英文の訳読にとどめることなく（むしろ訳読をせずに），限られた時間内でコミュニケーション活動にまで発展させる方法はないだろうかということで行ったのがこの実践である。

　まず，年間のリーディングの授業目標に新学習指導要領のリーディングの目標を取り入れ，「英語を理解する積極的な態度を育てる」ことにとどめず，「積極的にコミュニケーションを図ろうとする態度を育てる」こととした。さらに，その目標の達成のために，リーディングの活動を「生徒が英文を理解した上で，その内容や情報を第3者に伝える活動」と定義した。生徒は授業の中で英文を速読で理解し，その後ペアになった生徒同士が互いに理解した内容や情報を交換しながら理解を深めるといった活動を中心とした。大まかな年間計画は以下の通りである。

活動	1　学　期	2　学　期	3　学　期
読解	100 wpm → 120 wpm	120 wpm → 150 wpm	150 wpm 以上
コミュニケーション活動	Q&Aによる情報交換	Cluesによる情報交換	自由な情報交換

　読解活動の中心は速読指導とし，速読は1分間に100語から150語を目標にし，1学期最初にフレーズ（センス・グループ）リーディングを指導する。教科書の内容によっては，必要な情報のみを読み取らせるので，適宜スキャニングとスキミングの指導も行う。
(1) 生徒
　　全日制普通科3年生　男子22人　女子18人
(2) 使用教材 REVISED MILESTONE English Reading （啓林館）
　　　　Lesson 3　"The Population Explosion" Part 2
　The most pressing problem created by the rapid increase in population is a shortage of food. More babies have to be fed every year, and yet a high proportion of the present population are not getting enough of the right kind of food. Over the past few years the total amount of food has decreased, and of course the total amount of food per person has decreased even more sharply.

　Other problems that rapid population growth creates are apparent especially in developing countries. As mentioned before, the population is growing so fast there that now nearly half the people living in those countries are under the age of 15. So the adults have to work harder than ever to provide for the needs of the children. There is a shortage of schools and teachers, and there are not enough hospitals, doctors and nurses. Farming land is becoming scarce, so country people are moving to the towns and cities in the hope of finding a better standard of living. But the cities have not been able to provide housing, and the newcomers live in crowded slums. Finally, there are too few jobs and unemployment leads to further poverty.

　Then why don't people have fewer children? There are good reasons for this. (210 words)

(3) **本課の題材**
　本課は人口爆発について扱った論説文である。書き手の考え方を理解し，具体的な情報を読み取る活動を行う。さらに，人口抑制の方法について生徒に考えさせることも行う。

(4) **本課の目標及び言語材料**
① 　目標
　　ア　人口増加の実態と原因。及び解決方法について生徒に考えさせる。
　　イ　速読の強化（1分間100語から120語へ）
　　ウ　コミュニケーション活動による内容理解
② 　言語材料（文法事項）
　　ア　未来完了形　イ　進行形の受動態　ウ　It 〜 that ... の強調構文

(5) **指導過程**
　　第1限　オリエンテーション（スキーマの活性化）
　　　　　　Part 1　pp.24〜25　　速読，コミュニケーション活動等
　　第2限　Part 1　　〃　　　　　重要文の理解，文法事項説明等
　　第3限　Part 2　pp.26〜27　　本時の授業
　　第4限　Part 2　　〃　　　　　重要文の理解，文法事項説明等
　　第5限　Part 3　pp.28〜30　　速読，コミュニケーション活動等
　　第6限　Part 3　　〃　　　　　重要文の理解，文法事項説明等
　　第7限　Comprehension, Exercises, 音読

(6) **本時のねらい**
　① 速読により，英文中の必要な情報を得たり，要点や概要をまとめる。
　② ペア活動により，理解した内容を相手に伝えることで，互いの理解を深める。
　コミュニケーション活動の中心は生徒がペアになって行う情報交換活動とし，1学期は与えられた英文に関する質問に答える形で，2学期は英文に関する key words を利用しながら，3学期は手がかりなしで，相手に英文の内容や情報を口頭及び紙に書いて伝える活動を行わせる。ねらいは新学習指導要領にある「情報や相手の意向などを理解したり自分の考えなどを表現したりする能力」いわゆる「実践的コミュニケーション能力」の育成にあるが，同時に英文理解の活動として生徒が自分の理解を相手に伝えることで自分自身の理解を定着させ，相手からの情報を基に情報を補充

し，理解を深めることもねらいとする。
　本時の活動は1学期の後半に行ったもので速読としては1分間に120語，コミュニケーション活動としては，質疑応答の形で相手に自分の理解を伝える段階にある。

2．授業準備のプロシージャー
(1) 本時の授業までの長期的・継続的準備
　授業の目的や活動内容についてはシラバスを配布し，4月当初にはもちろんのこと，その後も機会あるごとに生徒には伝えるようにしている。特にペア活動については，活動の意義及びねらいについて詳しく説明しておかないと，生徒の中には英文訳読のみの授業を求めてくる者も出てくる。また，授業において授業者は全て英語を用いて授業を行うので，生徒は4月当初から授業者の英語による指示，授業の流れに慣れる必要がある。例えば，コミュニケーション活動（例：ペア活動）における活動の指示やその際に必要な机の移動等は4月当初から繰り返し徹底しておくと，次第に生徒が授業の流れから英語の指示を理解し，机を移動するようになる。

(2) 本時の授業を行うための事前準備
　授業ではワークシートを使用する。ワークシートは，① 語彙の確認，② 速読およびT/F問題，③ ペア活動のためのQuestions，④ Reaction，⑤ Important/Complicated sentences，⑥ Useful expressionsからなり，①～⑥がそのまま授業の流れを表す。
　①の語彙は新出単語・熟語に限らず，本文を理解するには知っておかなければならないもので，かつ生徒が知らないと思われるものを選ぶように心がける。例文はなるべく単語・熟語の意味が推測し易いものを考える。②の速読のwpm（1分あたりに読める語数）についてはあらかじめ計算しておき，時間と語数の対応表を載せる。T/F問題は事実を問うものだけではなく，推論を促すものも取り入れるように配慮する。③は生徒が質問に答えることで本文の内容の概要及び要点が理解できるような質問を考える。また，なるべく簡潔でわかりやすいものが望ましい。④では③の生徒同士の質疑応答で確認した内容と授業者の口頭の質問を利用しながら本文の要約（サマリー）を書く。⑤及び⑥は本時では扱わず，次の時間で扱う。これは本文中の文法項目と重要（難解）表現を説明するためのもので

ある。

〈ワークシートの内容〉（授業で用いたのはW—ア～オの5種類）
Reading Lesson 3
Worksheet for Part 2
① Pre-reading tasks
Vocabulary（W—ア）
1．The summit meeting was held at Evian, France in order to resolve pressing international issues.
2．Many specialists are now worried about an electricity shortage for this summer.
3．A mother has to feed a newborn baby many times a day.
4．A high proportion of Hawaiian tourists are from Japan.
5．It's apparent that he'll pass the exam with those good grades.
6．He worked hard to provide for his old age.
7．Would you lend me some money? Money is scarce at the end of every month.
8．A lot of people lost their jobs last year. The unemployment rate must be going up.
9．A slum is an area where people are living in poverty.

部分，割合 / 備える，準備する / 貧民街 /
緊急の，差し迫った / 乏しい，少ない / 失業 /
食べ物を与える，授乳する / 不足，欠乏 / 明白な，はっきりした /
貧困

---

② Read fast, fast, fast.（W—イ）
　Reading speed
　Your reading speed（　　　　）1

5.1 訳読をしないリーディング指導　193

時間	1:00	1:10	1:20	1:30	1:40	1:50	2:00	2:10	2:20	2:30
語数	210	180	157	140	126	115	105	97	90	84
	2:40	2:50	3:00							
	79	74	70							

T / F Quizzes（W—ウ）

1. A shortage of food is getting serious because of the rapid increase in population.
2. Other problems created by the population explosion can be found especially in developed countries.
3. Nearly half the people living in developing countries are between the ages of 15 and 64.
4. Country people move to towns and cities so that they will find a better standard of living.
5. People in slums tend to be poorer because there are too few jobs.

1	2	3	4	5

Correct answers（　　　）②

①×②(1/0.8/0.6/0.4/0.2/0)＝Your real reading speed (　　　) wpm

③ Reading through communication（W—エ）

(The first speaker)
1. What is the most pressing problem?
2. Do we have to feed more babies every year?
3. Is it possible to get enough of the right kind of food?
4. How has the total amount of food per person decreased?

(The second speaker)
5. Where are other problems apparent?
6. How old are nearly half the people in developing countries?
7. Do country people move to towns and cities for a better standard of living?

8. Is it easy for people to find jobs in cities?

④ Reaction (Summary writing)（W―エ）

Language Study（W―カ）
⑤ Important / Complicated Sentences
 6. The most pressing problem created by the rapid increase in population is a shortage of food. (*26：1) ＊26頁1行目
 7. Other problems that rapid population growth creates are apparent especially in developing countries. (26：9)

★ Useful expressions
 1. (26：3) and yet
 2. (26：5) over the past few years
 3. (26：8) even more sharply なのは何故か
 4. (26：11) as montioned before
 5. (27：3) provide for
 6. (27：7) in the hope of ～ing
 7. (27：8) the standard of living
 8. (27：13) this の内容は

3．本時の授業展開
(1) **学習指導案**（指導案中の W―ア～オは，ワークシートの使用箇所）

活　動	生徒の動き	授業者の動き	技能
前時の復習 （5分）	＊授業者の話す英語を聞き，前時の内容を復習する。 ＊前時の内容について覚えていることを英語で発表する。	＊前時の内容について簡単に英語で説明する。 ＊生徒の発表を聞き，その内容を黒板に書き，クラス全体で前時の内容を復習する。	聞く 話す
Pre-reading 語彙の確認 （8分） （W―ア）	＊本時 Part 2 の重要語句の意味をワークシートを利用して確認し，授業者の後について発音練習を行う。	＊ワークシートの例文に含まれる重要語句の意味を生徒に答えさせ，発音を復唱させる。	読む 聞く 話す

5.1 訳読をしないリーディング指導

While-reading 速読（3分）(W—イ)	*本時 Part 2 を速読する。目標は2分以内に読み終わる。	*黒板に時間を表す数直線を引き、経過時間を随時生徒に知らせる。	読む
T/F クイズ（5分）(W—ウ)	*ワークシートのT/Fクイズに答え、速読による本文理解度を確認する。授業者の質問に挙手をしてT/Fを答える。 *1分あたり読めた語数①とT/Fの正解数②を乗じて出た語数を Your real reading speed として別配付のグラフ用紙に記録する。	*生徒にT/Fを答えさせる。確認はTかFに挙手をさせながら行う。Fの場合はどこが違うのかを答えさせる。 *机間巡視しながら、グラフにきちんと語数を書いているかを確かめる。	聞く 話す
本文の聞き取り（2分）	*授業者が本文を読むのを聞きながら、再度英文の理解を行う。同時に、授業者が息継ぎをする度に教科書に斜線を書き込んでいく。	*本文を生徒が意味を理解しやすいように、意味のまとまりごとに区切りを起きながら音読する。	聞く
コミュニケーションによる英文理解 　情報収集 （5分）(W—エ)	*ワークシートにある8つの質問に簡潔に答え、次のペアワークに備える。	*ワークシートの質問の答えは全てを書くのではなく、答えの中心となる部分をメモ書きするように指示する。	読む 書く
コミュニケーションによる英文理解 　ペア活動 （4分）(W—エ)	*上記質問の答えを利用して、本文の内容を英語で口頭でペアの相手に伝える。その際には教科書は見てはならない。	*机間巡視をしながら、生徒の活動を観察する。声の大きさや相手への伝え方について指導を行う。	聞く 話す
発表（5分）	*指名されたペアは上記ペア・ワークを皆の前で発表する。 *他のペアは発表を聞く。	*2～3ペアを指名し、発表させる。	話す 聞く
Post-reading 英問英答（3分）	*授業者の英語の質問に答え、ノートに答えを書く。	*本文の内容について英語で質問し、答えを生徒にノートに書かせる。	聞く 書く

サマリー・ライティング (7分) (W—オ)	*本文のサマリーを上記の英問の答えを利用して，5分間でノートに書く。 *書き終えた後にペア同士でノートを交換し，互いのサマリーを読み合う。	*5分間で本文のサマリーを書かせる。 *互いにサマリーを読み合う際に，相手の誤りが見つかれば知らせるように指示する。	書く 読む
まとめ (3分)	*授業者のまとめを聞いて本文の内容を再確認する。	*本文の内容について板書しながら英語で生徒に伝え，本文の内容を再確認させる。	聞く

(2) 授業展開

　この授業のねらいは英文を和訳することなく，T/F クイズや Q & A，そして生徒同士のコミュニケーション活動を通じて生徒に英文の理解させることである。

　学習指導案中の前時の復習は，前時の内容である人口爆発の原因について生徒に再確認させ，本時の内容である人口爆発がもたらす諸問題について生徒たちのスキーマを活性化させることをねらいに行った。教師の簡単な説明の後，生徒たちは起立し前時に学んだ内容を口頭で発表する。発表ができた生徒は着席できるので，生徒たちは競って発言しようとする。

T: Now, let's review what you learned in the last lesson. In the last lesson, you knew that the population in the world is increasing rapidly and it is growing more quickly in some parts of the world than others. In addition, you learned about some causes of the population explosion. OK, then, tell me more specific information about the world population. Everyone, please stand up.
　（生徒達は起立し，一斉に手を挙げる。教師は生徒の一人を指名する。）
S1: There are more than 6,000 million people in the world now.
T: Yes, you're right. You may sit down. Any other information?
S2: Latin America, Africa, and Asia have the faster growth rates than other parts of the world.
T: Yes. Sit down, please. Which part has the fastest growth rates?
S3: Asia has.
T: Is it true? It is certain that Asia has the largest number of people,

but ...
S 4: Latin America has the fastest growth rates.
T: Right. OK, you and the students on your line may sit down. （中略）Now, today, you will learn about some problems caused by the population increase. Can you guess some of the problems?
S 5: A shortage of food?
T: You are right. Many people may suffer from hunger.
S 6: There are not enough jobs for a lot of people.
T: That's true. As you said, unemployment will be a big problem. You and the students around you may sit down.

（次々と生徒が発言し，着席する。最初は発言した生徒だけを着席させるが，段々とその生徒の列や周りの生徒も一緒に着席させていく。）

学習指導案中のPost-reading（英問英答）はワークシートのReading through communication（W一エ）とは異なる英問を用意し，生徒に質問を聞き取らせながら，ノートに答を書かせ，次のサマリーライティングに備えさせるものである。

尚，前述したように，この時間では文法等の指導は行わず，次の授業でワークシートのLanguage Study（W一カ）の部分を利用して行う。授業では全文訳はしないが，重要文法事項を含む文や内容把握のために理解しておくべき重要（難解）文については次の時間に説明している。本授業では授業者は基本的に英語のみで授業を行ったが，文法等を説明する授業は日本語で行う。

4．生徒の到達度評価，および授業の内省
(1) 生徒の到達度評価

観点別評価を考えるとき，理解の能力は速読のグラフにおける速読のスピードの変化，及びT/Fの正解度を参考に評価する。関心・意欲・態度，表現能力は生徒同士のコミュニケーション活動で評価するが，授業中は観察評価よりも指導に重きをおきたいので，授業外で生徒を呼びだし，ペア活動を実際に授業者の前で再現させて評価をしている。

(2) 授業の内省
　授業は全て英語で行うようにしているが，自分自身の英語の誤りも多かったようである。生徒にも英語で活動させるのであるから授業者は自分の英語に十分注意をしなければならない。授業の準備だけではなく，授業者自身が日頃から英語の実力を磨いておかなければならない。
　本時の中心の活動である生徒同士のペア活動（コミュニケーション活動）に関しては，生徒の中には用意された質問の答えをただ読んでしまう者も多く，真のコミュニケーション活動にはなっていないことも多い。今後は年間計画に従い，徐々にヒントになるものを減らしていき，最終的には生徒が自分自身の力で理解した内容及び情報を相手に伝えられるようにしていきたい。

5．私の理想の授業
① 教師と生徒が共に作り上げる授業（双方向性の授業）
　　授業は教師と生徒との共同作業である。教師中心の一方的な指導による授業ではなく，生徒が主体的に参加しようとする意欲の持てる双方向性の授業。
② 変化とリズムの感じられる授業
　　緊張感の中にもゆとりがあり，厳しさの中にも楽しさが感じられるといった変化があり，だらだらと活動するのではなく一定のリズムで進められる授業。
③ 生徒の知的欲求に応える授業
　　高校生にふさわしい教材が選ばれ，生徒がもっと知りたいと思うような情報を与えられる授業。
④ あくまで"English is a tool of communication."の考えを貫いた授業
　　目標は生徒が英語を用いて活動することで楽しさが感じられる授業。知識の注入だけではなく，生徒たち自身が英語を用いて自己表現できる授業。
⑤ 教師自身が楽しいと感じられる授業
　　何よりも毎日授業を行う教師自身がやりがいを感じ，授業の準備に要する苦労が喜びに変わる授業。
　　（千葉県立流山おおたかの森高等学校/元千葉県立東葛飾高等学校　渡邉信治）

〈授業分析〉
和訳を介さない双方向のリーディング授業への挑戦

　本授業の中心的なテーマは日常的な授業展開のなかで、いかにしたら「和訳を介在させないで英文理解に達する」ことができるか、またその目標が「生徒自身のイニシアチブによって達成される」ために、教師はどのような手だてを提供しておくべきか、ということである。前節で示されている授業者の意図をこの観点から分析することにする。

1．読みスピードの計測
　授業者は速読を促すために（暗に和訳を discourage させるために）、教室での黙読で一斉に wpm を計測し記録させている。目標としている 100 wpm → 120 wpm も高校生としては妥当な線であろう。ただ wpm の数字については様々な見解があり、テキストの難易、読みの目的によってもそれは大きく変動するものであるから、記録紙に示されたグラフの波にあまりこだわらない方がいいであろう。もちろんここでいう読みスピードとは初見での速さであり、事前に目を通していたり、主要な単語を辞書で当たっているのであれば、wpm 自体意味を成さない。（授業者の説明によれば、シラバス等でこの授業の予習は必要のないことを知らせているので、教科書は初見である生徒が大部分であるとのことである。）また T/F の正答率によって wpm の値を勘案する方式は一見妥当であるかのように見えても、各設問があまりに自明（「読み」がなくても答えられる）であるため、授業時間の浪費かもしれない。ただし、これら全てを内容理解にいたるステップの一つと位置づけるのであれば、その教育的意義を否定するものではないし、授業者の意図も理解できる。

2．語彙の確認
　ワークシートの語彙部分は1課分まとめて生徒に渡し、自信のない生徒は予習してくるように指示しているとのことである。語彙力は生徒間で最も差が開くものであるから、教師として予習を期待するのは当然であろう。ただ授業中の作業が予習を前提にしているものか、初見で文脈による語意推測を期待しているのか意図がはっきりしない。もし前者であれば、

pressing や shortage の例文は（時局的話題ではあるが）語彙確認の域を越えているし，後者とすれば apparent, provide for の例文は適切ではない。その辞書的意味を越えた理解は，本授業で扱う部分のテーマを把握するうえで不可欠ではなかろうか。一般的な高校生のレベルを考えるなら，教科書で初出としている語彙は辞書で調べることを義務づけ，授業中の語彙確認作業は，辞書的意味をコンテクスト上に位置づけるためのものと理解するのがいいであろう。そのために，できるだけ印象的な例文（ないしはフレーズ）を教師が考案するように努めたい。

3．教師読みの聞き取り

付属テープでなく教師自身による読みを聞き取らせているところは見事である。ただ息継ぎごとに生徒は斜線を入れていくが，単に音声に反応しているだけなのか，それとも，文構造の把握・意味のまとめと併行して行われているのかはっきりしなかった。本授業は生徒同士のペア活動に焦点が絞られているため，教師による「読み聞かせ」は軽く扱われている印象を持った。一般的レベルであれば，本文の段落構成や陳述の仕組みなど，板書や図示，さらにジェスチュアなどで生徒の反応を確認しながら語りかける（いわゆる「オーラル・イントロダクション」）方式が主流になるところである。もっとも本授業では，音読につながる音声指導を視野に入れているのかもしれない。

4．生徒の黙読とワークシート

ここで生徒は教師が用意した英問を手がかりに，内容把握を各自試みる（必ずしも文章としての英答を意識する必要はない）ことになる。本授業の中心を成す部分であるが，前段の教師の読み聞かせだけで陳述の道筋を押さえていくのは生徒にとってかなり厳しい作業である。普通のクラスであれば，授業の中心を前項（教師の説明・読み聞かせ）に置き，本段階はその流れを受けて生徒各自の黙読・ワークシート作業となるのが一般的であろう。ワーク自体も英問を並べるだけでなく，論旨の展開を箇条書きで確認するような問題も含む工夫が必要である。

5．ペア・ワーク

　ここをコミュニケーション活動と呼ぶのは，前項で各自制作した要約のメモをペアで口頭説明し，内容を理解することによって各自の理解を深めることが期待されているからである。当然これは，相手に理解してもらえることを目的としている。デモンストレーションを見る限りにおいては，コミュニケーション活動として成功しているように見えない。それは何よりも相手の要約を聞き取らなければならない必要感が聞き手にないせいであろう。ここではむしろ単純に，教師が用意した質問文を用いての問答のほうがペアワークとしては適切ではなかったか。本当に「自分の理解を相手に伝える」，「相手の情報によって自分の理解を補充し深める」ことを期待するなら，"That's right.""I thought in the same way."などの反応が自然発生するように，ワークシートの構成をもっと充実させておく（例えばペアで異なったワークシートを用意しておくとか）必要があるであろう。

6．サマリー・ライティング

　予備段階として，教師は口頭で質問を行い，生徒がそれに対する答えを英文で書く作業がセットしてあることに注意する必要がある。これは前段階ペアワークの準備として与えられたワークシートの設問とは違い，その解答が要約文の作成に効果的になるように工夫されている。したがって，「サマリー・ライティング」として要求されるのは，教師による英問の答を統合し，自己の見解を加えたstatementの作成であるはずである。当然それはきわめて高度な要求であって，本授業でもどこまで成功したかビデオでは確認できなかった。

7．まとめ

　最後に教師が板書した要約文の空所を補充することで全体理解の「だめ押し」が行われている。また当授業冒頭での復習作業で生徒が競って挙手をして発表を競い合っている様子からも，生徒の教科書理解は完璧であるように見える。ペアによる情報交換活動はもうひと工夫必要かと思うが，精緻に構築された授業案から「双方向の授業」，「緩急自在の授業」，「楽しい授業」など，授業者が意図したリズムが手際よく伝わってくる。

もちろん授業案とは，それが意図した特定な場面でしか機能しないものである以上，本授業がそのまま他の場面で有効であることはあり得ない。とくに読解作業の中心をペアワークに置いているところは，一般的な高校生のクラスでは無理であろう。英語であれ日本語であれ，それに先行する教師からの内容解説・構文説明などをもっと充実する必要がある。

　　　　　　　　　　　　　　　　　　（新潟医療福祉大学　**高橋正夫**）

5.2 スピーキング，ライティングと有機的につなげるリーディング指導（中3・2学期）

1．本時の目標，および学年指導目標における位置づけ

　中学1〜2年の頃なら盛り上がっていたはずの歌やゲームでなぜか盛り上がらない，ということはないだろうか。中学3年生にもなると精神的成長も著しく，それに伴って知的欲求や関心も広くて深いものになってくる。彼らの知的関心を満たすようなしっかりとした内容のある教材を取り上げたい。

　英語によるコミュニケーション能力を伸ばそうとするとき，コミュニケーションしようとする「関心」や「意欲」は不可欠である。しかし，その「内容」も同様に重要である。「内容」が薄っぺらであったり，「内容」が伴わなかったりすれば，「関心」も「意欲」も生じない。人に伝えたい「内容」，人に聞いてもらいたい「意見」があれば，自然に「関心」や「意欲」も出てくるはずである。また，多少の文法的な間違いを犯したとしても，相手は必ず耳を貸してくれるだろう。かくしてコミュニケーションは成立する。

　本単元で扱う教材は，内容があり，よりテーマ性のある *Everyday English 3*（中教出版，平成10年版）のリーディング教材，Visa That Saved Human Lives である。第二次大戦時，日本政府の意向に背き，ナチスドイツに追われて行き場を失っていた約6千人のユダヤ人に日本の通過ビザを交付し，その命を救った在リトアニアの日本人外交官，杉原千畝の苦悩する姿を描いたものである。

　リーディング教材ではあるが，生徒の「関心」「意欲」を喚起しながら，筆者の伝えたいことを読み取り，自ら共感したり，また自分の考えを持ったり，また，それを伝え合う，といったレベルにまで高めつつ，内容のあるコミュニケーションを展開したい。このような観点から，本授業では，内容を重視したいわゆる content/theme-based instruction により，テーマ・内容を求心力としながら，4技能をバラバラに指導するのではなく，有機的に連関させることで，生徒のコミュニケーション能力を総合的に育

成しようとするものである。

本時で扱った教材は以下の通りである。

> "I want to help them, but I have to ask Tokyo," Sugihara said. He sent a telegram to the Foreign Ministry in Tokyo. He asked for permission to give visas to the Jews. But the answer from Tokyo was no. At that time Japan was friendly with the Nazis.
>
> Sugihara sent another telegram to Tokyo. But the answer was still no. He sent a third telegram. He said the Jews has nowhere else to go and added that the Nazis were coming soon. Again, he got the same answer.
>
> Sugihara and his wife discussed the matter for some time.
>
> "If I don't follow orders, it will mean the end of my career."
>
> He looked out the window. More and more Jews were gathering around the house. They all looked very tired. "If I choose my career, these people will lose their lives. Hundreds of lives are more important than my career."
>
> Sugihara went out and said to the crowd, "I will give a visa to every one of you."
>
> There was a long silence, then a shout of joy.

　この単元の目標は，しっかりとした内容を伴う英文の理解にとどまらず，スピーキング・ライティングに有機的に発展させていくことである。この単元には，6時間を配当した。
　第1時：「ビザ」の説明，歴史的・地理的背景の説明
　第2時：在リトアニア日本領事館に押し寄せるユダヤ人
　第3時：発給について悩む杉原（本時）
　第4時：日夜働き続ける杉原
　第5時：杉原のおかげで多くのユダヤ人が救われたこと
　第6時：本文全体の内容確認と文法事項の整理
　本時は，第3時にあたり，杉原の内面の苦悩を理解し，それを生徒自身が杉原の立場で表現することを目標とした。

2．授業準備のプロシージャー

(1) 参考文献の収集とインターネットの活用

　ティーチャーズ・マニュアルでは，紙面の都合上，どうしても最低限の知識や情報しか得られない。まずは，参考文献や書物などを，長期休みなどを利用して前もって計画的に読み，背景知識を得ておくことが大切である。インターネットからも多くの情報を簡単に得ることができる。テキストや画像を加工して使用することもたいへん簡便である。ただ，情報の質や信頼性については十分吟味し，慎重に使用することを心がけなければならない。

(2) 視覚教材と実物の提示

　ことばや文字で説明するよりも視覚で提示したほうが効果的なことも多い。例えば「ビザ」に「出入国査証」という日本語を与えてどれだけ理解ができるだろうか？　私自身がオーストラリアに入国した際の visa をハンドアウトにしてビザとは何かを理解させた。また，実物で提示できるものはできるだけ実物を提示したい。やはり「リアリア」の効果は抜群である。

　また，杉原千畝の肖像は，インターネットから画像を黒板に貼って見えるくらいの大きさに拡大してプリントアウトした。ワークシートにも，インターネットから取った杉原千畝とヒトラーの肖像を配置した。ワークシートのレイアウトも重要であろう。黒板のレイアウト同様，ぱっと見てわかる，というようにしたい。

(3) 年表や白地図の利用

　「リトアニア」はどれかと問われて，すぐに答えられる生徒は少ない（教師もそうかもしれないが）。白地図も拡大コピーして使用した。英語という教材の特性上，外国の文化や風物を扱うことも多い。それが地球上どこに位置するのか，具体的に示してやる必要もたびたび出てくる。白地図を常備しておくと，自分の使い勝手がいいように加工もでき，いろんな使用が考えられる。

3．本時の授業展開

　授業では基本的に英語を使うようにしている。中学1年生の時から「英語授業では英語を使う」という姿勢を示しておく。生徒も英語を使うのが

当たり前、という雰囲気になる。適宜、ハンドアウトを用いて、教師が使うクラスルーム・イングリッシュや生徒自身が使える表現を与えて、積極的に使用するように指導している。もちろん、文法事項の説明など、日本語を使用したほうがいい場合には、英語に固執せず、日本語を使って簡潔明瞭に説明することである。

(1) Greeting and Small Talk（3分）

　教師が教室に入っていく。起立、礼はしない。生徒は座ってリラックスして教師を待っている。英語授業の場合では、そのほうが自然に始めることができると考えている。全員に How are you ? 全員が "I'm fine, thank you."ではなくて、全員ではなくても、何人かの生徒に、名前を呼んでやりながら、個人的に声をかけたい。"How are you doing, Yuki ?" "Don't you feel nervous ?"（この日は公開授業で参観者が教室に多くいた）"It is getting colder day by day. Do you like winter, Atsushi ?" "Have you started using a heater at home ?"（11月下旬でたいへん寒い日が続いていた）

　教師は、すぐにでも授業に入りたいものであるが、まずはスモールトークで、雰囲気を和らげたい。ここでクラス全体で「笑い」が起きたりすると後の授業もずっとスムーズに進めることができ、むしろ効率的である。

(2) Review

ア．音読（3分）

　前時に学習した部分のコーラスリーディング。英文の難易度を考慮に入れて、いっそうの定着を図ること、また、次の活動への準備として生徒全員に声を出させておくことが目的である。私は、授業中にも音読をかなり多く取り入れている。家庭学習でも奨励している。音読は、スピーキングやリスニングにもつながるたいへん効果的な学習法であると考える。

　コーラスリーディングの次は数人の生徒を指名して個人読み。この場合は、起立させて行う。読みっぱなしにはしないで、それぞれの読みの後、良かったところや、ここをこうすれば良くなるといったコメントを添えるようにしている。

イ．Oral Interaction（10分）

　音読の次には、前時に使用した杉原と彼の妻の写真を黒板に貼って注目させる。黒板をうまく利用することによって、生徒の顔を上に向かせるこ

とになる。そして，教師と生徒とのオーラル・インタラクションを進めながら，前時の内容を復習・確認していく。
T: Do you remember his wife's name?
S: Yukiko.
T: What is Mr. Sugihara's job?
S: "外交官"
T: What is the English word for "Gaikokan"?
S: ...
T: "Diplomat." Repeat after me, "diplomat."
Ss: Diplomat. (In chorus)
T: Mr. Sugihara was a diplomat.
Ss: Mr. Sugihara was a diplomat. (In chorus)
T: He had a long career as a diplomat. He started to work in 1922.
Ss: He started to work in 1922. (In chorus)
T: He became a consul of Lithuania in 1939. （地図を黒板に貼りながら）Where is Lithuania?

　生徒にもできるだけ英語を使用するように促しているが，「英語以外はダメ」ではかえって生徒の意欲を損なうことにもなりかねない。日本語で答えたら教師が英語に直してやればよい。
　地図を黒板に貼って地理的な状況を確認する。同時に，内容的に重要だと思われたり，後で使うかもしれなかったりする語句や表現は板書する。特にポイントとなるものは全員にリピートさせる。教科書に出てこないやや難しい語句も使用しているし，生徒にリピートさせることもある。ここで出てきた単語や表現を全て暗記しなくてはいけない，というわけではない。もしそうなら授業中に使用する語彙はたいへん貧弱なものになってしまうだろう。
　他に，オーラル・インタラクションで心がけていることは「テンポ」である。教師の発話スピードもかなり速い。無理にゆっくりと発話して不自然にならないようにしている。生徒が理解できなかったら，もう少しゆっくり繰り返したり，より簡単な表現にパラフレーズしたり，ジェスチャーや絵を活用する。もちろん日本語の活用もあるだろう。中学1年から意識的に行うとかなりのスピードでも慣れてくるものである。

ウ．宿題の発表（5分）

　宿題の口頭発表。ユダヤ人がなぜ，リトアニアの日本領事館に集まってきたかをユダヤ人の立場に立って，自分のことばで書いてくることが宿題であった。教師が杉原役となり，生徒がユダヤ人という設定で英語による応答を行う。

T: Let's suppose that I am Chiune Sugihara and that you are Jewish people.
　（生徒に）What do you want?
S: We want a Japanese visa.
T: Do you want to live in Japan?
S: No.
T: So why do you want a Japanese visa?
S: I want to go to the US.
T: Why?
S: We have to leave here because of the Nazis. They are killing us.

(3) New Materials（20分）

ア．オーラル・インタラクション

　ビザの発給をユダヤ人から求められた杉原が，ビザを発給すべきかどうかで悩む部分である。主に英語で，時には日本語を交えながら状況を説明し，復習部分と同様にオーラル・インタラクションで内容を確認していく。

T:　The Jews wanted to go to other countries through Japan. What did they need to enter Japan?
S:　They needed a visa.
T:　Mr. Sugihara couldn't give them a clear answer on the spot because he has no power to issue the visa. What did he need to give them a visa? ... He needed permission. Repeat after me.
Ss: He needed permission.
T:　So he asked the Tokyo government. Did he send a letter to Tokyo? What do you think?
S:　Well, he sent a letter.
T:　No. It took a long time. They didn't have enough time. The Nazis

are coming soon. So he sent a telegram.

"He needed permission from Tokyo." や "The Nazis are coming soon." など，後の活動で生徒が使えそうなものや本文に出てくる表現については，リピートさせた。全体でリピートさせた後，数人を指名して個人でもリピートさせることもある。そのほうが全体に緊張感が保たれ定着もいいようである。キーワードとなりそうなものは板書した。

イ．時代背景の確認

T: Why didn't the Japanese government want to give the visas to Jewish people ? Take out the handout we used last time. What happened in 1937 ?
S: Germany made a pact with Japan.
T: Yes, Japan was a friend of Germany. Repeat after me.

　ここで，前時で使用した書き込み式の簡単な年表を出させて，当時の日本とドイツの関係に再度注意を喚起した。

ウ．板書を用いた説明

　"He has two choices." ここで "To give visas or not to give visas" として，杉原の2枚の全く同じ写真を黒板に貼った。この授業では，杉原がビザを発給すべきか，すべきでないか悩む部分を読んで理解することである。そのことを視覚的に提示し，本文の内容の理解を促すことが目的である。

エ．音読

　次に本文のコーラスリーディングを行った。すでに本文の多くを，オーラル・インタラクションの時に口頭練習しているので，初めてでもそんなに抵抗はないようだ。

オ．ライティング

　次にワークシートを配布し，ライティングの活動に移る。板書をそのまま写し取ったものである。生徒は，教科書をコピーするのではなく自分のことばで，杉原になったつもりで状況を説明することが求められている。

I want to give visas to the Jewish people because...

I can't give visas to the Jewish people because...

　板書してあるキーワードを参考にしながら生徒は書き始める。ライティングには時間がかかるので，なかなか授業で全てを終えることは難しい

が，最初から「ハイ，宿題」ではなくて，とっかかりの部分はできるだけ授業の中で保障してやるようにしている。

4．生徒の到達度評価，および授業の内省

　宿題は，次の時間で何人かを指名して口頭発表させた後，全員のワークシートを回収した。評価は3段階で行った。また，スペリングの誤り，時制，主語と動詞の不一致などの明らかな間違いは訂正して返却した。

　ライティングのチェックには時間的な制約もあり，全ての誤りをチェックすることはできない。また，それが生徒の意欲を損なうこともあろう。多くの生徒が共通に犯すような誤りは，一覧表にして，ハンドアウトで生徒に示して，どこが間違っているのか，どうすれば正しい文になるのか，と考えさせることも効果的であろう。

5．私の理想の授業

　英語の授業は，単なる入れ物ではなくて，授業そのものが，生徒と教師が協同してつくりあげていくコミュニケーションの場である。

　私は，特に，中学生の生徒には「私の英語の授業は家庭科の調理実習

だ」と説明している。調理実習の特徴とは何か？
- 調理の基本とレシピを習得する＝文型・文法事項の学習
- 調理をして，自分の作った料理をみんなで食べる＝実際の運用
- 将来に役立つ＝学習方法の学習，生涯学習

　この単元では，しっかりした内容があり，考えさせるテーマをもった教材を扱った。英語授業を通して，自分の意見を発表したり，友だちの意見や感想に耳を傾けたりして，より広い世界へと視野を広げていってくれることを願っている。

（奈良女子大学附属中等教育学校　平田健治）

〈授業分析〉
総合的活動へとつなげるリーディング指導の留意点

　良くも悪くも本授業は，内容を重視した content/theme-based instruction の典型的な授業例である。また教科書での扱いがリーディング教材となっていることもあり，語法，文法などの言語の機能面への言及はほとんど意図されていない。したがって本授業の成否は生徒たちが英語を通して，どれだけ本教材の主人公である杉原千畝の苦悩に迫ることができたかによるし，授業運営の観点からはリーディングからスピーキング・ライティングへいかにスムースに発展させ，それが相互に深め合う形に統合されているかがポイントである。以下授業の進行に合わせて，授業者の意図がどれほど成功したか見ていきたい。

１．スモールトーク

　個々の生徒と意味のあるコミュニケーションを図りたいという教師の願いは分かるのであるが，僅か2, 3の生徒から Yes とか No とかの返事しかもらえない（多数の参観者で緊張していたせいかもしれない）のでは，クラス全体の雰囲気を盛り上げるのに不十分であろう。授業者自身が言うように「笑い」が生まれてくるくらいが望ましいのであるが，本授業はもうこの段階で教師主導型で推移していくのであろうことを思わせる展開になってしまっている。雰囲気作りを第一義的目的とするのであれば，同じ

3分間を使って，同一テーマ（たとえば「冬は好きか」など）を全員が隣り（前後・対角線）同士でがやがや言い合って，そのあとで「友だちは何と言っていた」と教師が尋ねる方式のほうが有効であろう。「スモール」トークとは言うものの，生徒を授業の中に引きずり込んでいくためにはきわめて重要な役割を果たす部分である。

2．復習

授業者は音読を大変効果のある学習法と位置づけ，教師のモデルに従った斉読と4人の生徒による個人読みを復習部分の中心としている。それだけ念入りに音読指導に時間を費やしているが，音読（とくに斉読）にはコミュニケーション活動の観点から様々な疑念が呈されていることを意識しておく必要があるであろう。現実の社会では，40人以上の人間が同一の音調で同一のテキストを読み上げる行為はお寺での唱名か政治集会でのシュプレヒコールぐらいしか考えられないからである。もちろん斉読は，とくに初級レベルにあっては，文字の音声化という教育的意味で一概に否定されるべきではなく，授業者の意図もそこにあったのであろうが，斉読で生まれやすい「お経読み」のリズムに対する配慮が十分ではなかったようだ。個人の音読では，more dramatically とか open your mouth wider とかのコメントを与えていたが，これが既習内容の表現活動であることを考えると，もっと大胆に，文意に応じた「表現読み」まで指導できたらよかった。

音読のあとには，なぜユダヤ人が日本領事館に集まってきたのかを説明する宿題の口頭発表が続く。飛行機で第三国を経由して目的地へ簡単に旅行できる現在の状況から，シベリア経由でアメリカに逃れるユダヤ人の過酷な旅を推察するのは困難である。すでに前時までに教師の説明があったはずだが，ビデオで見る限り，理解は十分でないようだ。ここでも地図・写真・年表など教師は様々な視覚教材を提示しながら生徒に問いかけているが生徒の反応はいまひとつである。ひょっとしたら教師の流暢な英語力に圧倒されているのかもしれない。ノーマルスピードに固執するあまりに，生徒をリラックスさせ発言を誘う「緩急自在な語り口」も必要であることを教師は忘れてはならないのである。

3．オーラル・イントロダクション

　ここは本授業の中心を成すところで，実際の計測でも授業時間の 20 分前後がここに当てられている。平田先生は事前に教材の背景的知識を十分に学習し，その豊富な知識をもとに教材内容を興味深く導入している。Let's suppose you are Jewish people. What do you want to do if you are Sugihara ? などと，生徒にテンポよく話しかけていく授業運びは見事である。また Holocaust についての熱のこもった説明は感動的でさえある。教科書の文章も活用して，新しい表現，重要な単語，核となる情報など，場面展開に合わせて板書しているが，これも伝統的なオーラル・イントロダクションの手法である。ただこうしてテキストの情報を微にいり細にいり口頭で事前に知らせてしまうやり方について，「文字から情報を得る」というリーディングの基本的な機能を放棄してしまうものだという批判があることは承知しておいたほうがいい。ただこの場合，本教材が背負っている複雑な国際情勢と生徒の貧弱な予備知識を考えるとオーラルで徹底的に内容を解説しようとする授業者の選択は正しかったと考える。

　ただこの手法では，どうしても教師からの一方的な語りかけが活動の中心になってしまい，教師・生徒，あるいは生徒同士のインタラクションがうまく機能しない欠点がある。本授業では時々重要表現をリピートさせたり，生徒の言葉を引き出そうと発話のテンポを落とす場面が見られたが，やはり教師の活躍ばかりが印象に残る結果になっている。要はバランスであるが，生徒のスピーキングにも活躍の場を与えるために，たとえば，Why didn't the Japanese government want to give the visas to Jewish people ? などの多様な解答が可能な質問を教師から生徒へ投げかけるだけではなく，Was Japan a friend of Germany ? などの具象的・具体的な事象についての質問をペアに下ろし，生徒同士のインタラクションに一定の時間を当てるという工夫も必要ではなかろうか。

4．読み

　前項の口頭による指導が徹底しているので，ここでの音読は初見であってもかなりスムースに進行している。新出単語にも抵抗がないようであったが，生徒の予習がかなり徹底しているのかもしれない。通常の授業であると語彙指導としてフラッシュカードなどの出番があるのだが，本授業で

は全て教科書のコンテキストのなかで扱われ，個々の単語に注意を向ける場面はなかった。それも content-based instruction の立場では当然であるが，しばしば語彙数の増大がリーディング教材の最大の目標としている教師からすればちょっと物足りなさを感じるかもしれない。

5．ライティング

　本時教材の中心的テーマである杉原の苦悩を，一人称を用いて自分の言葉で表現することが求められている。リーディングをスピーキングやライティングに「有機的につなげる」具体的な表れであるが，時間が不足していたこともあり充分な成果があがったようには見えない。実際どのような英文を生徒が書いたかビデオでは明らかではないが，because they will be killed by the Nazi とか because the government does not give permission とかの紋切り型解答に終わってしまう恐れはないだろうか。「有機的」というのであれば，「理由の文章を3つ以上書いてみよう」，とか「杉原の妻はどう思ったか推察してみよう」とか，生徒の表現に幅が出るような設定をして，書くために，もう一度テキストを読み直す行為を触発したいものだ。そうなってこそ，ひとつのテーマのもとに4技能を統合的に訓練するという授業者の意図が完結するのではなかろうか。

（新潟医療福祉大学　高橋正夫）

5.3 クリエイティブ・ライティングの指導
——生徒が発言するライティングの授業（高3・2学期）

1．本時の目標，および学年指導目標における位置づけ

筆者は現在東京の中高一貫校に勤務しており，生徒はほぼ全員大学を受験する。しかし受験のための教育ではなく社会に出て使える英語力をつけることを目指し，授業では4技能をバランスよく扱うようにしている。

(1) **クリエイティブ・ライティング（高校3年生）の到達目標**

高校3年生には次のことを求めている。
① 読み手を意識した文章を書くことができる。
② 英語の論述パターンを身につけ，効果的にディスコースマーカーを使うことができる。
③ 物語文や意見文などのジャンルを問わず，短時間で100語程度のまとまったパラグラフを書くことができる。

中学から自分の考えを表現する指導を積み上げていく過程で，生徒の精神年齢と英語力とのギャップに悩まされるものだ。しかし，高校3年生ともなればその差が縮まってくる。このような生徒たちに本気で自己表現に取り組ませるためには，重い内容の課題も適宜与えたい。今回紹介する授業では，*Would you tell the truth to a patient who has terminal cancer?*（末期癌患者への告知の是非）というテーマを取り上げた。

(2) **本時の目標**

書いたところで終わってしまいがちなライティングの授業だが，コミュニケーションに寄与するという観点から見ると，それでは少々物足りない。せっかく書いたものを教員が読んでおしまいでは，生徒も書く甲斐がないだろう。「書く」という行為は，その後の活動が想定されていなければ虚しい自己満足に過ぎない。

本授業では普段のライティングを一歩すすめ，お互いに自分の意見を口頭発表し合い，考えを共有し合うところまで持っていくことを試みた。この時間は高3最後の授業にあたり，中高6か年で学んだ英語のスキルを総動員して取り組む「仕上げ」の授業となった。

本時の目標は以下のとおりである。
① 自分の意見を効果的にパラグラフにまとめることができる。
② 自分の意見を口頭で聞き手に分かりやすく発表することができる。
③ 級友の作文を読みアドバイスをすることができる。

目標③は，「生徒同士がお互いに刺激し合い，考えを深めたり英文の質を高めたりできるようになってほしい」という願いから，授業中に peer correction の過程を取り入れていることに由来する。この手法に対しては editing の上であまり効果がないとする否定的な意見が多いが，筆者は，少なくとも生徒にとって教師以外の読み手を得られる，という点において意義があると考えている。

2．授業準備のプロシージャー

この授業を成立させるポイントは(1)適切なインプットを大量に与えること，及び(2)生徒が普段から英語で話すことに慣れていること，の2点である。

(1) インプットについて

生徒に何かを書かせるためには，まず充分なインプットを与えなければならない。インプットとは，その話題について語るための「語彙」と「表現」はもちろんのこと，その話題についてどのような「考え方」があるのかを知ることまで含む。

今回の授業のためには以下のようなインプットを準備した。
① 問題提起の文章（リーディング教材/賛成論）
リーディング演習用の問題集に採録されていた文章を利用。「末期癌患者にその事実を告知すべきである」という主張を展開し，その理由を3点述べる典型的な意見文となっている。
② 1年上の先輩が書いた文章（リーディング教材/反対論）
前年度高3のリーディング授業で①の文章を読み，期末考査ではそれに対する自分の考えを書かせた。その中から告知に反対する立場で書いたものを2点選び，本授業で使用。
③ ALT へのインタビュー（リスニング教材/賛成論）
筆者が本校 ALT（アメリカ人）に「告知すべきか否か，またそう考える理由」をインタビューし，それを録音。ALT は告知すべきと考えてい

る。また，一般にアメリカ人の医者がどういう態度を取るかについての情報も付け加えてくれた。
(2) 英語で話すことについて
　書いたものをいきなり口頭で発表させようとしても，聴衆に通じるパフォーマンスは期待できない。ライティングの授業といえども，日頃から英語で話す機会を保証する取り組みが必要だ。筆者がライティングの授業で心がけていることは次の2点である。
① 書く前のトーキングセッション
　「考えを深める」ことを目的として，書き始める前にペアまたはグループでその話題について英語を使い5分程度話し合わせる。
② 書いたものをクラスで発表する機会
　「夏の思い出」や「私のお気に入り」などの印象文を書かせた場合，よく書けている者を選んで前で発表させる。また高3の課題として"The Most Impressive Thing in My High School Days"を書かせているが，この場合は1時間かけて全員に発表させる。3年間を振り返りながら生徒同士が思い出を共有し合う，楽しくも心温まる時間となるのは請け合いだ。

3．本時の授業展開
　この授業は2時間でひとつの活動が完成するようデザインされている。
(1) 1時間目の展開
1) Greetings〈1分〉
　生徒に，自分が癌にかかったとき教えてほしいかどうかを聞いてみる。
2) Reading Practice〈25分〉
　"Death Sentence to Cancer Patients"という文章【参考資料1】を読み，topic statementを指摘し筆者の主張を支える理由を整理する，といった読解作業を行いながら，「癌の告知問題」に関する基本的な概念と語彙に触れる。
3) Expanding Ideas〈4分〉
　この話題について1年上の先輩が書いた2つの文章（反対論）【参考資料2】を教師が読み聞かせ，数人の生徒に日本語で要旨を言わせたあとに原稿を配布する。

〈参考資料1〉

[**What would you do?**]

癌の告知（=death sentence to cancer patients）に関する次の英文を読み、設問に答えなさい。
(300words)

　　Every year, Japanese doctors *diagnose 320,000 new cases of cancer. In a large percentage of those cases, the patients eventually die, many of them without even knowing that they have terminal cancer.　They die without ever knowing the truth because the doctor and their *loved ones take it upon themselves to *withhold that vital piece of information.　They are thus *cheated out of their most precious possession: time.　They are prevented from using their final days on earth in a meaningful way.

　　A person who has only a year or less to live should be allowed to know it.　You wouldn't steal your loved ones' money or clothes or automobile, would you?　Of course not.　But aren't a dying person's last days on earth much more valuable than these?　Would you cheat him or her out of taking that long-dreamed-of trip abroad or of a last visit to old friends and classmates?

　　There are also final items of important family (a)business: arranging one's financial affairs, making sure that family members know the whereabouts of all important documents, etc.　(b)Many are the stories of money and bank accounts lost because the dying person, unaware that death was *imminent, carried vital secrets to the grave.

　　Finally — and the most important — there is the possibility of preventing loved ones from dying at all. There are many cases in which cancer patients, when told that they are going to die, have said, "No way!"　Such people have often shown so strong a will to live that they have successfully fought back and defeated *the grim reaper.　Before deciding not to tell a loved one of the doctor's death sentence, consider this possibility: You may be cheating him out of more than his last days; you may be cheating him out of a chance for life itself.

　　　　Notes:　diagnose: to find out what is wrong or what illness a person has
　　　　　　　　loved ones: family members
　　　　　　　　withhold: to refuse to give sth
　　　　　　　　cheat A out of B: to take B from A in a dishonest or unfair way
　　　　　　　　imminent: almost certain to happen very soon

〈参考資料2〉

To tell the truth or not?
From what your seniors wrote.

<A君>

　　One week ago, I thought patients should be told the truth. I thought not doing so was too passive. But when I heard the words of Mr. Ishikawa, our Japanese teacher, I changed my mind.

　　In his last class, he said to us, "Some people can be active because they don't know the truth." Of course he didn't probably mean cancer, but I realized that some people might be defeated by the fear of death. Such people will live the rest of their life as if they had already died. So I now think the truth should be kept unsaid.

<B君>

　　I don't approve of sentences of terminal cancer at least in Japan. First of all, consider what patients' family think. According to an opinion survey in Japan, most people are in favor of death sentences to themselves, but few are in favor of death sentences to their family member. We mustn't forget the family are deeply connected with the patient's life. Furthermore, I don't think death sentences always make patients' QOL better. There are even cases that those who are told they have cancer commit suicide. Therefore, I'm against the idea of death sentences.

4）Writing the First Draft〈20分〉

「末期癌患者に事実を告知すべきか否か」について自分の意見をまとめ，80〜100語程度のパラグラフを書く。

　教師は原稿をいったん回収。家で家族とこの問題について話し合ってみるように勧め，意見が変わった者はもういちど原稿を書き直してくるように指示する。

　次の授業までに教師は集めた原稿にざっと目を通し，どのような意見が出ているかを確認しておく。これによって生徒に口頭発表させたとき，声の小さい者や内容が分かりにくい発言をした者に対してフォローがしやす

くなる。この段階で添削はせず，読むだけとする。
(2) 2時間目の展開
　本時は生徒に口頭発表をさせることが最終目標なので，思考が英語で働くよう授業はすべて英語ですすめる。（ただし，教師が無駄に時間を取ることを避けるため，やや複雑な peer correction の趣旨説明とやり方のみ日本語で説明した）
1) Greetings ⟨1分⟩
　生徒に大きな声で英語を言わせる。リラックスさせるためジョークを混ぜる。
2) Review ⟨4分⟩
　前時に読んだ「末期癌患者への告知」賛成論における筆者の論点を整理する。主張の理由を生徒に挙げさせながら板書していく。また，家族と話し合ってきた者に家族の意見がどうだったか言わせる。
3) Listening Practice ⟨10分⟩
　ALTへのインタビュー【参考資料3】を2回聞かせ，リスニングワークシート【参考資料4】を完成させる。次に "What would Michael do?" "Why?" "What would most Americans do?" "What would American doctors do?" といった口頭によるQ&Aを行い，ALTの意見を整理する。同時にインタビューに出てくる生徒にとって新しい表現（would probably, emotionally strong, handle the information）を板書し，教師のあとについて言わせる。生徒が自分の意見を述べるとき，ALTの言った表現を利用する者が出てくることを期待している。
4) Peer Correction ⟨8分⟩
　3人一組でそれぞれの原稿を回覧し合う。誤りに気づけば訂正し，内容や表現に関する意見や感想を書き込む。ひとり3分ずつの持ち時間で行う。筆者の経験から Peer Correction によって文法的な誤りが修正されることは稀だが，生徒同士がお互いの作品を鑑賞し，考えを深め合うところに最大の意義があると考えている。
5) Revising the First Draft ⟨10分⟩
　級友のコメントを参考にしながら，新しい用紙に最終稿を書き上げる。
6) Oral Presentation ⟨17分⟩
　まず，全員にどちらの意見か手を挙げさせる。「告知」に対する賛成派

5.3 クリエイティブ・ライティングの指導

〈参考資料3〉

ALT Interview Transcript　　**Interviewer＝平原**
　　　　　　　　　　　　　　　ALT＝Mr. Michael Pritchard

Interviewer: Hello, Michael. Thank you for joining us.

ALT: You're welcome. Nice to be here.

I: Today, I have two questions. The first one is, if one of your family members were diagnosed with cancer, would you tell them or keep it a secret?

A: OK, that's a difficult question. I think I would probably tell them because most of the people in my family are pretty strong emotionally. So I think they could handle the information if I told them. And I think they would want to plan things that they wanted to do at the end of their life so they would be able to do that. So, I think I would tell them if they had cancer.

I: The second question is what would most Americans do in this case?

A: OK, another difficult question. I think maybe many Americans would want to tell their family that they had cancer. Most of the time though in the US, I think that the doctors normally tell the patients directly. But usually there is also a family member presents together. So the doctor tells the patient and family members together normally, I think.

I: Thank you very much for your information.

A: You are welcome.

〈参考資料4〉

Listening to Michael's Opinion　　　　　　Nov. 29, 2002

Listen to the tape twice and complete the sentences.

Q1:　Michael　　would　　　tell his family members the truth.
　　　　　　　　would not

　He has two reasons for it.　The first reason is that _____
_____

　The second reason is that _____
_____

Q2:　Most Americans　would　　　tell the truth.
　　　　　　　　　　　would not

　　　Doctors often _____
_____

NOTES

がクラスの3分の2強を占めたので，少数派である反対派の方を教室の前に立たせ，賛成派との対決ムードを高める。またどちらにも決められないと主張する生徒が3名いたため，中間派（in-between）としてやはり前に立たせた。

口頭発表は教師が mediator（仲介者）を務めながら進める。生徒の声が小さかったり，せっかく書いた英文が不自然なため意味の通じにくい場合がある。そのような場合，教師は生徒の発言を確認したり分かり易い英語で補足説明を加えたりしながら，必ずクラス全員が本人の言っていることを理解できるように配慮する。

次にやりとりの様子を一部採録する。（T＝teacher　S＝student）

T:　Any volunteer?
　　（誰も名乗りをあげないので，賛成派の中から，英語はあまり得意ではないが元気があるクラスのムードメーカー役のA君を指名。）
T:　Yes, A-kun. I think you have something to tell. Why are you positive about telling the truth? Please tell us your opinion.
SA: If my family members were diagnosed with terminal cancer, I would tell them. I have one reason for this conclusion. I can't behave naturally when I talk with them because I know they are diagnosed with terminal cancer and they didn't know it. I can't help behaving as nice as I can. I think this behaving tells them the truth. I think that to tell them the truth is better than to be known from my behavior by them.
T:　I see your point. If you know the truth, they will know that when they are talking with you. They'll know that from your attitude. And you don't like it.
SA: Yes.
　　（この発言は訂正しなかった。A君に勇気づけられたか，このあと賛成派から "I want to be told the truth myself." "Not to tell the truth is just cheating the patient." といった発言が続く。さらにB君が反対派を厳しく非難する）
SB: We all have the right to know. We should not keep the secret

unsaid. If you think it is better that you didn't tell the truth, it is only your egoism. And you will violate the patient's right to know. It is our duty and responsibility to respect his human rights.
（ここで反対派に水を向ける）
T: Negative side, you are called egoists. Do you agree? Now, it's time for you to present your opinion. The egoist group, any volunteer?
C-kun, you want to say something, right?
SC:（困ってつかえながら）I'm selfish.（一同爆笑）But I don't want to tell them. Because I want ... relationship with my family. Usual relationship. ... Usual?
T: OK. So, peaceful relationship? You don't want to break the relationship with your family member. You want to keep the peaceful relationship?
SC: Yes. So I'm selfish.
（B君に"He agrees he is an egoist, but do you understand his feeling?"と聞くと"Yes, I can understand him."と答えてくれた。反対派からはこの他，"I can agree with you theoretically, but I can't do it myself emotionally." "The patient will lose his rational mind."といった意見が出てきた。）

最後に中間派に意見を聞いたところ，"I will tell the truth to optimistic people but I won't do so to pessimistic people."という発言があった。また，実際に2人の末期癌患者が告知を受け，その後一人は素晴らしい仕事を成し遂げたがもう一人は生ける屍のようになってしまった，というテレビで見た具体例を話した生徒がいた。

ここで口頭発表のセッションを終える。発表時は安心感を持たせるため紙を見てもよいことにしたが，おおむね顔をあげて発言できていた。15分程度の短い時間内で口頭発表ができたのは9名だったが，他の生徒たちも発言したそうな様子を見せ，お互いの意見を熱心に聴きあっていた姿が印象的であった。

4．生徒の到達度評価，および授業の内省
(1) 評価
　授業後に最終原稿を集め，「語彙」「語法」「構成」といった要素を考慮しながら wholistic な観点から5段階評価（A，B+，B，B−，C）をした。ほとんどの生徒がB+ないしはAの内容だった。口頭発表については，全員ができたわけではないので評価の対象とはしなかった。もう1時間かけて全員に発表させる形式がとれれば，パフォーマンスをビデオに撮り，観点を設けて評価することになる。

(2) 反省点
　4技能を駆使してコミュニケーションのためのライティング活動を行う，という当初の目的はある程度達成することができた。しかし，口頭発表の部分を「話す」活動まで高められなかったことが心残りである。また，本授業を見てくださった太田洋先生（当時，東京学芸大附属世田谷中）から，ALTを使ったリスニング教材は仮定法や重要表現の発見にもっと活用できる，というご指摘を受けた。そのほか，最初に集めた第一次原稿から共通の誤りを見つけ出し，第2時間目の冒頭でその指摘をするなど，生徒の作品の質を高める工夫がもっとできたと思う。

5．私の理想の授業
　「ライティングの授業」といっても実は文法問題演習と和文英訳が主たる内容，ということになりがちな現状において，生徒の accuracy にばかり注目していては，いつまでたっても彼等が自分の意見や考えをまとまった英文で表現できるようにならない。まとまった英文を書けるようにするためには，accuracy と fluency を同時に伸ばしていく指導が必要だ。そのためにはたくさん書かせるしか道はない。そして，たくさん書かせるためには，生徒に書く気を起こさせなければならない。生徒の書きたい気持ちを喚起するため，筆者は次のようなことを心がけている。
① 考えるに値する題材，自分の意見を持てる題材を選ぶ。
② 書かせる前に，その題材に関わる「考え方」「語彙」「表現」について，できるだけ大量のインプットを与える。
③ 生徒同士でお互いの考えを引き出しあう機会を作る。例）書き始める前に話し合う時間をとる/お互いの作文を読み，アドバイスしあう。

④ 書かせたものには教師が必ず目を通しフィードバックを与える。
⑤ 文法定着のための和文英訳練習も，時事的な話題などできるだけ現実味のある文を使う。
⑥ 生徒とのラポール形成に努める。

(筑波大学附属駒場中・高等学校　平原麻子)

〈授業分析〉
教師に敬遠されがちな真のライティング指導

1．和文英訳はライティングではない

　本来，生徒にとってライティングはスピーキングについで積極的に取り組むことができ，成就感を抱き易い学習活動である。しかし，ライティングが和文英訳であるとすれば生徒にとっては書く楽しみはない。平原先生は，文法強化のためのライティングは教師にとっては楽な指導であるが，生徒にとって書く意欲を高めさせるものではないと指摘している。先生は，ライティングは言語を用いた創造的な活動と位置づけ，適切な題材の選定，ブレインストーミングや語彙や表現の指導とプロセスライティングの手法の応用，さらにライティングを他のスキルと結びつけ，accuracy と fluency を同時に伸ばしながら総合的英語力を高めることを授業の理想としておられる。中高一貫校で6年間創造的に書くことを実践され，6年目の最終段階の授業を提供して下さったので，そこから特に学ばせていただきたい点を以下にまとめた。

2．クリエイティブ・ライティングをどう組み立てるかについてのヒント
(1) 明確な目標設定とテーマ設定の工夫
　平原先生のライティング授業では，生徒に英語の論理構造によって組み立てられた100語程度の英文で自分の考えを効果的に提示して書かせることを狙いとしている。また，生徒の知的欲求に合わせて内容のある題材を用いて書く意欲を高めさせることも狙いとしている。検定教科書を用いずにライティングの授業を行うのは容易なことではない。しかし，明確な到達目標とそれを達成するために必要な指導法，さらに生徒が意欲的に取り

組める教材または題材の選定があれば，それが可能になることを先生から学ぶことができる。

　自己表現の目的で書かせようとするときは，テーマの設定が成功の鍵になる。先生の本時のライティングのテーマは Would you tell the truth to a patient who has terminal cancer?（末期癌患者への告知の是非）である。生徒が意見を述べることができるようにわざわざ重いテーマを選定したということである。検定教科書では，クリエイティブ・ライティングは不可能だと決めずに，例えば4週間は教科書を離れて書かせる授業にする，授業の1部にまとまった文を書く活動を取り入れるなども試してほしい。短期間であれば小さな到達目標を設定すればよく，その中でいったん生徒が書く楽しみを覚えれば，クリエイティブ・ライティングの活動量を増やすことは可能であり，さらに生徒の書く意欲を高めることになる。

(2) 書く材料を整える工夫

　平原先生は，3つの方法で書く材料を提供している。

　問題提起の文章，賛成論はリーディング教材から，反対論は昨年の生徒の意見をリーディング教材として提示，また賛成論を ALT の協力を得て作成したインタビューテープを聴かせる方法で提示して，書かせる準備を整えている。リーディング教材では，問題意識を高めさせるだけでなく，作文に必要な論理構造，語句や表現を学ばせている。また，ALT に自らインタビューをすることで，生徒に問題に対する ALT の考え方や論理の展開法をリスニングによって確認させている。いずれの活動も生徒が既に高いレベルに到達しているから可能だということは確かである。しかし，テーマの選択と英語の難易度をコントロールすれば，平原先生が用いている方法で書く材料を提供することが可能である。生徒が問題意識をもって取り組める題材の選定は，生徒の興味に合わせて生徒に提供させてもよいし，インターネットや ALT を活用すれば，身近なライティングの題材を探すことができる。また，題材を決めてしまえば，そのために用いさせたい語句や表現等についても事前に準備しておくことが可能になる。

(3) 4技能を総合的に用いて意見発表を可能にさせる指導過程

　先生は，前時の授業では2つのリーディング教材を読ませ，語彙や表現法などを整理した上で，テーマに関する80-100語程度の意見を書かせている。この作文は授業後に集められ，先生が生徒の意見を確認しておく程

度に利用するのが目的であったということである。その上で，生徒は，さらに考えを深めたり，家族で問題を話し合ってさらに自分の考えを修正したり確認してくるようにという課題が出されていた。本時の授業は，リーディングの論点整理，家族との意見交換に基づく生徒の意見の口頭発表，ALTへのインタビューを聞き，ワークシート（参考資料4）を用いた論理的展開法の確認，続いてライティングの peer correction（生徒同士の訂正活動）と最後の口頭発表という展開である。ただし，先生の授業では，最終の口頭発表に合わせて授業が進められている点に注意が必要だ。生徒のレベルや時間の制約によって，4つのスキルを全部用いさせるのは不可能であるかもしれない。また，最終発表は口頭で討議などということは無理であるかもしれない。そうであれば，この部分を作品集やプリントによる発表などという形に変えることができる。平原先生の4スキルを総合的に用いる指導過程を学んでほしいという一方で，あくまでも自分の生徒に相応しい指導過程を工夫をしてほしいということもつけ加えたい。

(4) 授業のハイライト：peer correction と発表に学ぶ

　前時の授業中に書き上げた80-100語程度の作品に手を加える時間，いわゆるプロセスライティング（書く過程を指導の中に取り入れたライティングの指導法）の手法を授業に取り入れた活動とグループの peer correction に注目である。ここでは，グループ単位で互いに3分で作文にコメントをさせた後，先生はクラスを賛成派，反対派，中間派に分け，各派から指名して意見を述べさせた。僅か15分ほどの間にどれだけの議論がなされたかは，授業展開6) Oral Presentation に示されている。平原先生の peer correction の狙いは，訂正そのものより生徒に互いの考えに興味を抱かせ動機を高めさせて，最終発表につなげさせることであった。この活動で生徒は互いの意見に大いに興味を抱き，発表の際にはだれもが意見を交わしたいという表情がビデオ画面から伝わってきた。厳密に言えば，peer correction は相互に訂正し合う活動であるが，生徒同士でどこまでそれが可能であるかは疑問である。そこで平原先生のように動機づけのためにこれを用いるのも一案である。ただし，peer correction については以下に別の考えを示した。

3．さらに改良したい点

　平原先生は授業の中で書く内容と方法について周到な計画と指導プロセスを用い，見事に最終目的を達しておられるのだが，ライティング力を高めるという点でさらに一歩要求をしたい。最終の口頭発表の中には立派な英語によるものもあったが，意味が通じにくいのが気になった。授業の中では先生の言い換えで意味を理解させることができたが，ライティングではさらにもう一歩進まなければならない。意味が通じにくければ，必要に応じて添削と書き直しを繰り返させ作品を完成に導くことが必要だ。それが本来の process writing であり，それは書く過程そのものが書く力を高めさせるという考えの上に立つものである。Peer 活動では，動機づけのみならず内容について相互にコメントしあい作品完成の助けとさせることもできる。また，書く過程では，生徒を個別に呼び問題点を話し合うなどの方法もある。特にクリエイティブ・ライティングでは，時間をかけてじっくり書かせる指導をしたい。そのためには，作品完成まで複数のテーマを時間をずらして与える，すなわち，書き直し（revising）を繰り返している間に，新しいテーマに入るという方法である。それなら1作品だけに時間をかけ過ぎるという問題は起こらない。このようにして作品が完成したら，イラスト入りで作品を書き上げ印刷させて，教室でバインディングさせれば立派なクリエイティブ・ライティング作品集のできあがりである。

（元昭和女子大学　緑川日出子）

第6章

さまざまな指導のコツ

6.1　ALTの役割をフルに活用する授業

6.2　少人数・習熟度別クラスのメリットをフルに活用する授業

6.3　コンピュータを活用する授業

6.1 ALTの役割をフルに活用する授業
── ティーム・ティーチングによる異文化理解（高1・2学期）

1．本時の目標，および学年指導目標における位置付け

　本校は創立百年を超える県下でも屈指の農業高校で，農業・園芸・畜産・食品加工・農業土木・造園・生活・生物工学の8学科を有する。教育課程は学年進行と共に専門教科や実習が多くなり，日々動植物と接しさに生きた体験学習を通して，生徒は命の重みを知り心豊かに成長していく。しかし生徒の入学時の英語力は決して高いとは言えず，入学時のアンケートによると，中学校で英語を嫌いになったり，英語が苦手で授業についていけなくなった生徒も多い。授業数は3年間で8～12時間と少なく，教材の精選や内容の充実が求められる。従って年間の授業を通して以下のような目標を掲げている。

(1) 英語嫌いをなくし，英語は楽しく役立つものだと気づかせ，自ら学ぶ意欲と姿勢を培い，最終的に自立した学習者を育てる。
(2) 成功体験を通してやればできるという自信をつけさせ，間違いを恐れず積極的にコミュニケーションを図ろうとする態度を育てる。
(3) 情報や相手の意向を理解したり，基礎的単語や構文を用い自分の考えなどを表現したりする実践的コミュニケーション能力をつけさせる。
(4) 諸外国や，日本の文化に興味を持たせ，異文化理解の目を養う。
(5) 英語学習を通し個性や創造性を育て，世界の様々なトピックについて考えさせる。

　今回の授業の1年生のOCA（現行OCⅠ）では20人の少人数指導で週に2時間ある授業のうち1時間はJTEによる授業，1時間はALTとのティーム・ティーチングを行い（いずれも英語で），教科書の課で扱う題材や場面・言語の機能をおさえた重要表現や語彙などを用いて，独自の教材を作成し，ジグソータスクやロールプレイなどのペアワークやグループワークといったコミュニケーション活動を中心に展開している。

　年間指導計画では，まず生徒の英語嫌いをなくすために，身近な話題や日常会話から入り，簡単な英語での情報交換や意見の授受ができることを

目指し，徐々に高次の内容へと高めている。また，各課のねらいと目標とともに，個人・ペア・グループによる協働プロジェクト学習を授業と並行して実施し，聞く・話すを中心とした様々な実践的コミュニケーション能力を育成することを目指している。例えば4月当初の個人での自己紹介，Show & Tell のスピーチから始まり，Coat-of-Arms 作成（自分の氏名や特技を含んだ紋章，創作・自己表現の1つ），物語の暗誦，ペアでの CM 作り，グループでの文化紹介，劇，インターネット学習などを段階を踏んで計画している。最終的には討論やドラマなどに挑戦できるように鍛えたい。本時の授業（Food around the World）は2学期の後半で，かなり聞いたり話したりすることにも慣れ，生徒間，また JTE・ALT と生徒の信頼関係も築かれ，間違いを恐れず英語を話す環境が整ってきている段階である。食文化について自分たちで考えたことをグループで準備して発表できることを目標としている。

評価に関しては，定期考査（リスニングと筆記テスト），実技テスト (Oral Exam, Interview Test with ALT)，授業中の小テスト，発表：Show & Tell Speech, Presentation, etc. 暗誦：イソップ物語，作品：エッセイ・ライティング，日記など，ボーナスポイント：パスポートの導入（個人・グループ）など，できるだけ様々な方法で多角的，客観的に生徒の能力を測るように努めている。またエッセイ・ライティングを年間を通して実施し（2週間に一度：4つの題から1つを選択してノート1ページに書く。Ex. 身近な話題，学校行事，文化，環境，時事問題，悩みの手紙への返事等），ALT にも添削を依頼し，表現する楽しさを感じさせ書く力を伸ばすことをめざしている。それがまた話すことにもつながるのである。

本時の単元の指導計画と本時のねらいは以下のとおりである。

(1) **教科書**：*Speak to the World -Oral Communication A-*（教育出版）Lesson 12 "A Package from Home"

　副教材：Lee, L., et al. 2000. *J-TALK* (Oxford University Press), Fukaya, K., et.al. 1999. *Watch & Listen - Edinburgh*（自作ビデオ）

(2) **配当時間**：3時間，本時は第3時
(3) **本時の目標**：
① 世界の様々な料理について教師とのインターラクション，ビデオや

CDを用いたリスニング活動を通して理解させ，世界と日本の食文化に興味を持たせる。
② グループでテーマに沿った日本料理を選び，その作り方を英語で書かせ発表させることにより，表現・発表の仕方を学ばせる。
③ 個人，ペア，グループでの活動を通してコミュニケーションを楽しみつつ主に聞く・話す力を養う。

2．授業準備のプロシージャー

　教材研究で大切なことは，まずトピック・言語材料は何か，単元のねらいはどこにあり，どのような力を生徒に身につけさせたいのかといった目標をまず明確にすることである。次にそのような力をつけるためにはどういった活動が効果的かを吟味し，単元の流れを考えた上で，その時間の指導計画・評価計画を作成する。指導案を作成する際は，教師の目標と生徒の達成目標，想定（assumption）を組み込み，授業の流れ，活動の種類や中身，教材やタスクを考え，具体的なタスクシートを準備する。評価用紙や生徒の自己評価，授業のまとめシートなども必要に応じて作成する。
　本時では異文化，特に食文化を扱うので，ALTと十分な事前打ち合わせをした上で，タスクシート，CD，写真，絵，ビデオ，フラッシュカード，世界地図，食べ物と首都名を書いたカード，○×ブザーを準備した。

3．本時の授業展開

　（Teaching Procedureは次ページ参照）
(1) **Greetings**（2分）
　英語による挨拶の後，ペアで"Food"というテーマで1分間会話をさせ，その後全体にパートナーについて報告させる。
JTE:　What food does Kate like?
S:　　She likes ice cream.
JTE:　Oh, does she? So do I. How about you?
S:　　My favorite food is curry and rice. etc.
(2) **Show & Tell Speech**（5分）
　毎時2〜3人ずつ発表させ，その後質問やコメントを行う。トピックはMy hero, Japanese culture, Current events, My future job, My

6.1 ALTの役割をフルに活用する授業 235

Teaching Procedure

Stages & Activities	Min	JTE's Activities	ALT's Activities	Students' Activities	Evaluation (Important Notices)
Greetings	2'	Greet to students (Ss)	Greet to students (Ss)	Greet to teachers and have a short conversation in pairs.	Greet each other in loud voices. To make a communicative atmosphere.
Show & Tell Speech	5'	Assess Ss' speeches & give some comments or questions.	Assess Ss' speeches & give some comments or questions.	A few Ss will give 'Show and Tell' speeches. The other Ss evaluate peers' speeches.	Notice Ss key points of evaluation beforehand and encourage Ss to give good speeches.
Warm-up Small talk	4'	Ask ALT and Ss some questions about food.	Answer JTE and ask Ss some questions about food.	Listen the conversation between ALT and JTE and answer the questions.	Schema activation and brainstorming effectively.
World food and capital game	10'	Pin a world map. Distribute the cards written food names or capital cities to Ss and help them to say the sentences. Check the Ss' answers.	Ask Ss which country's food they have mainly eaten and ask the related questions of the cards. Get Ss to point out the country on the map.	Pick a card and come up to the board and answer the questions and make the sentences using the words. e.g. Spaghetti comes from Italy. London is the capital of England.	Let Ss know there are many foods around the world and that English is spoken in many countries. Every S has a chance of speaking.
Watching a video Listening Tasks	15'	Explain some international foods (e.g. haggis) showing a video. Check the Ss' understanding.	Check the Ss' understanding and add explanation about food. (e.g. chelou kebob, risotto, fondue and pavlova)	Watch a video of 'haggis' and listen to the world CD and answer the two listening tasks on the worksheet. (Appendix 1A)	Let Ss expose to different English accents and try to understand their Englishes. Let Ss get interested in some typical food around the world.
Speaking Presentation of Japanese food	10'	Evaluate Ss' performance and give some comments.	Ask some questions to the speakers. Choose the best dishes among the five groups. (Five categories ; healthy food, spicy food, local dishes, interesting or strange dishes, seasonal dessert)	Demonstrate their recommendation of Japanese dishes according to 5 different categories in groups. (Ss are supposed to write recipes in English and draw pictures of the dishes.) (Appendix 2) Others listen carefully and answer the comprehension questions. (Appendix 1B)	Teach Ss some skills of presentation and get them interested in Japanese culture and express it. Encourage Ss to speak out in public.
Consolidation	3'	Give some comments on Ss' presentation.	Ask some Ss comprehension questions.	Express their impressions of each presentation.	Give Ss useful feedback on their demonstration and praise their efforts.
Greetings	1'	Greet the Ss.	Greet the Ss.	Greet the teachers.	

〈参考資料〉

OCA Food Presentation（発表） Key Expressions

Our group will present you a Japanese [spicy / unusual / healthy/ diet / seasonal] dishes.
We (strongly) recommend this dish because...
The ingredients are / consist of... It is made with... It's usually served with...
I tell you how to cook this. First..., Second..., Third...,... Last... That's all.
I think you'll like it.
I think you would like... Maybe you would like...
What about...? Would... be good?
It's delicious, easy, wonderful, fresh,... It's easy to cook.
Please try it. You should try... I recommend that you try...
Thank you for listening.
Do you have any questions?

OCA Assessment Sheet　　Class:　No:　Name:

Topic for presentation: Comments:			
1. Content	contents, size, interesting, creativity, organization, time	10 9 8 7 6 5 4 3 2 1	Notes＝
2. Accuracy	grammar, individual sounds, stress, intonation	5 4 3 2 1	
3. Fluency	rhythm, linking, pause, hesitation	5 4 3 2 1	
4. Delivery	loudness, eye-contact, body posture, gesture, facial expression	5 4 3 2 1	
5. Positive attitude / Efforts	picture, handout, communication strategies, efforts	5 4 3 2 1	
Notes: 　　　　5（excellent）4（good）3（fair / average） 　　　　2（more effort needed）1（not good） Total:			

favorite thing などから選ぶようにし，guide sentence をあらかじめ与えてある。生徒・教師それぞれが評価用紙に記入し（評価は内容等5つの観

点から），各自にフィードバックしている。本時は「浜崎あゆみ」，「折り紙」，「おにぎり」の発表が行われた。

Good morning everyone. Today I'd like to talk about onigiri. I would like to show you onigiri. This is an important part of Japanese culture because ... (中略) Thank you very much. I hope you enjoyed my presentation today. It was a pleasure to talk to you about onigiri.

(3) Warm-up：Small Talk（4分）
　生徒の背景知識を引き出し，興味づけをするため ALT と JTE が食べ物に関する会話を行い，それに関して Q&A をする。本時は ALT が友人の誕生パーティーでタイ料理店に行った時の話から。

(4) Communication Game：World food and capital game（10分）
　英語が話されている国の首都か外国の料理名が書かれたカードを一人一枚配布し全員に発表させ，その後 Follow-up question を行う。世界には様々な食べ物があること，多くの国で英語が用いられていることを知らせる。世界地図や料理の写真，○×ブザーなどは生徒の自発性や理解を高めるのに役立つ。

（例）　S：Tacos are eaten in Mexico.
　　　　JTE/ALT: Have you ever eaten tacos? / Do you know where Mexico is?

(5) Watching a video：Watch & Listen〜Edinburgh〜（5分）
　スコットランドのハギス（由来と作り方，食べ方）に関するビデオを見，現地の人々の暮らしと羊，食文化がどのようなつながりを持っているかを考えさせる。

(6) Listening Tasks：J-TALK（10分）
　外国人が質問に答え自国の料理を薦める。その内容と推薦理由を聞き取るリスニングタスクを行う。その際登場する人は各々お国訛りの英語のアクセントを持っており，その違いに気づかせ日本人英語の発音の特徴についても触れる。

Q1: What dish would you recommend to a tourist visiting your country?
Ans.: Pavlova (Australia), risotto (Italy), fish and chips (UK), fondue (Switzerland), etc.

Q 2: Why do they recommend the dish?
Ans.: Chelou kebab (Iran) -- It's made with the two most popular foods. etc.

(7) Speaking : Presentation of Japanese food （10分）

　4人一班で5つのテーマに沿って（変わった食材を用いた料理，郷土料理，健康ダイエット料理，スパイシーな料理，季節のデザート）選んだ日本料理をALTに紹介し，自分たちで作ったレシピと絵をもとに材料と作り方を説明する（料理ショーのように司会も入れる）。ALTは最後に最も気に入った食べてみたい料理を選ぶ。発表中他の生徒は質問用紙（1．What food did they demonstrate? 2．Do you like it? 3．Would you recommend it to foreigners? Why?）に記入し，質問があれば行う。

　生徒の選んだ料理はいかめし・土筆の佃煮，カツメシ・明石焼き，ちらし寿司・湯豆腐，カレーうどん，栗きんとんなどで，図書館などで調べ工夫を凝らして発表をおこなっていた。

　食材や調理法に関する語句・順番を表すつなぎ語や discourse marker 等の表現や日本特有のものを何と英語で表現するかなどを学ばせ，発表準備も班で協力して行わせることもねらいである。

(8) Consolidation （3分）

　JTEとALTより，生徒の発表に対するフィードバックとコメントを行う。生徒の努力を誉めることを忘れない。

(9) Greetings （1分）

4．生徒の到達度評価，および授業の内省

　授業中に，生徒の発表に対して，自己評価用紙，相互評価用紙を配布し各自で評価させた。その際あらかじめ評価ポイントを知らせておき，ALTとJTEによる評価用紙は，生徒の発表後すぐに渡し，自分たちで良かった点，改善すべき点が分かるようにフィードバックしている。それにより，今の自分の到達点と目指すべき目標点が分かる。評価について分かりやすく説明することが必要である。

(1) 関心・意欲・態度

　生徒たちは世界の食べ物に関して，非常に興味や関心を示すと共に，自分達の国の料理をALTにうまく説明しようと積極的に絵やジェスチャー

などで訴えていた。最後にどれが良かったのかをALTが決めるといったゲーム的要素があったことも，動機づけにつながったようだ。

(2) **理解の能力**

CDやビデオ教材を通して，様々な英語の説明を聞いて理解できるかどうか，授業中のタスクシートや観察などにより把握した。繰り返し聞いたり，絵や動画が理解の助けになり，ほとんどの生徒が理解できていたようである。

(3) **表現の能力**

英語を使って簡単な英文を全員に言わせ，次に日本料理を説明させ発表により評価した。すべて暗記して発表する段階には至らなかったが，Read & Look up につとめ，どの班も協力してALTや仲間に伝わるように努めていた。

(4) **知識・理解**

言語については，諸外国の食べ物，言語などを言う際に受動態などの言語知識があることを確かめ，文化については諸外国の言語や食べ物など，スコットランドの伝統料理も含めて背景知識を理解させた。

本時の授業では生徒が積極的に活動や発表を行い，食を通して異文化や日本文化への理解を深められたように思う。しかし生徒の自然な発話や回答がまだまだ語彙レベルから文レベル，談話レベルにまで高められていなかったり，発表の際英語の発音や文法の間違いも多いなど課題もある。また，どうしても原稿を読んでしまう生徒がおり，アイコンタクトを含めた発表技術の点でも問題が残っている。

なお余談であるがこの授業後，ALTがオーストラリアの伝統料理であり授業で登場したパブロバ（メレンゲで覆ったケーキ）を，我々がお好み焼き・そばめし，おでんなどの日本料理を作り我が家でパーティーを行い，舌鼓を打った。やはり「食は文化なり」"Cross-cultural Understanding through Stomach (Cooking)" といった所であろうか。その後生徒やALTが作ったレシピで実際に料理を行う授業を実践したところ（pancakeなど）生徒にも大好評であった。

5．私の理想の授業

私の理想とする授業は以下の通りである。

- 分かりやすく，面白く，役立ち，力のつく授業。
- 生徒が生き生きと言語活動に取り組み，相手の意向を理解したり，自分の考えや意見を表現できる授業。
- コミュニケーション活動を中心に，4技能を統合した授業。
- できるだけオーセンティックな教材を用い，授業での成功体験を通して，達成感や自己効力感，自己肯定感，自信をつけさせる授業。
- 諸外国の言語や文化などに興味を起こさせ，国際協調の精神や平和を愛し，国際社会に貢献できる人材を育成できる授業。

どの生徒も成長する段階であり，自律した学習者（autonomous learner）になるように教師が支援を行う必要がある。そのためには，生徒に学習の意義や学び方，学習の方法（learning strategy）を教えることが必要である。

また，教師は教授者であるとともに，学習者であり，研究者である。常に自己を振り返り，内省を行い，自己改革と授業改善に努めることが重要だ。アクション・リサーチなどによる授業研究は，授業を振り返り，教員の資質を高めるため有効な手段であり，日常的に行いたいものである。

（京都教育大学/元兵庫県立農業高等学校　泉　恵美子）

〈授業分析〉
ティーム・ティーチングに最大限生かしたい ALT の役割

「ALTの役割をフルに利用する授業」がテーマになっているので，この視点を中心にこの授業を考えたい。

ALTの教室内での役割を便宜上passiveな役割とactiveな役割に分けてみたい。passiveな役割とは，JTEや学習者からの質問に対してのinformant，つまり情報提供者としての役割のことである。この役割はさらにcultural informant，つまり文化的な情報提供者と，linguistic informant，つまり英語の音声や語法に関する情報提供者の役割に分けられよう。

言葉の学習には文化的な正しい認識がどうしても必要である。字面の意

味が分かっても，文化的な正しい理解が伴わないと，表面的な理解に終始する。しかしALTといえども，英語の授業で扱う教材に関して学習者や教師が持つすべての文化的な疑問に答えられるわけではない。もしALTとの数少ないteam-teachingを効果的に進めるには，できればそのALTがcultural informantとして利用できるような教材を選びたい。

　また，学習の対象としているのは普段私たちが使い慣れない外国の言葉である。したがって微妙なサウンド・システムや意味の違いまでは十分に理解できないことが多い。理解できないから，教える側も，教えられる側も，もどかしい思いをすることもあるだろう。こんなときこそALTをlinguistic informantとして積極的に利用すべきである。ときには学習者に成り代わり，JTEがALTにこの情報を求めることになる。

　activeな役割とはALTが授業に，より自発的に積極的に関与する場合を想定している。例えば，授業の開始部分でのJTEとのオーラル・イントロダクションや，それに伴うオーラル・インタラクションなどが良い例であろう。

　team-teachingでのJTEに与えられた責任は，以上のようなALTの役割をあらかじめ計画し，学習者の反応を見て臨機応変に調整することである。

　以上のような視点を中心に，今回の泉先生の授業を「本時の授業展開」に基づいて考察したい。

1．模範としたい点

　まず，ALTのactiveな役割については，(3) Warm-up：Small Talkと(8) Consolidationで十分に生かされている。Warm-upでは，本時の授業のテーマである"Food around the World"を視野に入れたJTEとALTとのsmall talkがなされている。ALTとのteam-teachingでの第一の関門は，このオーラル・イントロダクションをどう進めるかであるが，ここでは実に効果的に行われている。JTEがALTと十分な打ち合わせを行い，導入部分ではどのようにして話題を提示し，その話題をどう展開するかが話し合われたからこその結果である。

　「今日の授業では，どんなことをするのだろう」学習者のこんな期待に答えるのが，この導入の部分である。これによって学習者は本時のテーマ

の概要を知ることになり，以下の学習活動への関心も高まるだろう。small talk で ALT が使用する語彙のなかには，学習者が未習得，または学習したのであるが十分には定着していない語彙も含まれているかもしれない。その部分については，JTE と ALT が teacher talk よろしく学習者に分かり易くかみ砕くようにして small talk を続け，そしてそれを学習者が興味深げに聞き入る，そんな様子が目に浮かぶようである。また Warm-up の部分では，学習者とのインタラクションも忘れられてはいない。学習者の立場に立てば，英語を母語とする人の言うことが分かった，あるいはその人に話した英語が分かってもらえたというのは，英語学習への大きな動機づけとなる。また，そんな学習者の様子を見て，心躍らせる ALT もいるだろう。

　Consolidation では，ALT が学習者の発表を聞いて感想を述べている。学習者は，自分たちが時間をかけて準備した speech の内容が ALT によってどう理解され，どんな印象を持たれたのか，興味深く聞き入るであろう。

　また，学習者の「努力を誉めることを忘れない」という泉先生の心配りが素晴らしい。普段からいくら機会が与えられているにせよ，英語で，しかも ALT を前にして発表することは学習者にとって大きな挑戦であろう。教師がその学習者の心情に共感することで，学習者との信頼関係を深められるだけでなく，英語を使うことに慣れ親しませ，学習者に成就感を与える上で意義深いことである。

2．さらに効果的にするためには

　授業の対象となっているのは高校1年生で，このクラスでは年間を通して週に1時間は ALT との team-teaching が行われているようだ。これはある意味では大変恵まれた英語の学習環境である。ALT が常駐している学校でも，これほど恵まれた環境にあるクラスはそれほど多くないと思われる。

　ALT との team-teaching を望んでいるのに，その機会が皆無か，あったとしても1年にたった数回しかないクラスを担当する英語の教員が，この授業展開を見てどのように思うだろうか。はたして十分に ALT を活用していると思うだろうか。ここでは改善点として2点指摘したい。

1点目は，1単位時間内でのALTの活用状態である。50分のうちALTが活躍するのは(3) Warm-up [4 mins]，(7) Speaking [10 mins]，(8) Consolidation [3 mins] の合計17分である。この授業で行われた他の活動においても，ALTが臨機応変に学習活動に参画したことは実際にALTとのteam-teachingを行った教員には容易に想像できるであろう。それにしても，である。

　(5) Watching a video [5 mins] や(6) Listening Tasks [10 mins] は思い切ってJTEのsolo-teachingで扱ってはどうだろうか。これら2つの活動はALTがいないとできないわけでない。ビデオを見せたりテープを聞かせる代わりに，この授業の流れのなかでは，ALTが出身国の郷土料理とその由来や特徴を話す機会を持ったほうが，より現実的なものとして，また身近なものとして学習者は受けとめるだろう。また，そのなかでALTと学習者とのインタラクションも可能になるに違いない。さらにそうしたほうが，ALTも教室の中での自分の存在価値を見いだすのではないだろうか。

　2点目に，activeに比べpassiveな役割が十分には与えられていない点をあげたい。cultural/linguistic informantとして，もっと活用することはできないだろうか。culturalの部分については，上述のとおりビデオやテープの代わりにALTが話す過程で，教員や学習者から質問などを受け付けることで，その機会は持たれる。さらにlinguistic informantについては，学習者や教員から，授業時間の終了時に質問を受け付けてはどうか。何と言っても英語の授業である。英語そのものに関する学習者の好奇心を満たし，さらなる動機づけとできれば，これ以上のことはない。

（関西学院大学　**大喜多喜夫**）

6.2 少人数・習熟度別クラスのメリットをフルに活用する授業(中1・2学期)

1．本時の目標，および学年指導目標における位置づけ
(1) 本校の少人数・習熟度別授業
① 少人数・習熟度別クラスのねらい

　従来の学級集団の人数による授業では能力や適性を含め習熟度の差が大きかった。そのため，コミュニケーション能力の育成と基礎的・基本的な内容の定着を図ることは難しかった。

　本校では，平成14年度から生徒の英語の習熟の程度に応じた少人数のクラス編成をした。コミュニケーション能力の育成を図るとともに，生徒の基礎的・基本的な内容の定着を図るためである。

　これにより，生徒が発話したり活動する時間を多く取ることができ，また教師の指導がより徹底できると考えたからである。一方では，生徒が達成感や充実感を持ち，学習意欲が高まると期待された。

② クラス編成の方法
　a．クラス編成

　平成14・15年度の2年間は2学級3展開(「基本」,「応用」,「発展」)や，1学級3展開(「基本」,「応用」,「発展」)など様々な学習形態で実践研究を行った。

　平成16年度は，1年生の1学期は2学級を名表順に3クラスに分けて少人数授業を行い，2学期以降は習熟度別に2学級3展開(「基本」,「応用」,「発展」)の授業を行っている。

　また2・3年生は1学級2展開(「基本」,「発展」)の習熟度別授業を行っている。

　b．クラス編成の方法

　習熟度別とは言うものの，生徒の希望をもとにクラスを編成している。ただ，友人との関係などで自分の力に合っていないクラスを選ばないように，それぞれの習熟度別クラスの到達目標を生徒に示して，「自分の能力と可能性を自ら見いだして，それを伸ばす」ことができるように配慮して

いる。
　c．編成替えの回数
　現在の時点では，本校では生徒の学習意欲も考えて，年4回の定期テストの後（1学期の中間テストは無い），希望をとってクラス替えのチャンスを与えている。
③　3つのクラスの指導の重点
　平成15年度の2クラス3展開におけるそれぞれのクラスの指導の重点は以下の通りである。
　　基本クラス…言語材料の定着に重点を置く
　　応用クラス…実践的なコミュニケーション活動に重点を置く
　　発展クラス…英語で発表したり自分の意見を述べたり討論する活動に重
　　　　　　　　点を置く
④　成果と考察
　a．成果
　過去2年間の実践研究の成果を【生徒】と【教師】の立場から整理すると次のようになる。
【生徒】・発言回数，話す時間が増える。
　　　　・発言の少なかった生徒が発言しやすくなる。
【教師】・丁寧に教えられ，一人一人に目が行き届く。つまり，一人一人の
　　　　　生徒の学習状況を把握しやすい。
　　　　・教師間の打ち合わせが綿密になる。
　b．考察
　　・習熟度別クラスを編成することによって，習熟の程度が同じ生徒集団
　　　が集まるためリラックスする生徒が増える。
　　・少人数授業は，一斉授業（学級集団の人数）では難しかった生徒との
　　　「個に応じたかかわり」を大切にして授業に臨める。
(2)　1年応用クラスの学年指導目標
【コミュニケーションへの関心・意欲・態度】
　　・ALTに積極的に話しかける。
　　・LET'S TALKの会話文の一部を変えてスキットをする。
　　・その場で与えられたテーマで，5文以上を使って30秒程度，友だち
　　　の前でスピーチをする。

【表現の能力】
　・本文を感情や状況に応じて音読ができる。
　・本文のシャドーイングができる。
　・モデル文を参考にしてまとまりのある英文を書くことができる。
【理解の能力】
　・本文の内容を正しく聞き取ることができる。
　・本文の内容を正しく読み取ることができる。
　・本文を読んで，skimming や scanning ができる。
【言語や文化についての知識・理解】
　・新出単語が定着している。
　・新出文型や文法事項が定着している。
　・LET'S TALK の会話文でスキットを演じる時，場面や状況に応じたセリフやジャスチャーを交える。
(3) **本課の指導計画と評価規準**
教科書　*New Crown English Series* 1.（三省堂）Lesson 6 "School in the USA"
① **評価規準**（次ページの通り）
② **本課の時間配当と評価計画**
　1時間目　・ALT による 3 単元の用法の Oral Introduction
　【評価規準：ア①】
　　　　　　〈評価方法：活動の観察〉
　2時間目　・教科書の Oral Introduction
　　　　　　・音読練習
　3時間目　（本時の指導案参照）【ア②】〈発表〉
　4時間目　・教科書の Oral Introduction
　　　　　　・友だちを口頭で紹介する。それを理解する
　　　　　　・友だちのことについて質問する。それに答える
　　　　　　・音読練習
　5時間目　・友だちや家族のスピーチ【イ①】〈観察，ビデオ録画〉
　　　　　　・文法の整理
　6時間目　・教科書音読【イ②】〈観察〉
　その他　　・定期テスト

	ア コミュニケーションへの関心・意欲・態度	イ 表現の能力	ウ 理解の能力	エ 言語や文化についての知識・理解
聞くこと			【適切さ】①聞いた内容について大切な部分を聞き取ることができる	【理解】①文構造についての知識がある
話すこと	【取り組み】①間違うことを恐れずに聞かれたことに応答している ②間違うことを恐れずに自分の考えなどを話している	【正確さ】①自分の考えや気持ちを正しく話すことができる		
読むこと		【正確さ】②正しい強勢，イントネーション，区切り等を用いて音読できる	【適切さ】②書かれた内容について大切な部分を読みとることができる	
書くこと		【正確さ】③文法に従って正しく書くことができる		

　　リスニング問題【ウ①】〈放送テスト〉
　　文法・内容読解問題【ウ②，エ①】〈ペーパーテスト〉
　　英作文【イ③】〈ペーパーテスト〉

2．授業準備のプロシージャー
(1) 少人数のメリットを活かす工夫
① 個に応じた指導
　従来の一斉授業（学級集団の人数）では，生徒一人一人に目を届かせる

ことは現実的に難しい。20人以下の人数ならば，個々の生徒に目が行き届くだけでなく，生徒の習熟の程度を把握することができる。さらに他の生徒とリラックスして交わるなかで生徒自身の自分の学習に対する自己評価も可能になる。つまり自己学習力が育っていく。

また，教師の側からは40人の一斉授業と同じ授業を行うのではなく，一人一人進度については"ゆとり"をもって支援しなければいけない。一人一人の学習のつまずきにも個を大切にして対応する。

② **発音練習**

人数が少ないメリットを活かして，発音と音読の個人練習を時間をかけて行っている。

③ **語彙や構文の定着**

基本的な語彙や構文の定着を図るために，生徒一人一人を大切にした指導をする。

④ **スピーチ練習**

従来の一斉授業でスピーチ活動を行うと，一巡するのに1か月以上もかかってしまうが，人数が少ないので1週間程度で1回りできる。1つの課が終わるごとに新しい言語材料を付け加えて表現活動することができる。

⑤ **丁寧な英作文指導**

英作文の指導を従来の一斉授業で行うと，添削に膨大に時間がかかり，つい宿題を出す回数も少なくなってしまいがちである。少人数なのでじっくり時間をかけて丁寧に処理できる。

(2) 「応用クラス」の実態にあった活動

「応用クラス」の生徒の中には自信を持って発音するのが苦手な生徒もいる。そこで，授業の最初に毎時間 Guess Work を取り入れて，楽しく参加できて自然に大きな声が出る活動を行っている。2学期は"Who am I?"を継続的に取り入れて，1人称2人称での質問から，3人称を使っての説明につなげるようにしている。

また，なるべく実際の場面に近い状況で導入するために，教科書本文に出てくるものについてはその実物を準備して雰囲気作りに心がけた。実物を教室内に持ち込めないときは，ビデオなどの視聴覚教材を活用している。

オーラルでの活動には積極的に参加していても，英文を読んだり書いた

りすると受身になる生徒もいる。これをなくすために、例えば授業の最後には必ずその時間の学習内容をノートに整理する時間を取っている。

3．本時の授業展開
(1) 本時の教科書の内容
① 題材
アメリカ合衆国の中学校の学校生活
② 本時の観点別評価
- 3単元を含む英文の内容について、大切な部分を聞き取ったり読みとることができる。
- 第3者について「…は～しますか」ということをDoes～?を用いて尋ねることができる。また適切に答えることができる。
- 第3者について「…は～しますか」の疑問文とその質問の答えの文を書くことができる。

―――《教科書本文》―――
Tom： This is Judy. She's near her locker.
Kumi： Her locker?
Tom： Yes. Judy has many things at school. She puts them in her locker.
Kumi： Nice. I see some pictures on her locker too. Does she like music?
Tom： Yes, she does.

(2) 学習指導案
① Greetings & Small Talk
少人数なので、個に応じたトピックで半分以上の生徒と会話をすることができる。
② Last Sentence Dictation（毎時間行う継続的活動）
教師は既習の教科書本文を音読して、適当な文で読むのを止める。生徒は教師が最後に読んだ1文だけを書き取る。
③ Guess Work "Who am I?"（毎時間行う継続的活動）
生徒が人物を推測する際、積極的に質問していくうちに英語でためらう

ことなく発言できる雰囲気作りを目指す。
④ Introduction of the New Materials
　a．Oral Introduction
　Carl と Judy について絵や写真を見せながら本文を理解させる。
　b．Check of Understanding
　個々の生徒と interactive な学習活動を通して内容を理解させる。
　c．Pronunciation of New Words
　少人数であることを活かして flash card を用いて音と文字を結び付ける学習活動を丁寧に行う。
⑤ Reading
　a．Silent Reading
　音から得た情報を文字で確認させる。
　b．Chorus Reading
　c．Buzz Reading
　少人数であることを活かして生徒一人一人が正しい発音で音読できるよう生徒への支援を丁寧に行う。
　d．Pair Reading
　ペアで Tom や久美の対話文を役割練習する際，全部のペアを対象に正確に音読できるように支援する。
⑥ Practice "Talk & Talk" P. 25
　ワークブックを使って本時の key sentence を含んだ会話練習を行う。
⑦ Speech
　指名された生徒は自己紹介する。
　教師は発表内容について聞いている生徒たちに質問する。生徒たちは発表者のことを3人称単数形を用いて説明する。(関心・意欲・態度ア①)
⑧ Consolidation
　教師は黒板を使って本時の整理を行う。
　宿題を提示する。
⑨ Closing

4．生徒の到達度評価，および授業の内省
(1) 絶対評価の観点から

　1回の授業の中で評価できる活動は多くて3場面であろう。それ以上の評価活動を入れると，評価のための授業となってしまう。

　今回の授業では，「3単現を含む対話文を正しい強勢やイントネーションで正確に音読できる」ことを「表現の能力」の評価規準として【イ②】，ペアリーディングを行った。

　さらに，「間違うことを恐れず聞かれたことに3単現を用いて応答している」こと【ア①】を「コミュニケーションへの関心・意欲・態度」の評価規準として，スピーチ活動を行った。

(2) 改善点

　ペアで音読させて，正しく発音できなかった生徒が多くいたのはそれまでの反復練習が不十分だったためである。

　後半のSpeechでは，もっと褒めて自信をつけさせるようにしたい。

5．私の理想の授業

　これまでは，達人の技があちこちに散りばめられていて流れるように展開していく授業を目標としていた。しかし習熟度別授業を取り入れて，英語が苦手な生徒たちを教えるようになり，教師主導型の授業のなかにも学習者中心型の学習を取り入れなければいけないと痛感している。一斉授業の時は，学習のつまずきに必ずしも十分に対応できないこともあったが，「英語をわかる喜び，使える楽しさ」をより多くの生徒が体験できる授業を目指したい。

（新宿区立落合中学校/元世田谷区立希望丘中学校　二宮正男）

〈授業分析〉
少人数・習熟度別クラスを生かした4技能の育成

1．視点

　英語の学習活動は大まかに「読む」「書く」「話す」「聞く」の領域に分けられる。これら4領域の能力の育成を念頭に入れた学習計画を立てるこ

とが，英語の教員には先ず求められる。これは，中学校においてはとくに大切である。「リーディング」や「ライティング」などの科目に分けられている高等学校とはちがって，中学校ではより包括的な「外国語」という教科として教育課程が編成されるからである。

　次に求められるのは，それぞれの能力を育成するための活動は，さらにどのような活動に細分化できるかを知り，これにしたがって学習活動を組み立てることである。例えば，「書く」という活動として，与えられた日本文を英文に書き改め，使用した語彙や構文の正確さや適正さを学習者に問うだけでは，大いに疑問が残る。

　4つの能力を養うための学習活動はそれぞれ，両極をなす2つの基準から分けることができる。中学生を対象とするなら概ね，「読む」では，読んだ内容の概要を把握するだけにとどめる活動と，細かな部分についての情報を得る活動との2つに分けられる。「聞く」でもほぼ同様である。「書く」や「話す」では，語彙や文法などの言語的な的確さやディスコースの正確さ（「話す」では発音も含む）を要求する活動と，それよりもむしろ伝える内容に焦点を置いた活動の2つに分けられる。「書く」や「話す」ではさらに，トピックや使用する言語材料があらかじめ決められた制限型の活動と，ジャーナル・ライティングのような自由型の活動の2つに分けられる。この場合，自由型は制限型と比較して，より学習者中心の発散的な学習活動が期待できる。

　これら両極の基準は，学習活動を編成する上で重要な2つの観点を与えてくれる。1つは，オール・ラウンドな英語能力をつけるにはどうすべきか，という観点である。言語能力の多様性を忘れてはならない。もう1つは，内容的に豊かな学習活動を可能にし，活性化した授業を展開するにはどうすべきか，という観点である。学習者の注意を引きつけるためには，学習活動の品揃えを豊富にするのも必要だ。成長過程にあり関心が多方向に及ぶ学習者の場合，とくに大切だ。

　ここでは英語学習にかかわる以上のような観点から，少人数・習熟度別のクラス編成による学習効果をふまえつつ，今回提示された授業について考えたい。

2．模範としたい点

　前項で学習活動を分析するうえでの観点を述べた。これらの観点をすべて一連の授業に取り入れることを目標としたいが，難しい局面も予想される。平成10年に文部省が告示した中学校学習指導要領では，授業時数が各学年週3時間が標準である。上記で述べた観点に従って100％満足できる授業を展開することは，時間的に難しいことが容易に想像できる。また，初心者を対象とする場合，必要な基礎的な能力が備わっていないために，実際に実践できない活動もあるだろう。

　今回，対象となっている学習者は中学校1年生である。ある意味では，英語に対する興味や関心を決定づけ，ひいては今後の学習への意欲を左右するうえで大切な時期である。「視点」で述べた観点にそって考えると，バラエティー豊かな授業の流れが計画されており，学習者に4技能の基礎を習熟させるだけでなく，英語を学ぶ楽しさを印象づけたいという授業者二宮先生の意図が十分に反映されている。

　「聞く」活動については，大まかな内容だけを把握するだけでよい活動は，「本時の授業展開」の(2)④a. Oral Introduction と b. Check of Understanding に見ることができる。ここでは，絵や写真を使用して，学習者が単に耳だけでなく目をとおして，内容を把握できるように工夫されている。視覚に訴えるメディアを使用しながら，おそらく授業担当者は teacher talk を駆使し丁寧な分かり易い英語を使用して授業を進めるのであろう。「聞く」活動の，もう一方の活動は，「継続的な活動」のLast Sentence Dictation に見ることができる。既習の文章とはいえ，忘れている学習者も多くいるに違いない。どの文章が dictation の対象になるか，学習者はドキドキしながら一言一句聞き逃すまいと全身を耳にして，先生の英語に耳を傾けているのである。

　「読む（黙読する）」活動では，細かい部分についての情報を得るための活動は，(2)⑤a. Silent Reading に見ることができる。学習者は，(2)④a., b.で各自耳から得た情報の真偽を確かめようと，ここでは必死で文字を目で追うことになるであろう。（本論から外れるが，学習者の注意を(2)④a., b.では「聞く」ことに，(2)⑤a.では「読む」ことに集中させるという，授業展開は是非見習いたい点だ。）

　なお，「読む」活動のもう一方の活動である大意を把握する活動はとく

に見られないが，これは中学校1年生という学習の初期段階では組み入れることは現実的には難しいと判断されたのであろう。

さらに詳しく述べないが，「書く」「話す」活動についても，授業の展開について同じような配慮がなされていることが分かる。

以上のように，前項の「視点」で述べた観点にもとづき，「本課の評価基準」などを少人数・習熟度別のクラス運営の趣旨とあわせて考慮すると，今回の授業は学習者の視点から見て，より効果的な学習環境作りに配慮されながら，4技能の育成を満遍なく見据えた授業と言える。

3．さらに効果的にするためには

音声面の指導は segmental と suprasegmental の指導に分けることができる。segmental な音声指導とは，英語のサウンド・システムを形成する最も基本的な部分となる各音素についての指導である。つまり，[ɔ] [æ] [ə] [f] [θ] [ʒ] などの音への注意を喚起し，それを実践できるよう練習することである。

suprasegmental な音声指導とは，単語レベルでのストレス（各単語のどの母音にアクセントがあるか），文レベルでのストレス（文中のどの単語を強く発音するか），イントネーション（文中のある特定の部分や，文末では上昇調または下降調のどちらで発音するか），連音（make it は /meikət/のように発音することなど）のような音声の指導のことである。

音声の指導は，segmental と suprasegmental の指導が両輪となる。今回提示された一連の授業では suprasegmental の指導はあるが，segmentalの指導がないのが残念だ。segmental の指導はさらに母音と子音の指導に分かれる。母音の指導は英語を母語にしない日本人教師にとりやっかいである。世界で母語として話されている英語にもばらつきがあるからだ。しかし子音はその点ほぼ一定している。反対に言うと，子音を正確に言うことが正確に意思伝達するうえで鍵になることが多い。この点を初心者には繰り返し徹底して指導する機会を持ってもらいたい。今回の授業は，この観点からの指導を入れることで，さらに幅ができるのではないか。特に，少人数・習熟度別のクラスのメリットをこれに生かすのであれば，まさに個に応じた発音指導や発音矯正にも配慮された授業が望まれる。中等教育の英語教員を目指す大学生に尋ねると，例えば [f] や [θ]

の発音の方法について，指導を受けた記憶があると答える学生は驚くほどまれだ。ということは，segmental な音声指導はあまり重要視されていないのだろうか。もしそうだとすれば，これは英語教員全員への共通課題かもしれない。

(関西学院大学　**大喜多喜夫**)

6.3 コンピュータを活用する授業（高3・1学期）

1．本時の目標，および学年指導目標における位置づけ

　英語は言葉である以上，使いながら身につけなければ単なる知識に終わってしまう。単語や文法の基礎知識はもちろん大切であるが，実際に英語を聞き話し，読み書く過程において生きた言葉として身につき，コミュニケーションの手段となる。こうして身につけた英語力が，結果的に受験で力を発揮するのはもちろんのこと，生徒の人生を豊かなものにしてくれる。英語教師として，1人でも多くの生徒にこうした英語力を伸ばす手助けをしたいと考えている。

　生徒が英語を使いながらに身につけるためには，授業の中で英語を使う機会を提供し，生徒が英語を使いたいと思う状況を設定する必要がある。それも擬似的なコミュニケーションではなく，本物の情報を求め，得た情報や自分の意見を発信する機会を与えることで，英語を手段として使うことができたと実感させたい。しかしながら，現実には教室の中で生きた言葉として英語を活用する機会は極めて限られている。この壁を破り，真のコミュニケーションの場を与える手助けをしてくれるのがコンピュータである。電子メールやインターネットを使うことで，教室にいながら英語圏をはじめとする世界各国へ，リアルタイムに空間を超えて飛び出すことができる。つまり，コンピュータによって「英語を学ぶ」から「英語を使って学ぶ」授業への展開が可能になる。

　一方で，コンピュータを授業に取り入れることに抵抗がある先生方が多いのも事実である。その主な理由は教師自身のコンピュータに対する知識不足からくる自信のなさである。しかし，ワープロでの文章作成，電子メールの送受信，インターネット上のホームページの閲覧ができれば，上記の授業展開は十分に可能である。今回の実践も，私たち教師や生徒が日常的に使っている上記の機能を使えば十分である。

2. 授業準備のプロシージャー

　コンピュータを教具として英語の授業に導入する際，授業の目的がコンピュータの使い方や機能を学習することではないということを生徒に認識させる必要がある。もちろん，コンピュータを立ちあげて電子メールの送受信をし，インターネットで検索できるといった基本操作を確認する必要はある。しかし，指導の中で最も大切なのは，インターネットや電子メールを授業のどの場面で有効に活用できるかを指導することである。教科書や英文雑誌等の与えられた教材から学ぶのではなく，生徒自らが必要な情報を探し求める積極的な姿勢を養うことにもつながる。

　今回の授業では主として情報収集の手段としてコンピュータを活用するため，ワープロソフトがインストールされ，インターネットに接続できる環境があれば実施できる。1人1台パソコンが使用できればそれに越したことはないが，数台のパソコンを共用する場合でも十分に対応できる。

3. 本時の授業展開

　本授業は高校3年生を対象とした選択科目「異文化理解」で実施した。日本人教師（JTE）とALTのティーム・ティーチングで行われている2単位科目であり，学期単位の長期的な計画のもとに授業を展開し，学期全体を通して4技能の力を育成することを目指している。高校での英語学習の最終段階であることを考慮し，生徒の関心を文化的な内容に向けながら英語を使う機会を提供し，次の3点を本授業の指導目標とした。

(1) 日本文化と英語圏の文化を比較・考察し，異文化に対する理解を深める。
(2) コンピュータを使うことで，英語をコミュニケーションの手段として用いる。
(3) コンピュータを積極的に活用することにより，自主的に課題に取り組む態度を身につける。

　授業展開は1つの学期を単位として，コンピュータを使ったリサーチを行い，学期末にその成果を示す英語のプレゼンテーションへと導くようにするため，表に示した指導計画に基づいて実施した。この授業ではリサーチに先立って，異文化理解を扱った英文を読んで英語によるディスカッションを行い，テレビ会議システムを利用して異文化体験に詳しい研究者の

話を聞いて，質疑応答を行うなどの内容も取り入れた。しかし，あくまでも授業の中心は，学期ごとに生徒自身が選んだ文化的テーマに関するリサーチと，それに続く英文の原稿作成，及び英語によるプレゼンテーションにある。

単元指導計画（全体時間 23 時間）

学習活動	教師の働きかけと生徒の活動	指導上の留意点
①日本文化と英語圏の文化の違いについて考える。 （4時間）	・異文化についての英文を読み，なぜ人々の行動や考え方に違いがあるのか考える。 ・異文化での体験や具体的な事例についてディスカッションを行う。	・文化の違いによってどのような考え方の相違がみられるかを知り，異文化に対する意識を高める。
②テレビ会議を通して，異文化に対する理解を深める。 （2時間）	・異文化の研究者や経験者の話を直接聞き，質疑を行うことによって，問題意識を持つように促す。	・生徒から質問を投げかけ，ディスカッションへと導くようにする。
③リサーチの計画を立てる。 （1時間）	・生徒各自の興味・関心を尊重し，リサーチのテーマと方法を決めて計画書を作成し提出する。	・コンピュータを活用する具体的な方法を個別に指導する。
④コンピュータを活用して，リサーチを行う。 （3時間）	・検索を利用し，世界各国のホームページから必要な情報を収集する。 ・海外の姉妹校の生徒や ALT の知人に電子メールを送り，質問を投げかける。	・ホームページの情報の扱いについて注意を促す。 ・相手校の教員とも十分に事前連絡を取り合う。
⑤資料をまとめて考察を行い，発表の準備をする。 （2時間）	・集めた資料を取捨選択してまとめ，文化の違いについての考察を深める。 ・コンピュータの機能を活用し，スピーチ原稿及びハンドアウトを作成する。	・原稿のチェック及びハンドアウトの作成に関する個別指導を行う。
⑥オーラル・プレゼンテーションを行う。 （11時間）	・リサーチの成果を，大型スクリーンやハンドアウトを活用して発表する。 ・発表後はクラス全体でディスカッションを行い，全生徒が評価用紙にコメントを記入する。	・クラス全体でのディスカッションを通して理解を深める。 ・発表者へのフィードバックとして，クラス全員の評価用紙を発表者に渡す。

〈各活動における指導上の留意点〉
(1) リサーチ計画作成
　生徒一人一人が自分にとって身近な話題から，異文化での様子について疑問に思っている具体的なテーマを選ぶ。そしてそのテーマに関して日本での様子を概観し，どのような方法で調べるかを記入したリサーチ計画書を作成して提出する。生徒が英語で作成した計画書に，教員も英語でコメントやアドバイスを記入して返却する。実際にリサーチが行われたテーマの一部を以下に紹介する。
School Rules / University Entrance Examination / Family Relationship / Aging Society / How to Address People / Working Life of Women / Fashion Differences / Greetings / Body Language

(2) リサーチ
　生徒各自が選んだテーマにあった方法でリサーチを行い，教員はサポート役になって個別指導を行う。テーマによって有効なリサーチ方法が異なるため，一人一人の生徒へのガイダンスが必要であり，方向付けが成功すれば自主的な学習展開がスムースに進む。生徒が利用した主なリサーチ方法は以下の通りである。

① インターネット上のホームページで資料収集
　本校にはインターネットに接続可能なコンピュータを一人一台ずつ使える教室があり，生徒各自がテーマにあわせて様々な国のホームページを訪ねて情報を収集した。この過程において，多量の英文から必要な情報を短時間で読み取る練習を行うことができた。

② 電子メールの送受信
　生徒全員が電子メールのアドレスを取得し，海外の高校生や大学生に電子メールで質問をして情報を得た。メールを作成する過程で，英語を母語とする相手に理解してもらえる英文を書く努力をし，受け取った返事の内容を読み取りまとめた。この電子メールの交換を通して海外に住む人々とのコミュニケーションができたと実感した生徒も多く，返事を受け取った時の生徒の嬉しそうな笑顔は特に印象的であった。

③ 外国人・異文化体験者へのインタビュー
　本校には英語・ドイツ語・フランス語・中国語の講座が開講されている関係で複数の国からのALTが合計11名勤務している。特に英語関係で

```
┌─────────────────────────────────────────────────────────────┐
│  Foreign Affairs 2002                                        │
│  Research Project for 2nd Term                               │
│                        No. 9  HR 3F  Name Miki Toida         │
├──────────┬──────────────────────────────────────────────────┤
│ Topic    │ Names                                             │
├──────────┼──────────────────────────────────────────────────┤
│ Method   │ Books, Internet, E-mail, Interview                │
├──────────┼──────────────────────────────────────────────────┤
│ In Japan │ Japanese Name         English Name                │
│          │ [Family name]+[given name] / [First name]+(middle name)+[Family name] │
│          │           ← why are they different? →             │
│          │                                                   │
│ Does this have │ There are said to be some 120,000 surnames │
│ something to do│ in Japan. ※ Even among the many nationalities│
│ with history?  │ of Europe there are only a total of 60,000 │
│                │ family names. → The number of Japanese names│
│                │ is so many! → why?                         │
│                │                                             │
│ We usually use │ When we call someone's name, the choice    │
│ family names,  │ depends on the relationship between        │
│ but given names│ the speaker and listener.                   │
│ are used among │ ex) ～さん、～さま、～くん、～ちゃん …etc.  │
│ children       │                                             │
│                │                                             │
│ Compare the    │ The Japanese derivations of given names    │
│ popular names  │ We are named after …                       │
│ of Japanese    │  ・the meaning of Kanji                    │
│ and English    │  ・wish    Very interesting!  How about    │
│                │  ・nature  Names are a very   other        │
│                │  ・sound   important part of culture! countries?│
│                │   etc.                      ☺ good job!    │
├──────────┬──────────────────────────────────────────────────┤
│ In Western│          Research!                               │
│ countries │                                                  │
│ Why are there such differences?    Conclusion                │
│ What can you find?                                           │
└──────────────────────────────────────────────────────────────┘
                                   ↑ Remember to support your information
```

▲生徒のリサーチ計画書例

は，アメリカ・カナダ・イギリス・オーストラリアの4カ国から6名のALTがおり，昼休みや放課後に生徒が英語でのインタビューに走り回り，中には校内の留学生や知人の外国人にもインタビューを行う者もいた。また，アメリカの大学に通っている本校卒業生を授業に招いたり，テ

レビ会議システムを使って大学との共同授業を行ったが，こうした活動を通して海外滞在経験者へのインタビューを実施し，リサーチのために英語をコミュニケーションとして使った。

④ 文献等による情報収集

　生徒各自が図書館から文献を探して学習すると同時に，教員も参考資料として英書や英字新聞，英文雑誌からの記事を生徒に提供し，情報を拾い読みする機会を与えた。

〈電子メールで海外の生徒に質問〉

(3) 発表準備とプレゼンテーション

　生徒が苦しみながらも最も英語力を伸ばしたのは発表の準備期間である。1人の生徒に割り当てられたプレゼンテーションの時間10分を長いと感じていた生徒も，リサーチによって集めた情報を整理して自分なりの考察を加えると，結果的に10分程度のスピーチになっていることに気づいたようである。中には20分以上に及ぶ発表を行った生徒もおり，話す内容が先にあってこそ英語を使う価値

〈デジタルカメラの画像を用いて発表〉

があるということを感じてもらえた。原稿作成の段階ではワープロソフトの文法チェックとスペリングチェック機能を働かせたため，生徒が英文を書きながら文法や語彙に自然と注意を向けるようになった。各自のフロッピーディスクに原稿を保存することで，英文の修正も容易に行うことが可能である。また，コンピュータを使用して視覚に訴えるハンドアウトを作成し，さらに大型スクリーンにデジタルカメラで撮影した写真やインターネットから取り込んだ画像を映したり，プレゼンテーションソフトを活用して発表に工夫を凝らし，ここでもコンピュータが力を発揮した。

"Respect and Priority" というテーマのもと，ある生徒が行ったプレゼンテーション原稿の一部を原文のまま紹介する。

People say that Japanese people have a lot of respect for age. I was curious about why we respect age, and I researched how we respect age comparing us with western ideas. I used the Internet, some books and asked seven people from various places such as U.S., Australia, Britain, Germany and France.

1．〈Brothers and sisters〉

If you have brothers or sisters, please imagine how you call their names. Most of you may call them, or they may call you "elder brother" of "elder sister." However, the English term "brother" doesn't distinguish between an elder brother and a younger one. The same is true in French, German and other languages. Siblings don't call each other "elder brother" or "little sister," but use their personal names, like Tom and Jane.

2．〈Senior, Junior〉省略

3．〈Promotion〉省略

4．〈*Oseibo*-winter gifts〉省略

5．〈Ladies first〉

In a company the president and his secretary are about to enter an elevator. If you were the secretary, would you enter the elevator before the president or would you let him go first?

Many Japanese people expect that a secretary would let the president go first. However, when I asked seven people from foreign countries for their ideas, all of them answered that they expected the president (if a man) should let his secretary (if a woman) go first. This way of thinking is called "ladies first." It is still a traditional rule in western countries, but it is gradually changing. If men are "gentlemen," then they let ladies go first, but there are some "feminist" women who want to be treated equally and they probably don't like "ladies first." In Japan it is rare to see a gentleman let a lady go first and there may be still man-domination in Japan.

Finally, I would like to think about the reason why there are such differences. I think these Japanese spiritual ideas and world view are affected by Confucianism. Confucianism is the ideology of Confucius of China and not a religion. One of the core concepts of Confucianism is *jin* (pronounced/ren/in Chinese), which basically means to love people but this love is different from the love or philosophy taught in Christianity or Buddhism. It means to love one's parents and brothers and sisters first. Governing a house with *jin* and later expanding it to the level of the status is encouraged.

Thus, western ideas and Japanese ideas have differences with regard to respect because of different cultural backgrounds. Western society seems to be based on individualism and Christianity and these things exist at the bottom of their ideas. In Japan, as people say our society is family based society, we naturally think respecting elders is important in order to let this family society function well.

However, Japanese society is changing as the world is changing. Especially, more and more companies are trying to change the seniority system to an ability-based system like that in western companies. I think it is nice to respect elders because they have more knowledge through their years of experience, and there are a lot of things we can learn from them. However, I don't think it is wise to respect them just because of age. I think it's important for us to cultivate our ability so that we will be respected by younger people not only for age but also for our wisdom.

このプレゼンテーションに続くディスカッションでは"Ladies first"に質問が集中し，生徒たちが日本での経験を述べ，意見交換が行われた。

4．生徒の到達度評価，および授業の内省

当該科目の「異文化理解」では，生徒の自主的な学習を促す授業展開を目指しているため，評価に関しても生徒の取り組みとその成果を対象にするのが妥当と考え，定期考査等の筆記テストは一切行っていない。リサーチからプレゼンテーションに至る過程において，自己評価，教員による評価及び発表に伴う聞き手側からの評価を複数回実施した。

まずリサーチ計画書の提出による評価である。生徒は扱いたいトピックを選定し，リサーチ方法や日本における状況の概略を英語で書き，教員への提出を繰り返して納得がいくまで書き直す。目的は生徒のリサーチの方向付けであるが，関心・意欲・態度を評価できる。その後，リサーチを経て発表原稿を作成する段階で英文のチェックを行っている。英語について

〈発表評価用紙記入例〉

```
                    Presentation Evaluation Sheet

    Student Name: Megumi
    Topic:        Class Style
```

Criteria		Marks				
Depth of Content	(research of interest, effective support)	1	2	3	4	⑤
Informativeness / Comprehensibility	(quality & quantity of information)	1	2	3	4	⑤
Analysis	(comparison of 2 cultures)	1	2	3	4	⑤
Delivery	(eye contact, voice, stance, pausing, fluency, pronunciation, intonation)	1	2	3	④	5
Handout / Visual Aid (if used)	(quality, comprehensibility, effectiveness)	1	2	3	4	⑤

Total Marks: 24

Comments: The format of your presentation was very good — clear introduction, body and conclusion. The content of your presentation was excellent! I was very impressed with your hard work. In the future, you can concentrate on some pronunciation and intonation problems and then your work will be almost perfect!

は主にALTが，内容と構成についてはJTEが中心となって指導し評価も行っている。

　それぞれのプレゼンテーション終了後には，聞き手の全生徒に上のような評価用紙を配布し，3分程度の時間を与えて項目ごとの評価と発表者へのコメントを英語で記入させた。その後で教員が回収してALTとJTEの評価用紙を加えて発表者に返却し，フィードバックを行った。これらの評価材料を継続的に観察することにより，到達度を測ることができる。

　一連の作業を伴う授業の中で，コンピュータを活用することによって生

徒が自主的に学習に取り組み，英語を手段として使う環境を提供するという当初の目的は達成できた。また，リサーチの過程や発表準備を進める際に，休み時間や放課後を使って一人一人の生徒に個別指導を行うため，個々の生徒の到達度を把握することができるとともに，通常の授業以上に生徒とコミュニケーションをとる機会が得られた。異文化理解の観点からも，多くの生徒が今まで以上に異文化及び自国の文化に関心を示すようになったことが，スピーチに続くディスカッションで積極的に発言する生徒の様子から十分に感じ取れた。しかし，口頭発表に1か月以上の時間を費やしたため，初日に発表した生徒と最終日の生徒との間にかなりの準備時間の差ができてしまい，不公平感を抱いた生徒もいたはずである。

1人の生徒が卒業の際に残した授業に対する感想の一部を引用する。

「異文化理解では生徒中心の授業ができたので積極的に取り組むことができました。知りたいことを自分で調べて自分なりの答えや新しい疑問を持つ。これが学ぶということなんだと実感しました。（中略）研究・発表を通して自己表現力を養うことができるので，言葉だけでなく中身（精神的な豊かさ）も鍛えられると思います。」

5．私の理想の授業

コンピュータを授業に取り入れたことによって，生徒たちが身につけてきた英語力を発揮する場が増えた。授業設計を行う際に1人の英語教師としていつも心がけたいこと，そして理想とする英語の授業は次の通りである。

- 英語は実技科目と位置づけ，「理解する」よりも「身につける」
- 教室は英語を使う特別な世界
- アウトプットの活動を前提とした授業展開
- 段階的に到達目標を設定し，その目標を目指して活動を組み立てる
- 「英語が使えた」と実感できる機会を提供する
- 卒業時には「英語を使うことって楽しい」，「もっと英語を使いたい」と思えるように

（文教大学/元埼玉県立伊奈学園総合高等学校　**阿野幸一**）

〈授業分析〉
コンピュータを有効活用した学習者中心の授業

1．視点

　この実践例ではコンピュータを利用し，英語の実践的な運用能力の習得を視野に入れながら，異文化理解のための学習が行われている。したがって，この授業については「異文化理解」，「コンピュータ」，「英語学習」という3つを視点にして考えたい。

　英語が世界の共通語としてその地位を確かなものにし，さらに国境という垣根が低くなる時代のなかで，英語学習の目標として，これまでの4つの能力にさらにcultural competenceが概念として加わったのは，1960年代のことだと言う。cultural competenceとは言い換えると，言語の背景にある文化的な要素を正しく認識し，言語やそれを取り巻く人々への理解を深める能力である。第5番目のこの能力は，コンピュータが身近になりネット間の情報交換が容易になるとともに，一層意味を持つようになった。ほぼリアルタイムでの異文化との接触が，多くの学習者にとって現実のものとなったからである。このように，コンピュータとネットは異文化理解の点で，軽視できなくなった。

　他方，コンピュータとネットは英語教育の点からも重要な局面をもたらした。コミュニケーションが英語教育への扉を開くパスワードとなって以来，どうしても話し言葉に関心が注がれがちであった。しかし，書くことはいとわないが，話すのがどうしても苦手な英語の学習者もいるに違いない。そんな学習者に，英語教育の流れだから，やれスピーチだ，やれディスカッションだ，と半ば強制するのはどうかと思う。コンピュータとネットは，文字を介して簡単にコミュニケーションすることを可能にした。文字言葉を得意とする学習者にとってこの上もない恵みだ。この文明の利器を利用しない手はない。

　書き言葉であれ，話し言葉であれ，英語を伝達の手段として使用するための教育が日本では長らく欠如していたとの指摘がある。一方ではインターネットにより，外国の機関や団体から，以前なら入手に1か月もかかった情報が，当然のことだが，いとも簡単に入手できるようになった。

　このように考えると，先に述べた3つの観点を統合した授業は，疑いも

なく，これからの新しい時代に対応した，英語の授業の1つの姿であろう。

2．模範としたい点

　上で述べた視点からみて，3つの柱が計画的に統合されている。英語をコミュニケーションの手段としてとらえ，コンピュータによる通信機能の特徴を十分生かしながら，外国の事情や異文化についての理解を深める授業が展開されている。

　コンピュータや情報通信ネットワークなどを活用する方法として，「情報入手」のための方法と，「情報発信」するための方法の2つの使い方が考えられる。前者は，サーチ・エンジンなどを利用してネット上から情報源を検索し，必要なホームページから必要な情報を得ることである。もちろん，英語の読解能力が要求される。後者はこちらから電子メールを送信し，必要な情報を相手から送ってもらう方法であり，この部分では作文能力が要求される。これら2つの利用方法は，提示された「単元指導計画」④で実践されているのが分かる。また，ホームページから入手した情報をリサーチのなかで利用するには留意すべき点がある。このことについても，今回の授業の展開のなかでは配慮されている。

　異文化理解という視点に立っても，外国の事情や異文化についての理解を深めるという大きな目標のもとで，授業者の細かな配慮が「単元指導計画」の各所で伺える。まず，異文化理解について学習者が各自，何らかの問題を意識できるように，学習活動①が実施されている。そして，次にその問題の妥当性を，同じく①と②の活動を通じて学習者が自身で問う形式を取っている。これらは，学習者の主体性を重んじた活動で，大いに参考とすべき取り組みである。授業形態として，教師が中心の学習活動がまだまだ多いなか，今回の阿野先生による一連の授業は，すべての教員にとって自分の授業を自ら省みる新鮮な視点を提示している。

　また，英語教育という単独の視点から見ても，リサーチと，それに続く英文の原稿作成，及び英語によるプレゼンテーションの活動は，全体的に見て完成度が高い。これら一連の学習活動を考察すると，従来の4技能を育成する活動がそつなく実施されているからだ。「読む」という点からは，scanning や skimming という速読の学習活動が，「単元指導計画」④「コ

ンピュータ…」での資料収集のなかに伺うことができる。scanning とは与えられた資料からある特定の情報だけを探し求める読み方で，例えば，時刻表からある列車の行き先とその到着時間をひろい読みするような読み方である。skimming とは与えられた資料から，その概略だけをすくい読みとるような読み方である。これらの技術は，学習者が資料収集するためにインターネットであちらこちらのホームページを訪れたときに，意識せずとも習得されることになるであろう。

　また，「書く」ことの指導に関しては，従来の指導にはない process writing の方法が「単元指導計画」の③と⑤に見ることができる。この方法では学習者は，テーマ設定の段階や，下書きの原稿の段階から教師からのアドバイスを求め，最終的に reader-friedly な原稿を完成させることになる。

3．さらに効果的にするためには

　これだけの時間をリサーチ・ワーク，原稿作成，それにプレゼンテーションに費やしているのだから，最終的には文章として是非まとめてみたい。口頭で発表することは不得手でも，文章化することに，より興味を持つ学習者もいるに違いない。それだけではない，例えば「リサーチ集」としてまとめて学習者に配布したり，あるいは図書室に開架し閲覧できるようにしておけば，学習者にとって素晴らしい思い出になるだろう。

　また，将来も，同じような活動をするのであれば，次年度以降の生徒にも「リサーチ集」が見れるようにしておくと，これらの生徒にとって良い励みとなるに違いない。学習者主体の発散型の学習活動であるから，先輩たちよりもっと素晴らしいものを，と思う生徒もいるだろう。なかには，まわりの人々が思いもしないような点に着眼し，それこそ，自分の将来を決定づけるようなリサーチをする学習者が現れるかもしれない。

　ここでは，異文化理解が大きな柱となっている。学習者が内容としてそれぞれどのようなテーマを選んだのかが，提示されていないのが残念である。一口に異文化理解といっても実に多岐に渡る。日常生活，社会一般，風習・習慣，地理・歴史，科学などである。

　今回の授業の対象者は高校3年生である。なかには，専門的な分野での異文化的な事柄に興味を持つ学習者もいるのではないだろうか。英語教員

やALTだけでは十分に指導しきれない場面も考えられるのではないか。わたしは異文化理解というのは外国語関係の教員だけが携わるのではなく，それこそ教科の枠組みを乗り越えて取り組むべきものだと思っている。そうすることで，英語科だけでなくそれ以外の教員の異文化に対する考えや認識に学習者が触れることになり，学習者の異文化に対するより広い視野が養われることだろう。

（関西学院大学　**大喜多喜夫**）

【エピローグ】 授業改善のための指針と方向

1．育てたい生徒の具体的イメージを持ち，現在地点を確認する

　学習指導要領にも明示された英語教育の目標は，「コミュニケーションを図ろうとする積極的態度と実践的コミュニケーション能力を育成すること」である。この目標を念頭に，我々英語教師はあるべき授業を求めて日々の実践を継続しているのであるが，単に「実践的コミュニケーション能力を育成しよう！」と連呼するだけでは，何ひとつ達成できない。「コミュニケーション能力のある生徒（人間）とは，具体的にどのような能力を持ち，どんなことのできる生徒（人間）なのか？」その具体的なイメージを持ち，生徒の学力の「現在地点」を確認することから，授業改善がスタートする。

　「コミュニケーション能力」と一口に言うが，communicative competenceには，それを支えるいくつかの能力があると言われている。(Canale & Swain 1980)

①文法能力（grammatical competence）
　当然ながら言語学習に不可欠な大切な能力である。過去，文法偏重の授業によって生徒の英語嫌いが増えたことへの反省から，特に中学校では，「文法を教えないこと，生徒の誤りを訂正しないことがコミュニカティブな授業だ」という極端な反作用が見受けられるが，文法とは自分の伝えたい思いを誤解なく相手に伝えるためのことばの決まりごとであり，この指導なくしてコミュニケーション能力養成はありえない。ただし，単に文法用語を覚えさせたり，穴埋め，書き換え問題を行わせるなど，文法のための文法指導でなく，「コミュニケーションに生きて働く文法指導」のあり方を考えねばならない。

一方，従来の授業では文法を積み重ねて教えていけば，コミュニケーション能力は自ずとついてくるであろうという考えがあったようだが，そのような仮説は too optimistic a view to take であるという Widdowson (1978 : 19) の指摘を待つまでもなく，その虚構は我々英語教師自身が体験的に身を持って感じていることであろう。文法のみを指導しても，コミュニケーション能力養成には不十分である。なぜなら，それを支える以下に見るような異なる能力も必要だからである。

②社会言語学的能力（socio-linguistic competence）
　時と場，目的や相手（TPO）に応じて，適切な言葉づかいを選択して使用できる能力（言語使用の appropriateness）である。日本人でも，就職に際して敬語の使い方も心得ず，「ため口」しかきけない人間は社会人として認知されない。これは社会生活上重要な能力である。英語で相手の名前を知りたければ，What's your name?とたずねればよい。この文は文法的には正しい（grammatically correct）が，使う場面や話しかける相手によっては，不適切（inappropriate）となることもある。ホテルのフロント係が訪れたゲストに対して，What's your name?と下降調のイントネーションで「尋問」しようものなら，支配人が現場を目撃していれば解雇の対象となり得よう。May I have your name, please?などが，この場にふさわしい適切な表現である。

③談話能力（discourse competence）
　ひとつの話題（topic）について，まとまりある文章（discourse）を構成して書いたり，話したりできる能力のことをいう。この能力については，次の2で考察するが，中高生ともにほとんど育成されていない傾向が見られる。

④方略的能力（strategic competence）
　コミュニケーションで障害にぶつかったときに，それに対処する方法（communication strategies）を身につけているかということである。様々な方略があるが，例えば，定期テストに自由作文を出題すると，本当は書きたいもっと深い内容があるのだが，ミスをして減点されると損なの

で，より簡単で他愛のない内容について書く生徒がいる。「回避（avoidance）」という消極的方略を採用したのだが，このような生徒は伸びない。我々が指導したいのは，例えば，単語を知らないが，それを自分の英語力で何とか言い換えて相手に伝えようとする（paraphrasing）などの積極的方略である。難しい単語や不慣れな構文を使うのでなく，「自分の身丈にあった英語で，自分の本当に言いたいことを伝えることのできる力」を育ててやりたいものである。

このような観点から，みなさんの生徒さんは何ができて，何ができないのか？ それぞれの能力はどの程度育ちつつあるのか，あるいは，未だ手付かずの状態でまったく育っていないのか？ 生徒の学力の「現在地点」を的確に把握することから，授業改善がスタートする。そして，将来，育て上げたコミュニケーション能力を使って，なにを考え，どんなことのできる生徒を育てようとしているのか，英語の授業を通じて育てたい生徒の具体的なイメージ（＝教師の英語教育観）が授業改善での目指すべきゴールとなるのだ。

2．生徒の学力は授業を写す鏡―全国学力調査結果をふまえて

さて，全国的に見た生徒の英語学力の現状はどのようなものなのだろうか。平成13年度に実施された全国学力調査（教育課程実施状況調査）の中学校・英語科の結果を見てみよう。〔詳細は，国立教育政策研究所（2003）を参照〕
〈技能別達成状況〉に関する分析評価結果は，以下の通りである。
- 「聞くこと」及び「読むこと」…「おおむね良好」といえる
- 「書くこと」…「おおむね良好」とはいえない
- （「話すこと」に関しても「おおむね良好」とはいえない状況と間接的に推測される。）

ここで確認しておきたいことは，「おおむね良好」とはどのくらい良好なのか，ということである。本調査では，個々の能力を測定する問題が出題されているが，問題作成者が合議検討の上，それぞれの問題について，「例えば，小問5問中3問は正答もしくは準正答が得られるだろう」といった予想される到達度の％（設定通過率）を設定する。その設定通過率の

上下5％の範囲に全受験者の50％以上が収まるか越えていれば,「おおむね良好」という判断を下すのである。従って,「おおむね良好とはいえない」という結果は,相当深刻,力がついていない,と解釈しなければならない。

さて,上記の技能別達成状況を〈観点別達成状況〉に移し替えてみると,
・「コミュニケーションへの関心・意欲・態度」…「おおむね良好」
・「表現の能力」…「おおむね良好」とはいえない
・「理解の能力」…「おおむね良好」
・「言語(や文化)に関する知識理解」…「おおむね良好」とはいえない
となる。次に実際に出題された調査問題(中学3年生対象,「書くこと」のトピック指定問題)を見てみよう。

> 自分が「大切にしているもの」や「宝物」について,他人に英語で説明するスピーチの原稿を4文以上で書きなさい。ただし,最初の文は This is に続けて書き始めなさい。

①話題は「大切にしているもの」や「宝物」。②分量は4文以上。③形式については,最初の文は This is に続けて書き始める,という3つの条件が課されている。

まず,条件②で,「コミュニケーションへの関心・意欲・態度」を図ろうとしている。この種の自由英作文で,過去の調査では目立って多かった白紙答案が有意差をもって減少している。また,「4文以上書け」と言われて実際に4文以上書いた生徒は,全受験者の45.5％おり,設定通過率50％のマイナス5％の範囲内にぎりぎり収まった。だから,「コミュニケーションへの関心・意欲・態度」は「おおむね良好」と判断しているのである。

しかし,これは「量的評価」である。一方,その内容の自然さ,豊かさや文法・語法の正確さなどの「質」に評価の眼を移して全体の通過率を見ると,26.6％と,はるかに「おおむね良好とはいえない」状況にあり,たくさん書いてはいるが,文単位で見ても,残念ながら何を伝えようとしているのか意味が理解できないものも少なくない。極端なつづりの誤りに

よってどの単語を書こうとしていたのか想像がつかない，語順や語形変化が滅茶苦茶なため，文意の類推さえ成り立たない「英文もどき」の文が多いのだ。「言語に関する知識理解」が「おおむね良好とはいえない」という評価はここからも来るのだが，1で見た①「文法能力」の未熟さが顕著に現れる。よく「日本人は聞き，話すことは苦手だが，文法には強い」と言われるが，表現レベルではこれも危ないと言えそうだ。

さらに，文章全体の構成に視点を移すと，仮に文法的誤りがゼロとしても，次のようなものが典型的な解答例である。（ちなみに，このような文を書く生徒は，必ず，頭揃えをして1文ずつ改行する。）

This is my important book.
This is my important watch.
This is my important bag.
This is my important video game.

1で述べた4つの能力のうち，③「談話能力」の欠落，と言うよりも，意識の芽生えすらない，と言ったほうが正しいだろう。

なぜこうなるのか？ 生徒の「学力低下」によるものなのか？「積極的な表現意欲」は過去よりは伸びているのである。なのに，なぜ，こうなるのか？――「授業で指導していないから」というのが，筆者の見るところである。

「生徒は（人間は），教わっていないこと，訓練していないことはできない。」これが，ひとつの真理であろう。確かに，地域や家庭環境も含み，生徒自身の問題に起因するところも多いのは事実であろうが，生徒にすべての責任を転嫁してしまえば，我々教師は何もしなくていいことになってしまう。これは，職場放棄に他ならない。我々は「生徒の学力は，教師の指導の裏返し」，「生徒の学力は，授業を移す鏡」と考えなくてはならない。

生徒の現在地点を確認するとは，克服すべき問題点を見つけること (problem identification) である。具体的に抽出したその問題点（＝授業改善の課題）を授業の中にどのように位置づけ，どのような指導を行い，どんな練習や活動を与えれば，それを克服してワンランク・アップの変容をめざせるのかを考え，実行に移すこと。生徒の学力低下を嘆く前に教師

がプロとして行うべきこと，それが授業改善である。

3. 授業改善への具体的指針

　授業改善には，いろいろな方法があるが，教師一人が独力でできることは限られている。より良い授業を目指して，ともに励まし合い切磋琢磨する仲間を見つけることが大切である。「学ぶことは真似ることから始まる」とよく言われる。優れた授業を数多く見て学ぶことは，特に経験の少ない若い先生方には重要である。本書もそのような研修に資するひとつの資料として企画編集したものである。また，勇気を出して，自分の授業や実践を公開し，他の人々から批評や助言を得ることも大切だ。自己の経験からだけでは視野が広がらないので，英語教育に関する様々な文献を読み，自分なりに消化して授業に取り入れることも忘れてはならない。

　ただ，ここで留意すべきことは，冒頭の「プロローグ」でも述べた通り，いかに本を読んだり，すぐれた授業実践を見たからと言って，そこに示されているものを自分自身の考えもなく，ただ真似るだけではうまく行く保証はない。対象とする生徒が異なり，指導する教師自身も違うのであるから，うまく行かなくてむしろ当然だと言えよう。「自分の育てたい理想の生徒のイメージ像」と「生徒達の現状（現在地点）」とのギャップの中から，授業改善の目標を一人ひとりの教師が自ら見つけ出し，それを克服するための具体的方法（仮説）を考えて，それを実践しながら，その効果を検証し，もし，うまく行かなかったら，仮説を修正して粘り強く取り組むことが必要である。このような手順をきちんと踏んで授業改善を進める方法が「アクション・リサーチ」である。リサーチと言っても，実験群と統制群に分けて，異なる指導法を実施し，その結果を有意差で数量的に検証するような，現場教員には技術的にも難しく，指導モラル上も実施困難なものでなく，目標意識を持って授業を行いながら，ピンポイントで具体的にその改善を図る，現場教師にすすめたい方法である。次にその進め方の概略を具体例に即して簡潔に示しておくので，参考にしていただければと思う。〔リサーチに関する詳細については，緑川 (1999), 佐野 (2000)・(2005) などを参照。〕

〈アクション・リサーチの手順〉

① Problem Identification（問題点の特定）

生徒の「現在地点の確認」と「問題点の抽出」＝「自分の授業の」どこが問題か？ どこをどう改善したいのかを特定する。

> （例）「まとまりのある文章を書いたり，話したりすることができない。」

② Preliminary Investigation（予備調査によるより正確な現状把握）

- 授業の（相互）観察や記録　　・文献研究
- 生徒へのアンケート調査，インタビュー調査（質的データ）
- Pre-test（量的データ）

③ Research Question（問題点の焦点化）

> （例）「クラスの7割以上の生徒達が，その場で与えられたひとつのトピックについて，5文以上のまとまりのある文章を書いて発表できるようにするには，どのような指導や活動を行えばよいか？」

④ Hypothesis（仮説の設定）

仮説（1，2，3…）の設定…授業方法の具体的改善点の明確化と実践順序の決定

> （例）仮説1：新しい文法事項の oral introduction では，文脈を意識したインプットを与え，mim-mem の際に目標文を含む3文程度の流れのある例文を覚えさせれば，望ましいモデルが定着するだろう。

> 仮説2：当該文法構造を使った文型ドリルやそれに続く言語活動でも，目標文単独でなく3文程度のまとまりある文を言わせたり，書かせたりすることを継続すれば，生徒の談話能力の基礎が養われるだろう。

> 仮説3：教科書本文の理解の際にも，文脈の流れを意識させ，話題の展開の仕方や文と文とをつなぐ接続詞や代名詞の使い方などを

> 説明してやれば，生徒の文章の流れに対する意識化が進むであろう。
>
> 仮説4：各課の学習の最後などに，教科書の題材と関わるトピックを与え，関連する自分の体験や，本文に対する感想や意見などを3～5文程度で書かせて発表させ，活動中および活動後に指導や助言を与えてやれば，生徒の表現力が伸びるだろう。

⑤ Plan Intervention（計画に基づく新たな授業実践）
 仮説検証のためのアクション＝目的を持った新たな授業実践の開始！
⑥ Outcome（実践結果の検証と評価）
 データの収集と分析，結果の考察（→④仮説の修正→⑤新たな実践）

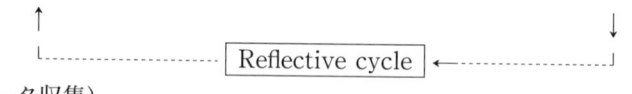

```
        ↑                                              ↓
        └─────────── Reflective cycle ←───────────────┘
```

（データ収集）
 量的データ（Post test）と質的データ（アンケート・インタビュー）
⑦ Reporting（実践のまとめと結果の発表）
 実践結果を共有するために，レポートをまとめて発表する。
⑧ Follow-up（新たな授業実践）
 改善した授業実践をさらに継続し，内省を通して，次のリサーチ・サイクルに入る。

> （例）「予め原稿を書くことなく，即興である程度まとまりのあるスピーチやペアでの対話ができる。」

***********　**********　**********

　最後に，本書で取り上げて紹介・分析した授業の大半は，平成元年に設立された英語授業研究学会（関東支部・関西支部）の全国大会，両支部の春季・秋季研究大会や月例会で取り上げられたものである。各授業者および分析者の原稿執筆に際しては，授業の実際の様子ができる限り生き生きと読者に伝わるように意を尽くしたつもりであるが，やはり実際の授業を見ていただかないと分かりづらい面もあるだろう。取り上げた授業の多くは，授業者の許諾を得て，英授研「英語授業ビデオ・ライブラリー」として両支部で保管され，当該の研究会に参加できなかった会員の研修目的

で，学会規定に基づいて希望者に貸し出しを行っている。実際の授業を観てさらに学びたい方には，ご活用いただければと思う。詳細は，ホームページでご確認の上，各支部の事務局にお問い合わせ願いたい。

【英語授業研究学会ホームページ】
URL：http://eijuken.at.infoseek.co.jp/

〈参考文献〉
国立教育政策研究所教育課程研究センター（2003）『平成13年度 小中学校教育課程実施状況調査報告書 中学校 英語』東京：ぎょうせい
佐野正之（編著）（2000）『アクション・リサーチのすすめ―新しい英語授業研究』東京：大修館書店
佐野正之（編著）（2005）『はじめてのアクション・リサーチ英語の授業を改善するために』東京：大修館書店
髙橋一幸（2003）『授業づくりと改善の視点―よりコミュニカティブな授業をめざして』(「英語授業ライブラリー」第1巻) 東京：教育出版
樋口忠彦（編著）（1995）『個性・創造性を引き出す英語授業―英語授業変革のために』東京：研究社
緑川日出子（1999）「教師の研修：アクション・リサーチの意義と方法」『英語授業研究学会紀要』第8号，英語授業研究学会
Canale, M. and Swain, M. (1980) "Theoretical bases of communicative approaches to second language teaching and testing." Applied *Linguistics* 1：1-47
Richards, J. C. and Lockhart, C. (1994) *Reflective Teaching in Second Language Classroom*. Cambridge University Press.〔新里眞男（訳）（2000）『英語教育のアクション・リサーチ』東京：研究社〕
Wallace, M. J. (1998) *Action Research for Language Teachers*. Cambridge University Press.
Widdowson, H. G. (1978) *Teaching Language as Communication*. Oxford University Press.

(神奈川大学　髙橋一幸)

執筆者・所属一覧 （*は編著者）

〈授業者〉

阿野 幸一	文教大学/元埼玉県立伊奈学園総合高等学校
泉　惠美子	京都教育大学/元兵庫県立農業高等学校
稲岡 章代	兵庫県姫路市立豊富中学校/前兵庫県姫路市立神南中学校
太田　洋	駒沢女子大学/前東京学芸大学附属世田谷中学校
久保野 雅史	神奈川大学/前筑波大学附属駒場中・高等学校
向後 秀明	元千葉県立千葉女子高等学校
田尻 悟郎	関西大学/元島根県広瀬町立比田中学校/元島根県松江市立第一中学校
鶴岡 重雄	大阪府立北かわち皐が丘高等学校/元大阪府立枚方高等学校
中嶋 洋一	関西外国語大学/元富山県砺波市立出町中学校
二宮 正男	新宿区立落合中学校/元世田谷区立希望丘中学校
平尾 一成	大阪府立寝屋川高等学校/前大阪府立門真なみはや高等学校
平田 健治	奈良女子大学附属中等教育学校
平原 麻子	筑波大学附属駒場中・高等学校
本多 敏幸	千代田区立九段中等教育学校/元世田谷区立池尻中学校
蒔田　守	筑波大学附属中学校
渡邉 信治	千葉県立流山おおたかの森高等学校/元千葉県立東葛飾高等学校
和田 憲明	近大姫路大学/元神戸大学発達科学部附属住吉中学校

〈分析者〉

大喜多 喜夫	関西学院大学
髙橋 一幸*	神奈川大学
高橋 正夫	新潟医療福祉大学
並松 善秋	関西外国語大学
樋口 忠彦*	元近畿大学
緑川 日出子*	元昭和女子大学

◆編著者紹介

樋口忠彦（ひぐち・ただひこ）
元近畿大学教授。英語授業研究学会理事・元会長。日本児童英語教育学会（JASTEC）特別顧問・元会長。主な著書に『これからの小学校英語教育』（共編著：研究社）、『個性・創造性を引き出す英語授業』（編著：研究社）、『小学校英語教育の展開』（共編著：研究社）などがある。

緑川日出子（みどりかわ・ひでこ）
元昭和女子大学・同大学院文学研究科教授。英語授業研究学会理事。主な著書に『英語リーディング事典』（共著：研究社）、『英語コミュニケーションの指導』（共著：研究社）、『教室英語活用辞典』（共著：研究社）、高等学校検定教科書 Hello there ! Oral Communication I（東京書籍）などがある。

髙橋一幸（たかはし・かずゆき）
神奈川大学外国語学部・同大学院外国語学研究科教授。英語授業研究学会会長。㈶語学教育研究所評議員・パーマー賞委員。2002～4年度NHKラジオ「新基礎英語1」講師。主な著書に『成長する英語教師』（大修館）、『授業づくりと改善の視点』（教育出版）、『チャンツでノリノリ英語楽習』（日本放送出版協会）、『小学校英語教育の展開』（共編著：研究社）などがある。

すぐれた英語授業実践——よりよい授業づくりのために
© Higuchi Tadahiko, Midorikawa Hideko, Takahashi Kazuyuki, 2007
NDC 375／viii, 280p／21cm

初版第1刷	2007年5月15日
第5刷	2012年9月1日

編著者	樋口忠彦，緑川日出子，髙橋一幸
発行者	鈴木一行
発行所	株式会社 大修館書店

〒113-8541 東京都文京区湯島 2-1-1
電話　03-3868-2651 販売部／03-3868-2294 編集部
振替　00190-7-40504
［出版情報］http://www.taishukan.co.jp

装丁者	杉原瑞枝
印刷所	壮光舎印刷
製本所	三水舎

ISBN978-4-469-24521-9 Printed in Japan

R 本書のコピー，スキャン，デジタル化等の無断複製は著作権法上での例外を除き禁じられています。本書を代行業者等の第三者に依頼してスキャンやデジタル化することは，たとえ個人や家庭内での利用であっても著作権法上認められておりません。

英語教育21世紀叢書

21世紀は英語教育の変革期。多様化する生徒に対応した効果的で魅力ある授業作りを提案します。
●各四六判　定価＝本体＋税5％

中学校英語授業 指導と評価の実際
――確かな学力をはぐくむ
杉本義美 著　●152頁 定価1,260円
授業の場面や活動について具体的な指導を例示し、一方で、評価活動の具体例を提示した、実践的ハンドブック。

日本の英語教育200年
伊村元道 著
●320頁 定価2,520円
日本人はいかにして英語を学んできたか？――「英文法」「教科書」「辞書」「学習指導要綱」などジャンル別に英語教育を概観・展望する。

英語教師のためのExcel活用法
清川英男・濱岡美郎・鈴木純子 著
●232頁 定価1,890円
基本操作から裏ワザまで――テスト結果をどのように利用していますか？　学習効果測定他、効果的な指導のためのヒント満載！

英語力はどのように伸びてゆくか
中学生の英語習得過程を追う
太田洋・金谷憲・小菅敦子・日臺滋之 著　●240頁 定価1,995円
「中学二年生の秋」に分岐点がやってくる――生徒の語彙や文法の習得過程、伸びる生徒とつまずく生徒の分岐点などを解明。

英語テスト作成の達人マニュアル
靜哲人 著
●304頁 定価2,520円
テスト作成の悩みに答えます――テスト作成の達人が、作成手順を分かりやすく解説。問題点をつき新しいテストスタイルを提言。

英語教師のための新しい評価法
松沢伸二 著　佐野正之・米山朝二 監修
●304頁 定価2,520円
生徒の学習を支援する評価を目指して――「実践的コミュニケーション能力」の評価について問題点を整理し、具体的対処を提言。

英語授業改善のための処方箋
マクロに考えミクロに対処する
金谷憲 著　●192頁 定価1,890円
少しの工夫で大きな効果を！――生徒が英語に接する時間が少ないという問題を解決し、学力を向上させるアイディアを一冊に。

実践的コミュニケーションの指導
高橋正夫 著
●248頁 定価2,100円
授業にすぐ活かせる活動例を多数紹介――実践的コミュニケーション能力を養成する活動を、中・高の言語材料をもとに豊富に紹介。

英語語彙の指導マニュアル
望月正道・相澤一美・投野由紀夫 著
●256頁 定価2,100円
効果的な語彙指導のために――語彙のメカニズムに基づき、具体例を挙げて分かりやすく、効率よい語彙指導を紹介。

日本語を活かした英語授業のすすめ
吉田研作・柳瀬和明 著
●208頁 定価1,785円
限られた時間の中で授業の質を変えるには――限られた時間の中で効果的に英語を学ぶ、日本語を活かした指導法を紹介。

【アイディア集】「苦手」を「好き」に変える英語授業
瀧口優 著　●192頁 定価1,785円
そのとき生徒はもっと英語が好きになる――英語嫌いの生徒から「英語ができるようになりたい」気持ちを引き出すアイディア集。

英文読解のプロセスと指導
津田塾大学言語文化研究所 読解研究グループ 編
●368頁 定価2,730円
リーディングは創造的な活動――能動的な英文読解のプロセスを明らかにし、指導・評価への示唆を分かりやすく解説。

インターネットを活かした英語教育
杉本卓・朝尾幸次郎 著
●224頁 定価1,890円
新しい英語授業のカタチ――インターネットが英語授業の本質を変える。英語教育と教育学の立場からその活用法を考える。

英語を使った「総合的な学習の時間」
小学校の授業実践
服部孝彦・吉澤寿一 著　●208頁 定価1,890円
小学校での英語活動を成功に導くために――新学習指導要領のもと、英語を使った活動の記録を紹介しながら、具体的に解説。

コミュニケーションのための英文法
荻野俊哉 著　クレイグ・ジャクソン 英文校閲
●232頁 定価1,890円
文法とコミュニケーションの調和と融合――活動例と指導手順を提示。コミュニケーション能力を育てつつ文法力をつける。

アクション・リサーチのすすめ
新しい英語授業研究
佐野正之 編著　●240頁 定価1,890円
個別対応型授業を可能にする――個々の生徒に対応できる授業研究法（＝アクション・リサーチ）を中・高の実践例をもとに紹介。

大修館書店　書店にない場合やお急ぎの方は、直接ご注文ください　☎03-3934-5131

定価＝本体＋税5％（2012年9月現在）